Jürgen Hasse
Wohnungswechsel

Edition Kulturwissenschaft | Band 240

Jürgen Hasse (Dr. habil.), geb. 1949, ist Professor am Institut für Humangeographie der Goethe-Universität Frankfurt am Main. Seine Forschungsschwerpunkte sind die räumliche Vergesellschaftung des Menschen, phänomenologische Stadtforschung und Mensch-Natur-Verhältnisse.

Jürgen Hasse

Wohnungswechsel

Phänomenologie des Ein- und Auswohnens

[transcript]

Bibliografische Information der Deutschen Nationalbibliothek
Die Deutsche Nationalbibliothek verzeichnet diese Publikation in der Deutschen Nationalbibliografie; detaillierte bibliografische Daten sind im Internet über http://dnb.d-nb.de abrufbar.

Umschlaggestaltung: Kordula Röckenhaus, Bielefeld
Druck: Majuskel Medienproduktion GmbH, Wetzlar
Print-ISBN 978-3-8376-5451-6
PDF-ISBN 978-3-8394-5451-0
https://doi.org/10.14361/9783839454510

Gedruckt auf alterungsbeständigem Papier mit chlorfrei gebleichtem Zellstoff.
Besuchen Sie uns im Internet: *https://www.transcript-verlag.de*
Unsere aktuelle Vorschau finden Sie unter *www.transcript-verlag.de/vorschau-download*

Inhalt

Einleitung

Die meisten Menschen sind schon einmal, viele mehrmals oder sogar häufig umgezogen. Innerhalb der Heimatstadt, vom Land in die Stadt, von einer Stadt in die andere, von der Stadt aufs Dorf oder in ein fernes Land. Wer selbst nie umgezogen und im Hause der Kindheit älter oder gar alt geworden ist, kennt Umzüge von anderen und hat somit zumindest aus der Beobachterperspektive Seitenblicke auf ein Wanderungsereignis werfen können, in dem eine Situation des Wohnens auf radikale Weise in Bewegung geraten ist. Umzüge bedeuten auch eine Zäsur im Leben. Sie sind schließlich nicht nur *Ausdruck* einer Schwellensituation, sondern selbst eine. Darin verändern sich Beziehungen und Gefühle zum *noch*-hier existierenden und *bald*-dort sich öffnenden Wohnmilieu. Ein Wohnungswechsel scheint auf den ersten Blick kaum mehr zu sein als eine orts- wie raumbezogene Umplatzierung. Genauer betrachtet ist er die Folge von Ereignissen und Entscheidungen, die sich in allokativen Bewegungen im Raum bestenfalls verschlüsselt zu erkennen geben. Wodurch auch immer ein Wohnungswechsel veranlasst wird, er stellt die Umziehenden vor Herausforderungen, die weit über die Bewältigung nur logistischer Aktionen des Packens und Transportierens sowie mühsamer Schleppereien hinausgehen. Ein Umzug hat Rückwirkungen auf das Leben – das individuelle, wie das mit anderen Menschen gemeinsame.

Zwar können auch Firmen, Anwaltskanzleien, Bestatter oder Maschinenparks umziehen. In der Umsetzung von Gütern, Fahrzeugen oder Arbeitsplätzen von einer Stelle im Raum an eine andere, drückt sich jedoch nicht in erster Linie – wenn überhaupt – eine Beziehung zu Orten und »Gegenden«[1] des *Wohnens* aus. Dinge, die von hier nach dort verfrachtet werden, sind nicht schon deshalb, weil sie Menschen dienen, zugleich auch Medien individuellen oder gemeinschaftlichen *Wohnens*. Nur unter bestimmten Bedingungen kommt in ihrer Bewegung ein existenzieller Bezug zum eigenen Leben zur Geltung.

Zwar haben auch Umzüge von Unternehmen und Behörden indirekt mit dem Leben anderer zu tun (u.a. das von Grundstücksnachbarn). Bei diesen »Umzügen« handelt es sich aber um keine Wohnungswechsel, sondern um die Verlegung sogenannter »Standorte«. Diese verlangen die Verfrachtung von Dingen, die Menschen in bestimmten Situationen brauchen. Ein Gemüseladen, der in Folge unbezahlbar gewordener Ladenmieten vom Zentrum der Stadt an deren Rand zieht, muss eine Vielzahl von Dingen und Waren im mathematischen Raum von A nach B bringen. Wer den Salat sodann an einem anderen Ort kaufen muss, wird sein Mobilitätsverhalten einer Standortveränderung anpassen müssen. Aber das ist eine Marginalie, die lediglich das tagtägliche Mobilitätsverhalten verändert. Das eigene Leben wird auf einem *existenziellen* Niveau davon nicht berührt. Die Neuausrichtung individueller im Tages- oder Wochenrhythmus sich wiederholender Muster der Mobilität hat zwar Auswirkungen auf die alltagspraktische Seite des Wohnens, betrifft aber nicht das Leben eines Menschen in seinem Sinnzentrum. Es gibt Dinge, Ereignisse und Sachverhalte, die das hier

---

1 Hier und im Folgenden spreche ich »Gegend« im Sinne von Martin Heidegger an: »Mit diesem Ausdruck meinen wir zunächst das Wohin der möglichen Hingehörigkeit des umweltlich zuhandenen, platzierbaren Zeugs. In allem Vorfinden, Handhaben, Um- und Wegräumen von Zeug ist schon Gegend entdeckt.« (Heidegger: Sein und Zeit, S. 368). Eine Gegend ist kein räumliches Irgendwo, sondern ein durch Bedeutungen und deren Bezüge zu möglichem Tun wie Dasein schon eingerichteter Raum. Insbesondere die vertraut gewordenen Räume des Wohnens sind auf ihren verschiedenen Maßstabsebenen solche *Gegenden*. Es gibt sie im Raum der Wohnung, des Quartiers, der Stadt und der sie zu allen Seiten umschließenden Landschaften. Wer umzieht, muss die Beziehung zur »alten« Wohngegend mehr oder weniger abbauen, in einem produktiven Sinne bewältigend beenden. Die zu einer neuen Gegend kann erst durch Einverleibung von Bewegungsroutinen allmählich wieder aufgebaut werden.

und dort gelebte Wohnen in einem subjektiv nur unbedeutenden Maße tangieren und eine oberflächliche Ebene nicht durchdringen. Es gibt aber auch etwas, das die Beziehung zu Wohnorten und Wohngegenden mit emotional ergreifender Macht trifft und verändert. Wenn Gefühle ortsbezogener Zu- wie Hingehörigkeit erschüttert werden, geraten gewohnte Beziehungen zu atmosphärisch aufgeladenen Umgebungen auf den Grat.[2] Im menschlichen Wohnen stehen die verschiedensten orts- wie raumbezogenen Seinsweisen nicht *gleichwertig* nebeneinander.

Das Umziehen der Menschen unterscheidet sich kategorial von dem der Tiere. Streng genommen ziehen Tiere gar nicht um. Wenn der Bau eines Fuchses aufgegeben werden muss, weil der Sturm einen alten Baum samt seinem Wurzelwerk aus dem Boden gerissen hat, sucht sich das Tier einen neuen unterirdischen Rückzugsraum. In ähnlicher Weise zieht der Igel in ein anderes Winterquartier, wenn der schon »angeschlafene« Laubhaufen einer herbstlichen Gartensäuberung weichen musste. Im engeren Sinne sind dies aber weder Umzüge noch Wohnungswechsel. Tiere nehmen bei ihrem Wandern außer ihren Jungen nichts mit, um es an anderer Stelle wieder neu zu platzieren; Tiere benötigen in ihrem Leben keine Dinge, die sie bei ihrem Wandern mitnehmen müssten. Auch gestalten sie den Ort ihres vorübergehenden Aufenthalts nicht ästhetisch aus. Tiere kennen keine Wohnkultur.

Menschen richten sich an Orten wohnend ein. Und dabei überschreiten sie die vier Wände der Zimmer ihrer Wohnung in eine Gegend, in die sie ihr tägliches Leben ausdehnen. Die hier zu entfaltende kleine Phänomenologie des Wohnungswechsels wird aber nicht alle möglichen Arten der Mobilisierung von (natürlichen und juristischen) Personen, samt dem, was ihnen gehört, in den Blick nehmen. In den Fokus rücken vielmehr jene Formen des Umziehens, die dem Zweck dienen, einen Wohn- und Lebensort zu wechseln. Perspektivisch sollen damit solche Umzüge erfasst werden, auf die Menschen sich einlassen, weil sie ihre Wohn- und Lebenssituation verbessern *wollen*. Die Gründe können höchst unterschiedlich sein: ein Wunsch nach Vergrößerung der »Wohnfläche« (eigentlich des Wohn- und Entfaltungs*raumes*), eine

2 Vgl. i.d.S. Bollnow: Mensch und Raum, S. 277.

wie auch immer begründete Nutzenmaximierung (z.B. kürzere Wege zum Arbeitsplatz), freizeitbezogene Zugewinne (z.B. die Nähe zum Wald), die biographische Anpassung der Wohnräume wie des Wohnortes an eine aktuelle Lebenssituation (z.B. verringerter Raumbedarf nach dem Auszug der erwachsen gewordenen Kinder), das scheinbar ganz oberflächliche Bedürfnis nach einem »Tapetenwechsel« oder die wie auch immer motivierte Veränderung des persönlichen Lebensstils (z.B. Wunsch nach leichterer Teilhabe am städtischen Leben).

Gegenstand dieser Phänomenologie des Wohnungswechsels sind *angestrebte* aber nicht erzwungene Formen einer gleichsam existenziellen Mobilität. Sie basieren auf Entscheidungen, das lokale Zentrum des Lebens (oder eines von vielleicht mehreren) an einen anderen Ort zu verlegen. Das tut zwar auch, wer seine Wohnung verlassen *muss*, zum Beispiel weil sie ihm gekündigt wurde. Wer schließlich eine Notunterkunft akzeptieren muss, um der Obdachlosigkeit auf der Platte zu entkommen, zieht schon deshalb nicht um, weil dem Auszug ja gar kein Einzug mehr folgt. Auch bei einer Unterbringung in einem Heim dürfte sich die Situation ähnlich darstellen. Zumindest dann, wenn dies den Charakter einer totalen Institution hat und die freie Entfaltung der Persönlichkeit starken Beschränkungen unterliegt. So wenig »Heimen«[3] jedoch schon im Allgemeinen das Programm des Wohnens abgesprochen werden kann, so offen muss auch die Frage bleiben, ob man in ein Heim *um*ziehen kann. Die in eine Einrichtung für Schwererziehbare eingewiesenen Kinder oder Jugendlichen werden ihren »Einzug« da-

---

3 »Heim« ist ein Sammelbegriff, der alle institutionalisierten Einrichtungen umfasst, die für die temporäre oder finale Unterbringung von Personen bestimmter Merkmalsgruppen geschaffen worden sind. Ein Kinderheim (z.B. ein Waisenhaus oder Heim für Verhaltensgestörte) unterscheidet sich kategorial von einem Altenheim oder einem Studentenwohnheim und diese sich abermals von einem Schwesternwohnheim. Jeweilige Hausordnungen regeln den Rahmen des Erlaubten und Erwünschten. Aber nicht alle Heime sind »totale Institutionen« (vgl. Goffman: Asyle), die ihren Insassen keine oder nur wenig Spielräume individueller Lebensgestaltung lassen. Es gibt auch Heime, die sich ihren Adressaten geradezu utopisch verklärend als paradiesische Inseln präsentieren, wie luxuriöse »Residenzen« für monetär begünstigte alte Menschen.

gegen kaum als einen *Umzug* ansehen, im Unterschied zu ökonomisch wohlbetuchten Senioren, die sich einen komfortablen Platz in einer Residenz mit Rundumservice ergattern konnten. Es gibt zahlreiche und in ihrer Veranlassung höchst unterschiedliche Situationen des Lebens, deren Tragik darin besteht, dass Menschen nicht mehr frei entscheiden können, wo und wie sie leben und wohnen wollen. Alle Situationen, in denen das Verlassen einer Wohnung und der Einzug in eine prekäre Unterkunft direkt oder indirekt erzwungen wird, erfordern in methodischer Hinsicht spezielle Phänomenologien und Mikrologien[4] des Scheiterns. Erst sie könnten verständlich machen, in welche existenziellen Abgründe Menschen nicht nur »schicksalhaft« geraten, sondern auch durch das Handeln Dritter getrieben werden können. In der Art und Weise, wie Personen an einem Ort mehr anwesend sind, anstatt sich ihn einwohnend zu eigen zu machen, zeichnet sich dann ab, wie sie mit einem tiefen Einschnitt in ihr Leben fertig werden – oder endgültig daran zerbrechen.

Wer in eine Psychiatrische Anstalt, Obdachlosenunterkunft oder andere tendenziell geschlossene Einrichtung eingewiesen und damit zugleich aus dem gesellschaftlichen Leben ausgeschieden wird, folgt weder einem Wunsch, noch einem hoffnungsvollen Gefühl des Aufbruchs zu neuen Lebenszielen. Es dürfte jedoch dem Gegenstand einer eigenen Phänomenologie des Umziehens in *dystopische* Sonderwelten vorbehalten sein, Aufschluss über das Erleben finsterer atmosphärischer Wolken zu geben und damit der Frage nachzugehen, in welchem Rahmen ein zum Stocken gebrachtes Leben überhaupt noch wohnend fortgeführt werden kann. Eine Phänomenologie *scheiternden Lebens*

4 Gegenstand der Mikrologien in diesem Sinne sind »Autopsien« mitweltlichen Erlebens. Eine »Mikrologie« bzw. mikrologische Beschreibung setzt eine hohe Sensibilität der Aufmerksamkeit ebenso voraus wie eine geschärfte Wahrnehmung. Auf der Grundlage einer zum Beispiel sprachlichen Explikation wird eine eindrückliche Situation im Fokus der Phänomenologie systematisch auf affizierende Bedeutungsgehalte hin durchgearbeitet. Dabei werden die verschiedensten Facetten einer gefühlsmäßigen Verwicklung in Situationen erkennbar und vor dem Hintergrund phänomenologischer Analysekategorien interpretiert (vgl. auch Hasse: Das Denkwürdige im Infra-Gewöhnlichen).

hätte sich den Stimmungen zuzuwenden, die sich im atmosphärischen Gewölk eines zerbrochenen Zuhauses bilden und auch die Räume der Wohnung in ein eher düsteres Milieu der Vergeblichkeit frischer Lebensimpulse hineinziehen. Jedes »Restwohnen« wird von verbrannten Illusionen am Boden gehalten, weil sich keine Lebensperspektiven auftun, die die Kraft für hoffnungsvolle Blicke ins Zukünftige spenden können.

Das alltagssprachliche Verständnis von »umziehen« impliziert eine gewisse Ähnlichkeit der Wohnbedingungen. Der umzugsbedingt neue Ort des Wohnens steht in seiner Qualität zumindest in keinem negativen Kontrast zum aufgegebenen Wohnmilieu. Deshalb zieht der seine Haftstrafe antretende Straftäter auch nicht um. Er *verlässt* seine alte Wohnung gezwungenermaßen und muss sich mit dem unfreiwilligen Aufenthalt in einer Gefängniszelle arrangieren. Bei langen Haftstrafen wird die Wohnung meistens meistens sogar aufgegeben, weil sie schon aus finanziellen Gründen über die Dauer der Haft nicht bezahlt werden kann. Auch wer fliehen muss, zieht nicht im üblichen Sinne um. Ebenso wenig ein Migrant, auch nicht, wenn er sich auf einen mitunter beschwerlichen Weg in ein anderes Land macht. Wer umzieht, nimmt seine Habe mehr oder weniger vollständig mit. Deshalb wird ein Umzug in seiner alltagssprachlichen Bedeutung auch in erster Linie als die Mobilisierung der *Gegenstände* des Wohnens aufgefasst. Viele Menschen müssen ihre Habseligkeiten aber auch verringern, weil sie in ein kleineres Haus oder in eine kleinere Wohnung wechseln. So macht auch der dann bestehende Zwang zur materiellen Reduktion darauf aufmerksam, dass kein Umzug lediglich ein organisatorisches und logistisches Projekt ist. Die eigentliche Herausforderung besteht vielmehr darin, die Reorganisation des eigenen Lebens unter veränderten Bedingungen auf zufriedenstellende Weise zustande zu bringen.

Ein Wohnungswechsel ist eine biographische Schwellensituation, deren Bewältigung die Überschreitung einer Raumweiche verlangt – nicht nur vom Charakter einer Ortsveränderung. In Umzügen drücken sich Lebensbewegungen aus. Ihre existenzielle Dimension verdient weit größere Beachtung als ihre nur allokative Seite, das heißt die Verfrachtung von Personen, Dingen, Gütern, Haustieren und vielem anderen.

Die Reichweite der individuellen Bedeutung eines Umzuges hängt weniger davon ab, ob er klein oder groß ist, von einem Dorf zum anderen geht oder über den Atlantik. In besonderer Weise kommt es auf die *persönliche* Beziehung zum vertrauten Ort des Wohnens an, aber auch auf das Verhältnis zum »Wandern«. Freiwillige Umzüge können durch alle möglichen Gründe veranlasst sein – die nicht mehr ausreichende Größe einer Wohnung, den Wunsch nach einer anderen Lebensumgebung, die Verschlechterung von Umgebungsbedingungen durch Lärm oder üble Gerüche, den Wechsel des Arbeitsortes oder auch nur das Bedürfnis nach einer örtlichen wie räumlichen Korrektur der Lebensbahnen. Viele scheinbar freiwillig motivierten Wohnungswechsel erweisen sich bei genauerer Betrachtung der ihnen zugrundeliegenden Motive aber nicht als durch und durch freiwillig im engeren Sinne, sondern eher als *zwingend* oder zumindest aus guten Gründen geboten. Eines eint alle mehr oder weniger freiwilligen Motivationen: ein der Zukunft zugewandter Blick, der sich vor dem Hintergrund einer örtlichen und räumlichen Veränderung des Wohnens herausfordert.

Keiner Phänomenologie des Umziehens kann es im strengeren Sinne allein um die logistische Seite eines Wohnungswechsels gehen. Eine Situation der Mobilisierung, die so umfassend ist, dass kein Stein auf dem anderen bleibt, fordert gradewegs dazu heraus, das eigene Leben zu bedenken: wie es bisher verlaufen ist und wie es sich auch weiterhin seine Pfade in eine offene Zukunft bahnen sollte oder könnte. Diese im Prinzip so naheliegende spezielle »Hermeneutik des Selbst«[5] bleibt in der wohl größten Zahl aller von *eigenen* Umzügen Betroffenen jedoch wortwörtlich auf der Strecke. Der programmatische Rahmen eines Umzuges strebt die möglichst umstandslose und effiziente Lösung praktischer, oft handwerklicher Probleme an. Wo alles in Bewegung gerät, ist genug zu tun, pragmatischen Anforderungen gerecht zu werden. Kein Umzug fördert deshalb die kontemplative Besinnung mit dem Ziel der Rekapitulation persönlicher Wohn- und Lebenswege. Dennoch lässt sich kein Wohnungswechsel *in Gänze* aufs Utilitäre beschränken. Zahllose kleine Aufgaben und banale Entscheidungen des

5 In Anlehnung an Michel Foucault: Hermeneutik des Subjekts.

Hier- oder Dorthin-Packens, des *Doch*-noch-Wegwerfens bis hin zum Beginn der Kreation neuer Ordnungsmuster tangieren das Leben im Ganzen. In der raumzeitlichen Situation sprichwörtlicher Umwälzungen können selbst kleinste Dinge auf unvorhersehbare Weise zu Medien der Selbstgewahrwerdung werden.

Zur Methode der Phänomenologie

Alle Facetten »wandernden Wohnens«[6], die im Folgenden im Rahmen phänomenologischer Reflexionen denkwürdig gemacht werden, repräsentieren nichts Allgemeines in einem sozialempirischen Sinne. Sie annotieren *mögliche* Fälle von Beziehungen zum eigenen Selbst, die beim Umzug von einer Wohnung in eine andere bewusst werden. Phänomenologie strebt dabei nicht in erster Linie die *theoretische* (wie auch immer angelegte) Durchdringung des Umziehens im engeren Sinne an, sondern die Ausleuchtung emotional ergreifender Momente. Der Einzelfall erweist sich dort als denkwürdig, wo er »Lebensbilder« in Gestalt von Geschichten des Umziehens in einer gewissen Plausibilität erkennen lässt. Sie bieten sich – mehr beispielhaft als »dokumentarisch« – für das Üben des Redigierens eigener Lebenswege an.

Die phänomenologische Annäherung strebt keine Analyse sozialräumlicher Interaktionen oder sozialer *Konstruktionen* an. Sie will und kann weder hermetische Durchleuchtungen systemischer Konstellationen liefern, noch kann sie lückenlos sein. Gleichwohl soll sie an Beispielen erhellen, was Menschen in der Mobilisierung ihres Wohnens gefühlsmäßig nahe geht. Von einer durch Aktivitäten aller Art sowie Hektik und Eile geradezu getriebenen Rahmensituation des Umziehens ist kaum zu erwarten, dass sich die Wandernden zu allererst der Aufgabe zuwenden, sich ihrer selbst bewusst zu werden. Schon wegen seiner praktischen Ansprüche stellt sich kein Umzug als eine Lebensphase der Kontemplation dar, noch der Besinnung auf das, was im eigenen Leben von dauerhaftem oder nur peripherem Wert war und ist. Dem

6 Vgl. in diesem Sinne auch Guzzoni: Wohnen und Wandern.

Ziel der Stiftung von Denkwürdigkeit streben dagegen die folgenden Überlegungen zu, indem sie das lebensweltliche Immer-so-Weiter in der gedehnten Aufmerksamkeit zur Sache des Bedenkens machen. Sie sind zugleich Aufforderung, das eigene Leben an Orten und in Räumen wenigstens ex post zum Anlass der Übung kritischer Selbstreflexion zu nehmen.

In einer Phänomenologie des Wohnungswechsels kann es allein um Formen individueller, das heißt biographisch eingebetteter Mobilität gehen, um Umzüge also, die atmosphärisch wie stimmungsmäßig im subjektiven Erleben spürbar werden und sich in Veränderungen des Mit-Seins im Raum zu Bewusstsein bringen. Das Bedenken der Bedeutungen des Umziehens knüpft am gefühlsmäßigen Erleben von Situationen der Mobilisierung an. Damit ist eine Grenze gegenüber jenen Umzügen markiert, die sich zwar ihrerseits rein allokativ wie technisch in einem Ortswechsel ausdrücken, das befindliche Wohnen und damit die *persönliche* Lebensführung in ihrer emotionalen Grundierung aber nicht berühren.

Alle phänomenologischen Autopsien des noch so banal Erscheinenden dienen dem Zweck, das sich im scheinbar Gewöhnlichen Verbergende bewusst und in seiner Bedeutung für das Mit-Sein in alltäglichen Situationen verständlich zu machen. Dem philosophischen Konzept der *Situation* wird dabei eine besondere Beachtung zukommen. Ein Wohnungswechsel lässt sich als eine Rahmensituation begreifen, die sich mit ihrem sukzessiven Vorschreiten immer wieder von Neuem in aktuelle Situationen gabelt (z.B. die des umzugsvorbereitenden Sortierens, Einpackens von allem Möglichen, der logistischen Verfrachtung des gesamten Umzugsgutes und schließlich die des Wieder-Einräumens in eine frisch bezogene Wohnung).

Nur scheinbar befasst sich die Phänomenologie mit Sachverhalten, die schon im naiven lebensweltlichen Blick evident sind und keines weitergehenden Verstehens bedürfen. Tatsächlich nimmt sie, was sich im

Milieu des »Infragewöhnlichen«[7] von selbst zeigt, zum Anlass hermeneutischer Tiefenanalysen. Indem es sich dabei um offen wie verdeckt berührende Eindrücke handelt (von Eile und Hektik getriebenes Tun, Verwunderung, Schreck, Irritation, Vorfreude, Wehmut u.v.a.m.) zielen diese Autopsien des Gewöhnlichen in die Gegenrichtung dessen, was die spätmoderne High-Tech-Sozialisation die Menschen an (oft nur vermeintlich) Wichtigem suggeriert. Zu Recht sieht Gernot Böhme in der Phänomenologie auch deshalb eine Form der Kritik.[8]

Phänomenologie, namentlich die *Neue Phänomenologie* von Hermann Schmitz[9], stützt sich methodisch auf sinnliche Eindrücke, die den Charakter von Grundelementen der Wahrnehmung haben. In der Hauptsache ihres Bemühens versteigt sich Phänomenologie *nicht* in abstrakte Theorien. Sie sucht vielmehr, ausgehend vom leiblichen Befinden, sinnlichen Wahrnehmen und atmosphärischen Spüren das Begegnende und Widerfahrende über das lebensweltliche Erfahrungswissen hinaus dem detaillierten Verstehen zugänglich zu machen. Dabei bleibt sie nicht auf dem Niveau des Selbstverständlichen. Die *Neue Phänomenologie* basiert auf einem differenzierten philosophischen System, mit dessen erkenntnistheoretischem Instrumentarium leibphänomenologischer Begriffe und Konzepte sie das Unerwartete und scheinbar schon Verstandenen bewusst und in seiner Bedeutung für das eigene Leben transparent macht. Sie verfolgt das Ziel, Zusammenhängendes in seiner situativen Einbettung besser zu verstehen.[10] Die »Bürgschaft für Subjektivität [verschiebt sich damit, JH] vom Denken auf das affektive Betroffensein.«[11] Reflexion setzt (in aller Regel) die *sprachliche* Explikation voraus; sie kann aber auch in einer anderen

7 Den Begriff des »Infragewöhnlichen« (i.S. üblicher Hintergrundgeräusche) verwendet George Perec in seinem Werk; vgl. auch Scheffel: Und dann und wann ein grüner 2C, S. 57.

8 Vgl. Böhme: Phänomenologie als Kritik, S. 29.

9 Die Neue Phänomenologie liegt als System der Philosophie in 10 Bänden vor (vgl. Schmitz: System der Philosophie; zusammenfassend vgl. auch Schmitz: Kurze Einführung).

10 Vgl. Schmitz: Neue Phänomenologie, S. 18.

11 Ebd., S. 22.

Form erfolgen, soweit sie nur auf das Ziel zugeht, das Erlebte für das systematische Bedenken aufzubereiten.[12] Jede wie auch immer vollzogene Explikation ist eine tentative Annäherung an die Sachverhalte unwillkürlicher Lebenserfahrung.[13] Theoretische Konstrukte werden erst in zweiter Linie zu Hilfe genommen, um Eindrücke in ihren Gefühlsimplikationen und Bedeutungen für das Leben zu durchleuchten. »Das Sprechenlernen mit Bezug auf die unwillkürlichen Erfahrungen, wozu die Phänomenologie die Menschen befähigen soll, hat die noch wichtigere Aufgabe, verdeckte und ungeschützte Möglichkeiten des Lebens ans Licht zu bringen [...]«.[14] Nun setzt aber schon die Explikation von Eindrücken und situationspezifischem Erleben eine gewisse Fertigkeit im Gebrauch einer geschärften Sprache voraus. Erbarmungslos szientistische Rederoutinen verfehlen das Ziel, eine auch nur halbwegs brauchbare Situationsbeschreibung zu generieren, mit der phänomenologisch konstruktiv voranzukommen wäre. Hermann Schmitz weist gewissermaßen vom anderen Ende sprachkultureller Beschreibungsroutinen innerhalb der Wissenschaften darauf hin:

> »Daher gehört im Ganzen der explikativen Funktion menschlicher Rede mit der prosaischen Explikation kompensatorisch die poetische zusammen, die die Ganzheit und binnendiffuse Bedeutsamkeit von Situationen schont, indem sie diese durch einen zart und sparsam gewebten Schleier einzeln gesagter Sachverhalte, Programme und Probleme unversehrt durchscheinen lässt.«[15]

So versteht sich dieses Buch neben seinem phänomenologischen Programm der Durchdringung ineinander verschachtelter Umzugssituationen methodisch zugleich als Aufforderung, die sprachlichen Vermögen zur Beschreibung von allem, was emotional nahegeht und mit persönlichen Bedeutungen gefüllt ist, zu schärfen und zu verfeinern. Zu seinem Programm der Neuen Phänomenologie sagt Schmitz:

---

12 Zur Möglichkeit der Explikation von Eindrücken im Medium des fotografischen Bildes vgl. auch Hasse: Mikrologien, Band 3.

13 Vgl. Schmitz: Neue Phänomenologie, S. 23.

14 Ebd., S. 25f.

15 Schmitz: Die sprachliche Verarbeitung der Welt, S. 51.

> »Daher habe ich mir die Aufgabe gestellt, das Philosophieren nicht erst bei den Konstruktionen und Projektionen unserer kulturspezifischen Vergegenständlichungen beginnen zu lassen, sondern mit dem Licht genauer Beobachtung und Begriffsbildung zum ursprünglichen, unwillkürlichen Betroffensein abzusteigen, dieses auszuleuchten und von ihm aus die Wege der Vergegenständlichung [...] Schritt für Schritt zu verfolgen.«[16]

Für das Projekt einer Phänomenologie des Wohnungswechsels heißt dies in der Konsequenz, das Bedenken des Widerfahrenden voranzutreiben, und zwar entlang subjektiv bewusst werdender Situationen, die sich in der Dauer eines Umzuges zum Teil voraussehbar, zum Teil aber auch immer wieder überraschend aneinanderreihen. Die Absage an die Heranziehung prominenter Theorien zur Verständlichmachung von Eindrücken läuft jedoch auf kein dahingehendes Theorieverbot hinaus, dass nur ein Auf-der-Stelle-Treten im Modus des Spürens geboten wäre. Wer sich in affektiv nahegehenden Situationen findet, die stutzen machen, in Stauen versetzen oder in die Ratlosigkeit stürzen, erfährt sich nie als ausschließlich *fühlender* Mensch. Eindrücke werden stets von biographischen Erinnerungen begleitet, die in die vitale Wahrnehmung der Gegenwart einströmen. Sie sind nie *nur* mit Gefühlen verbunden. Vielmehr hängen an ihnen auch *theoretisch* »imprägnierte« Wissensfragmente. Theorien in einem weiteren auch lebensweltlichen Sinne (sog. Alltagstheorien) haben den Menschen zu allen Zeiten und in allen Kulturen dabei geholfen, die Welt zu verstehen. Um so mehr verdienen sie auch im phänomenologischen Rahmen die kritisch prüfende Aufmerksamkeit, gedankliche Durchdringung und Befragung auf ihre Ursprünge und Herkünfte, spielen sie im Prozess der intuitiven bzw. pathischen Aneignung der Welt doch eine lenkende Rolle.

Das heißt nicht, dass sich alles, was man *denken* kann, auch leiblich spürend zur Geltung bringen muss und alles, was man *spüren* kann, sich auch erlebnisadäquat bedenken lässt. Aber es heißt, dass nicht jedes theoretische Denken a priori einem kalten, gleichsam maschinistisch-

16 Schmitz: Der unerschöpfliche Gegenstand, S. 1.

binär operierenden Rationalismus unterliegt; es geht – wenn auch unbemerkt – mit bedeutungsmäßig korrespondierenden Gefühlen einher.

Die vorliegende Phänomenologie des Wohnungswechsels nimmt ihren Ausgang (von einer etymologischen Rekonstruktion des Wortes »Umzug« abgesehen) in eindrücklich werdenden Situationen eines sich über die mittlere Zeit von rund einem Monat hinziehenden Umzugs. Diesem Vorhaben liegt eine Empirie zugrunde, die ihre Stoffe allein in einem *persönlichen* Wohnungswechsel und dessen subjektivem Erleben gefunden hat. Das noch so Evidente wird dabei in seiner Eindrücklichkeit im Detail betrachtet und als etwas bedenklich Gemachtes fragend erschlossen. Darin nimmt die Phänomenologie eine wissenschaftskritische Rolle ein. Dazu gehört es auch, szientistische Deutungsmuster in ihrem routinierten wie ritualisierten Gebrauch aus ihrer epistemologischen Entstehungsgeschichte und Funktion in gesellschaftlichen Systemen (Wissenschaft, Politik, Administration) transparent zu machen. Begriffe, Wissen und Denkweisen bleiben nie in den Grenzen solcher Systeme, das heißt nicht bei sich. Sie wandern »ins Leben« aus und werden dort wie erratische Blöcke vermeintlich besseren Wissens als Quellen der Wahrheit anerkannt. Deshalb tritt Phänomenologie auch gegen einen lebensweltlich »aufgeklärten Analphabetismus« an, in dessen Denkhabitus »unsere Wissenschaft und unsere Hilflosigkeit [...] ungeniert Hand in Hand gehen«[17]. Das Infragewöhnliche ist das prädestinierte Übungsfeld zur Überwindung zeitgemäßer Leichtgläubigkeit und Kritiklosigkeit. Aber es wartet diesseits ausgearbeiteter Topographien des Wissens erst noch auf seine epistemische Erschließung und Entdeckung. Die Übung des Denkens im Stoff des Gewöhnlichsten kontrastiert nicht zuletzt die zeitgemäß hochgelobten »Kulturtechniken« flinken Agierens im Milieu posthumaner Maschinismen künstlicher Intelligenz.

Das Erlernen des Selbst-Denken-Könnens aus den Ressourcen situativer Selbstgewahrwerdung bedeutet eine Praxis der Selbstsorge[18],

17 Garcés: Neue radikale Aufklärung, S. 72.

18 Im Spätwerk von Michel Foucault spielt die Sorge um das eigene Selbst eine zentrale Rolle. Die Kritik wendet sich gewissermaßen vom Außen der gesell-

die sich in einem Gesicht der Nachsorge zeigt, aber allzu leicht von eiliger Vorsorge auch verdrängt wird. Was einer aus sich macht, liegt nie *allein* in dessen eigener Hand. Aber was an und mit einem geschieht, ruft sich in zahllosen Momenten im Sinne Heideggers ins Bedenken. Dabei wartet keine intellektualistisch verkürzte Aufgabe, vielmehr eine im Allgemeinen erst schleppend in Gang kommende Kontemplation, die dem Vergessen des leiblichen Selbst unter dem Druck pragmatisch-lösungsorientierten wie theoretischen Denkens entgegentritt. »Philosophie ist: Sichbesinnen des Menschen auf sein Sichfinden in seiner Umgebung.«[19] Das ist nie eine verkopfte Aufgabe vom Typ dessen, was in den Wissenschaften den Horizont füllt. Phänomenologie ist vielmehr seit Edmund Husserl als »schauende Erkenntnis [...] die Vernunft, die sich vorsetzt, den Verstand eben zur Vernunft zu bringen.«[20]

---

schaftlichen Verhältnisse, die die Subjekte disziplinieren, unterjochen, beherrschen und zivilisieren, nach innen, in einen Imperativ der eigenverantwortlichen Kultivierung geschärfter Sensibilität gegenüber dem eigenen Selbst. Foucault geht dabei auf den Griechen Alkibiades zurück. »Sich um sich selbst zu sorgen beinhaltet, daß man seinen Blick umkehrt, daß man ihn von außen – ich möchte fast sagen – nach »innen« wendet.« (Foucault: Hermeneutik des Subjekts, S. 26f). Darin scheint kein a-politischer Solipsismus vor, sondern ein Projekt der Selbstbildung, in dem es darum geht, »die Unabhängigkeit des Individuums von der äußeren Welt sowohl herzustellen als auch zu erproben.« (ebd., S. 612). In einer ganz anderen Weise lässt sich auch Peter Sloterdijks Projekt der Übung von Anthropotechniken als eine praktische Form und Schule der Selbstsorge verstehen (vgl. Sloterdijk, Du mußt dein Leben ändern). Darin tritt er gegen die dem spätmodernen Zeitgenossen eigene Trägheit und Bequemlichkeit an, gegen das Sich-Abfinden mit dem Gewohnten, das sich als Folge erfolgreicher »Lernvermeidungsoperationen« (ebd., S. 645) als sattes Gefühl kommoden Daseins einstellt. Dem setzt er die Arbeit lebenslang andauernder Übung als geradezu tragendes Lebensprinzip entgegen. Das Üben gilt dem ständigen Besser-Werden, nicht in der Sache berufsspezifischer Skills, sondern in der Fähigkeit, Herr im eigenen Haus zu sein.

19 Schmitz: Der unerschöpfliche Gegenstand, S. 5.

20 Husserl: Die Idee der Phänomenologie, S. 62.

Zum Aufbau des Buches

Der Aufbau der folgenden sechs Kapitel folgt keiner Chronologie des Wohnungswechsels. Inhaltlich strukturierend sind Bedeutungen, die sich in der Dauer und gelebten Zeit eines Umzuges sowie im Fokus subjektiver Teilhabe an seinem Geschehen durch die Bewegung aller Dinge des Wohnens konkretisieren und damit fassbar werden. Das erste Kapitel widmet sich dem Umziehen in etymologischer, mythischer und praktischer Hinsicht. Jedoch wird es in allen Kapiteln in je eigenen thematischen Schleifen immer wieder um eine einkreisende Annäherung an Mikrosituationen gehen, die das Umziehen selbst betreffen oder in dessen Erleben die Frage des Selbst-Seins in Raum und Zeit berühren. Da nur wohnende Personen umziehen können, bedarf das Wohnen eines klärenden Bedenkens, das den eher *engen* und konventionellen Rahmen wird sprengen müssen, den der common sense aufspannt. Vor allem dann, wenn es um »schönes« Wohnen geht oder ganz allgemein um ein Verständnis des Wohnens, das sich auf das temporäre oder dauerhafte Leben in einem Haus oder einer aus Zimmern bestehenden Wohnung beschränkt. Menschen nehmen – nach sozioökonomischen Gruppen differenziert – große oder kleinste Wohnungen, Häuser und (postmoderne) Paläste als Stätten des Wohnens in Anspruch. Als Folge einer weitreichenden politischen Toleranz gegenüber einer größer und größer werdenden Macht des Immobilienkapitals führen die disparat auseinanderklaffenden Formen des Wohnens aber auch zu einer offenen *Spaltung* der Gesellschaft. Die Extremformen (das Hausen in prekären Notunterkünften und das Residieren in luxuriösen Penthäusern) stehen dabei nicht nebeneinander. Sie bilden bedenkliche Eckpunkte in einem bunten Kaleidoskop von Lebensformen, die sich vor allem da auf »kreative« Weise pluralisieren, wo die ökonomischen Spielräume groß sind. Neben einer prinzipiell variationsreichen Heterogenität aller möglicher Arten und Weisen zu wohnen, zeigen sich die Zerrbilder gegenwärtiger gesellschaftlicher Verhältnisse der Ungleichheit. Dazu gehören am unteren Ende der sozioökonomischen Hierarchie die das existenziell Notwendige unterschreitenden Lebensformen und am oberen Ende dieser Hierarchie die reinen Gesten repräsentativer Zurschaustellung monetären Reichtums. Damit spitzt sich die Frage nach der ethischen Legitimation ekstatischer Formen des Wohnens zu.

Wie auch immer sich Menschen wohnend in Raum und Zeit einrichten, so bedürfen sie (im extrem Großen wie im Kleinsten) der Dinge, mit denen und dank derer sie wohnen und die ihnen in ihrer Lebensführung zu »Diensten« sind (vom einfachen Toaster bis zur Luxuslimousine). Wohndinge sind Medien, die in ihrem Gebrauch sozial kodierten Programmen gehorchen: solchen der Nützlichkeit im einfachsten Sinne (wie ein Tisch mit vier Stühlen), aber auch solchen narzisstisch-repräsentativer Ausdrucksbedürfnisse ekstatischen Schwelgens im Luxus. Welche Funktion im engeren und weiteren Sinne Dinge im Wohnen auch haben mögen, viele von ihnen werden zu affizierenden Denkstücken, sobald sie aus ihrer Ruhe der Unberührtheit herausgenommen und für die *Mobilisierung* vorbereitet werden. Die einen werden weggeworfen, weil es in den künftigen Wohnräumen für sie keinen Platz mehr gibt. Die anderen verschwinden, weil schon die beiläufige Berührung Erinnerungen an lange zurückliegende Zeiten wachrufen, die böse Dämonen aufsteigen lassen und düstere Stimmungen vermitteln. Wieder andere werden aufgehoben, weil sie elementare Aufgaben im täglichen Leben erfüllen, und abermals andere, weil sie sich für die ästhetisierende Inszenierung der eigenen Wohnszenerie anbieten.

Wer umzieht, ist – im Raum und in der Zeit – zwischen zwei Polen aufgespannt. Um das Programm eines Umzuges zu einem guten Ende zu bringen, müssen die Räume des bisherigen Wohnens nicht nur logistisch, sondern auch mental verlassen werden. Diesen Prozess der affektiven Distanzierung werde ich mit dem Begriff des »Auswohnens« ansprechen und im Detail diskutieren (s. auch Kapitel 4). Zugleich reklamiert sich das zumindest hoffnungsvolle *Einwohnen* in die noch ungewohnten »vier Wände«, die metaphorisch auch als »dritte Haut«[21] umschrieben werden. Dabei wirft sich die Frage auf, in welcher Weise Atmosphären, Stimmungen und Gefühle die *auswohnende* Entbindung zum einen erschweren, zum anderen aber auch der *einwohnenden* Beheimatung am Zielort eines Umzuges helfend entgegenkommen. Auch

21 Vgl. z.B. Funke: Die dritte Haut.

nun wird sich das Verständnis des Umziehens differenzierend bereichern und seine vermeintliche Banalität schrittweise einbüßen.

Wohnungswechsel brauchen nicht nur Zeit (der Vorbereitung, der Ausführung und der abschließenden Vollendung). Sie haben auch ihre eigenen Zeitrhythmen. Sie verlangen in gewisser Weise die Bewältigung einer Schwelle in Raum und Zeit sowie im eigenen Leben. Implizit thematisiert ein Umzug in all seinen Umwälzungen deshalb auch die vitale Lebenszeit als die pathische Kehrseite der genormten Uhrenzeit. Jeder Umzug fokussiert im Erleben der Gegenwart die Vergangenheit des eigenen Lebens ebenso wie seine Zukunft, die die Menschen sich zumindest als *zufriedenstellend* erwünschen. Ein Umzug ist noch nicht zu Ende, wenn die logistischen Herausforderungen bewältigt sind. Die Erreichung seines Zieles kündigt sich vage erst an, wenn sich im Prozess der Einwohnung erste Sedimente der Behaglichkeit am affektiven Boden der neuen Wohnumgebung abgesetzt haben. Deshalb müssen auch am Ende dieses Buches die Neuanfänge sich einwurzelnden Wohnens an einem anderen Ort und in einer anderen Gegend noch einmal zum Thema werden – zwischen noch stolperndem Einwohnen und finalem Auswohnen.

Die Thematisierung des Umziehens wird in einem produktiven Sinne »sprunghaft« und in unvermeidlichen Redundanzen voranschreiten. Bedingung ihres Erfolges ist die phänomenologisch sich immer wieder in scheinbar Nebensächliches vertiefende Umkreisung. Wie bei einem Wohnungswechsel beinahe alles in Unordnung gerät und am Ende wieder in neue Ordnungen eingefädelt werden muss, so wird auch die Übung seines Bedenkens keine linearen und hübsch aufgeräumten Wege gehen können.

1. Umziehen

Wer eine Wohnung wechseln will, muss umziehen. Umzüge in diesem einfachen Sinne sind banal und nicht vergleichbar mit den großen biologischen Transformationen Geburt und Tod. Diese sind als Transversalen in einem metaphorischen Sinne auch weniger Um-züge in einem allokativen Verständnis als existenzielle Ein- bzw. Auszüge. Der Tod steht für das finale Verlassen der Welt, die Geburt für den biologischen Neubeginn, für den Eintritt in die soziale Welt und das biographische Zur-Welt-Kommen.[1] Existenzielles Zu Ende-Gehen und lebendiges Beginnen ereignen sich im Rahmen maximaler Grenzsituationen. Kein Umzug kann daher mit dem existenziellen Format von Tod und Geburt verglichen werden. Ein Wohnungswechsel scheint – so sieht es auf den ersten Blick jedenfalls aus – nur ein Übertritt *im Raum* zu sein. Man zieht von *hier* nach *dort*, von der Stadt aufs Land, von dieser Stadt in jene oder wohin auch immer. Dennoch sind Umzüge »große« Ortsveränderungen – im Unterschied zu den »kleinen«. Das sind die Reisen, die (auch wenn sie in die weite Ferne gehen) nach Ablauf ihrer limitierten Zeit an ihrem Ausgangsort wieder zu Ende gehen.

Ein jeder Umzug steht – wenn auch in ganz anderer Weise als ein existenziell-biologischer Schwellengang – unter dem Regime der Zeit. Dies nicht nur wegen der *Dauer* seiner Vorbereitung, sondern auch, weil die Wanderung an einen anderen Lebensort das Gefühl für das eigene Selbst berührt und die »gelebte« Lebenszeit biographischen »*Werdens*«[2]

1 Kluck: Zur-Welt-Kommen, S. 407.

2 Die gelebte Zeit I: S. 26f.

umfärbt. Schon auf einem rein praktischen Handlungsniveau brauchen alle Umzugsvorbereitungen ihre Zeit, umso mehr, als sie nicht nur logistische, sondern auch emotionale Herausforderungen bedeuten. Die besonderen Zeitrhythmen, die das Umziehen in seinen verschiedenen Phasen und ganz eigenartigen Abschnitten seines Vorschreitens takten, werden an späteren Stelle in größeren Zusammenhängen behandelt (s. Kapitel 5). An dieser Stelle soll der Hinweis auf die zeitlichen Implikationen eines Wohnungswechsels eine existenzielle Dimension thematisieren, die kaum Beachtung findet, wenn die Menschen an Wohnungsumzüge denken und die dabei zu überwindenden Hürden.

In den wohl meisten Fällen ist ein Wohnungswechsel Resultat eher langer als kurzer Selbstbesinnungen. In deren Mittelpunkt steht die Frage, wie und wo das Leben weitergehen soll. Vielleicht ist er auch nie Sache freier Wahl gewesen und gebietet sich aus guten Gründen oder hat den Charakter eines Fluchs oder Geschenks. Entweder *will* man umziehen oder man *muss* es, weil außer- bzw. überpersönliche Mächte dem eigenen So-Wohnen ein Ende setzen. Wodurch auch immer ein Wohnungswechsel veranlasst wird, im Prinzip kann er (weit diesseits politischer oder interessenspezifischer Verstrickungen) als eine Form der Wanderung verstanden werden. Wie Umzüge im engeren Sinne keinen soziologisch, politisch, militärisch, klimatisch oder anders begründeten Pull- und Push-Faktoren folgen, so sind sie auch nicht Ausdruck einer Migration. Sie sind eher individuell motiviert, durch persönliche Interessen, Wünsche oder Bedürfnisse veranlasst, vielleicht sogar durch Träume oder Utopien.

Umzüge verlangen nicht nur den Transport von Gegenständen. Sie bewegen auch die Stimmungen. Insbesondere die Vorbereitung einer den gesamten Hausstand erfassenden Verfrachtung wühlt die Erinnerungen auf. Mit den Dingen geraten alle möglichen Assoziationen in Bewegung. Das lange schon vergessen Geglaubte fährt mitunter in gleichsam geisterhafte Gestalt wie ein Keil ins vitale Jetzt. Je näher der Abtransport der Dinge rückt, desto mehr tauen die Fragmente alter Geschichten auf, die unter der Haut der Dinge lange schon verborgen sind. Die Dinge nehmen aber nun nicht in ihrer Materialität, Schwere und Sperrigkeit allein die sachliche Aufmerksamkeit in Anspruch; sie verlangen ebenso emotionale Sensibilität gegenüber den Berührungen des eigenen Selbst. Noch im Moment des Weggetragen-Werdens setzen affektgeladene Objekte Fetzen von Geschichten frei, die atmosphärisch plötzlich aus dem Nichts aufsteigen wie ein Nebel. Am Ziel angekommen, läuft die Verfrachtung des Mobiliars beim Auspacken aller Kisten und Kartons aber nicht spiegelbildlich einfach nur rückwärts. Die ganze Konzentration mündet nun in die ganz der Zukunft zugewandte Aufgabe, in leeren Räumen eine Ordnung wieder herzustellen (s. auch Kapitel 3). Für kontemplative Rückschauen fehlt die Zeit, denn sie ist kein Vakuum vom Charakter eines *Noch* und *Noch-nicht*; die aktuelle Situation *nach* einem Umzug ist geradewegs auf die Zukunft gerichtet. Jede nachdenkende Selbstversenkung müsste in der Phase des Auspackens und Einräumens nur zu dessen Verzögerung führen und nicht in die Beschleunigung des Einzuges.

Ein tatsächlich bevorstehender Wohnungswechsel kündigt sich in einer atmosphärisch höchst immersiven Nachdrücklichkeit mit dem Besuch des Spediteurs an. Die nüchterne und in der Sache kaum überraschende Tatsache, dass alles, was transportiert werden muss, zum Zweck einer Kostenkalkulation als Transportvolumen berechnet werden muss, hat im engeren Sinne nichts Befremdendes. Der Habitus, in dem all dies nun aber geschieht, macht dennoch einen sprungartigen Phasenwechsel der Bedeutungen spürbar. Die Dinge des Wohnens werden schlagartig zu etwas anderem. Was noch eben dem Leben und Wohnen diente und in Lebensbildern eindrücklich wurde, die mit dichten und unsichtbaren biographischen Gravuren überzeichnet waren, ist nur noch potentielles Transportgut, seinem Wesen gegenüber neutralisiertes Volumen, das Laderaum in einem Lastwagen benötigt. Von allem, was dank der großen und kleinen Dinge die umfriedende Atmosphäre behagten Zuhause-Seins noch bis eben ausmachte, zählen jetzt allein noch Kubatur, Gewicht, Demontierbarkeit, Stabilität und ähnlich Faktisches.

Die Situation könnte in der Zuspitzung rational prüfender Aufmerksamkeit zum einen und der Stimmung der Affekte zum anderen kaum spannungsreicher sein. Der Widerspruch besteht aber auch darin, dass notwendigerweise zunächst zur Sache der Distanzierung werden muss, was in der Anbahnung neuer Nähe-Beziehungen schon bald wieder in emotionaler Hinsicht dem gehäuteten Wohnen dienen wird. Die Kluft zwischen den so disparaten Einstellungen der Wahrnehmung ist zwar ganz offensichtlich im Programm des Umziehen-*Wollens* begründet. Und doch wird die Überlagerung zweier sich so wenig vertragender Sichtweisen als tief berührender Einschnitt ins Vertraute erlebt – als Aufprall ganz inkommensurabler Beziehungen zu den Dingen. Was im täglichen Leben auf lebendige Weise Atmosphären und Stimmungen aufsteigen ließ, wechselt mit einem Schlage seine anmutenden Farben. »Stoffe« lebendigen Wohnens werden plötzlich zu blutleerem Material: Holz, Metall, Stein, Glas, Papier und vielem anderen.

Bücher sind in besonderer Weise von dieser Transformation betroffen. Noch eben hatten sie im Geistes- und Arbeitsleben eine zentrale »Funktion« inne. Zugleich waren sie in ihrer Präsenz atmosphärische Medien des Wohnens. In der Situation der Taxierung von Trage- und Ladegut verlieren sich solche Eigenschaften. Es gibt nur noch ein und dasselbe in Kg, Tonnen und Kubatur berechenbare Zeug: Auf der einen Seite einst billig beschaffte Taschenbücher ohne antiquarischen Wert, auf der anderen Seite ledergebundene ehrwürdige Exemplare aus dem 19. oder gar 18. Jahrhundert. Alle werden nun unterschiedslos zu amorphen Blöcken aus nichts als mehr oder weniger wiegender Papiermasse. Bereits in Kartons verstaut, sind sie gegenüber ihrem Inhalt schon neutralisiert (in eine Kiste geht ungefähr, was auf ein 80 cm langes Regalbrett passt). Dieser Betrachtungswechsel hat in der gebotenen Rationalität des so unvermeidlich nüchternen Blicks aufs Nötige im Prinzip nichts Beunruhigendes. Folglich erscheinen – mit Abstand betrachtet – emotionale Regungen, angesichts des Umstandes, dass Bücher »nur noch« bedeutungsneutrale Kistenfüllungen sind, als völlig unangemessen. Aber es gibt im subjektiven Erleben keine *unangemessenen* Gefühle, nur emotionales Korrespondenzerleben[3], in dem sich zu spüren gibt, was im Fadenkreuz aktueller Betroffenheit nahe geht.

Kein Umzug ist lediglich ein logistischer Prozess. Im Erleben werden noch so banale Raum- und Packarbeiten zu einem affektiv ergreifenden Ereignis. Rück- und Vorblicke münden allzu leicht ins Dilemma widerstreitender Empfindungen. Kühl betrachtet verlangt der Aktionsrahmen eines Wohnungswechsels die sachlich-klare Konzentration aufs praktisch Gebotene und die Ausschaltung »störender« Gefühle. Zur Situation gehören aber nicht nur *materielle* Umwälzungen, sondern auch emotionale Umprogrammierungen vitaler Lebensperspektiven. Vage ist daran die Aussicht, dass mögliche Zukünfte noch undeutlicher zu erfassen sind als Bilder des Vergangenen. Dass sich in der Situation eines Wohnungswechsels Vieles emotional asymmetrisch zu verstehen gibt und nicht »wahrheitsgemäß« widerspiegelt, ist aktuelles Produkt der leiblich einschnürenden Enge, in der sich Anspannung und Unsicherheit zu spüren geben.

Ein Wohnungswechsel stellt sich in der hohen Komplexität aller koordinationsbedürftigen Abläufe auch als eine atmosphärische Aufgabe dar – und damit als das ganz Andere logistischer Herausforderungen. Am Ende aller Umplatzierungen müssen die neuen Häute des Wohnens nämlich wieder eine behagende Aura ausstrahlen, in der sich frische Gefühle umfriedeten Zuhause-Seins bilden können. In seinem Integralcharakter des Vielen und Verschiedenen kann ein Umzug als rahmende *Situation* verstanden werden, welche sich immer wieder in nachrangige, ineinander verschachtelte Subsituationen gabelt. Der phänomenologische Begriff der »Situation« kommt dem nahe, was auch die Alltagssprache darunter versteht. Hermann Schmitz führt in seiner Philoso-

---

3 In diese Sinne beschreibt Reinhard Knodt die sich im täglichen Leben immer wieder herstellenden »Gleichklänge« (Knodt: Der Atemkreis der Dinge, S. 42) als Korrespondenzen. Das eine passt sich (nicht affirmativ in einem nur nachlaufenden, sondern mimetisch in einem gestaltenden Sinne) an das andere an, so dass sich Korrespondenz als kreativer Schöpfungsprozess sich wechselseitigen Ähnlich-Machens für etwas (situativ) Gemeinsames verstehen ließe. Aus soziologischer Perspektive spricht Hartmut Rosa von »Resonanz« (vgl. Rosa: Resonanz).

phie facettenreiche Binnendifferenzierung ein, die es erlauben, Situationen verschiedener Art nach ihrer Funktion in der zwischenmenschlichen Kommunikation wie im Verstehen herum- und mitweltlicher Gegebenheiten zu unterscheiden.[4]

In charakteristischen Phasen zeigt sich eine Situation des Wohnungswechsels insofern mit einem Schlage, als sich alles, was sie typischerweise ausmacht, ohne weiteres und umstandslos zu verstehen gibt. Wer in seiner Wohnung damit beschäftigt ist, Schränke und Regale leer- und in Kisten umzuräumen, ist auf den ersten Blick als jemand zu erkennen, der umzieht, bzw. einen Umzug vorbereitet, sich also »in« einer Umzugssituation befindet. Das ist ganz anders, wenn eine Person zum Beispiel auf offensichtlich *nachdenkliche* Weise mit einem Gegenstand hantiert, so dass man gar nicht wissen kann, dass dieses Tun im Zusammenhang mit einem Wohnungswechsel steht. Das Tun könnte ja auch etwas ganz Eigenes bedeuten. Wen das Packen und Räumen in eine kontemplative Besinnung »treibt«, ist als Umziehender nicht mehr ohne weiteres zu erkennen, zumindest zeigt sich ein verwirrendes Bild, in dem auf den ersten Blick nicht alles zusammenpasst, was eindrücklich wird. Solch *segmentierte* Situationen können erst in Schritten analytischer Rekonstruktion von Sinn und Bedeutung auf ein übergreifendes Ganzes wieder zurückgeführt werden.

Das Schmitz'sche Situations-Verständnis macht darauf aufmerksam, dass sich wahrnehmbare Eindrücke trotz ihres mitunter vereinselten Erscheinens durch eine diffuse und in sich hoch differenzierte Ganzheitlichkeit auszeichnen. Solche Ganzheitlichkeit ist aber auch dann, wenn sie in den sie tragenden Bedeutungen *mit einem Schlage*

---

4 Situationen sind ganzheitliche Eindrücke, »d.h. nach außen abgehoben und in sich zusammengehalten.« (Schmitz: Kurze Einführung, S. 47). Sie werden »zusammengehalten durch eine *Bedeutsamkeit*, die aus *Bedeutungen* besteht. Bedeutungen im hier gemeinten Sinne sind Sachverhalte (dass etwas ist), Programme (dass etwas sein soll [als Norm] oder sein möge [als Wunsch]) oder Probleme (ob etwas ist).« (Ebd.). Wenn sich Bedeutsamkeit mit einem Schlage präsentiert, spricht Schmitz von einer *impressiven* Situation (ebd., S. 48), wenn Bedeutsamkeit nur ausschnitthaft zum Vorschein kommt, von einer *segmentierten* Situation (ebd., S. 48 sowie Schmitz: Was ist Neue Phänomenologie?, S. 91).

wahrnehmbar ist, nicht eindeutig wie ein perfekt definierter Terminus. Ihre Bedeutungen befinden sich vielmehr im Verhältnis »chaotischer Mannigfaltigkeit«[5] zueinander. Ein Wohnungswechsel ist eine Situation par excellence, eine übergreifende, alle einzelnen Aktivtäten zusammenfassende Situation, die sich in inselhaften Sub-Situationen immer wieder aufs Neue in aktuellen Gesichtern zeigt (des Organisierens aller Vorbereitungen, des Packens, des logistisch-mobilitätstechnischen Umziehens im engeren Sinne, schließlich des Einziehens in eine andere Wohnung, des Auswohnens und des Einwohnens; s. auch Kapitel 4).[6]

---

5 Vgl. Schmitz: Neue Grundlagen der Erkenntnistheorie, S. 68. Der Begriff des *Chaotischen* deckt sich nicht – im Sinne alltagssprachlicher Assoziationen – mit turbulentem Durcheinander. Vielmehr hebt er ab auf »die Unentschiedenheit hinsichtlich Identität und Verschiedenheit«. Es ist schon eine Folge der Komplexität und integralen Verschachtelung maßstäblich unterschiedlicher Situationen, dass in aller Regel situativ vorscheinende Bedeutungen nicht eindeutig sind, sondern der Interpretation bzw. subjektiven Auslegung gegenüber offen sind.

6 Zum neophänomenologischen Konzept der Situation vgl. auch Schmitz: Situationen und Konstellationen sowie Großheim: Der Situationsbegriff in der Philosophie und Großheim: Zu den Situationen selbst! Auch Bollnow verwendet einen Begriff der Situation, grenzt ihn jedoch von dem der *Lage* ab. Damit schafft er implizit zwei Typen von Situationen, ohne ihre erkenntnistheoretische Nachbarschaft besonders deutlich zu machen. Als »Lage« bezeichnet er »in einem ganz weiten Sinne die Lebensumgebung des Menschen, das Ganze der Umstände, die sowohl fördernd als auch hemmend auf ihn einwirken« (Bollnow: Neue Geborgenheit, S. 41). Situation ist ihm im Unterschied dazu durch eine Art der Zugespitztheit einer Lage ausgewiesen, die den Menschen vor eine Entscheidung stellt. Danach wäre, was eine Person in einem eher passiven Sinne zu einem Umzug bewegt, eine Lage (z.B. die Unmöglichkeit, die langjährige Wohnung als Folge ungünstiger Verhältnisse auf dem Wohnungsmarkt weiterhin bezahlen zu können). Situation wäre nur der Umzug selbst, wie alle davon umfassten Subsituationen, die jeweils für sich die Fällung spezifischer Entscheidungen verlangen. Diese Differenzierung hat ihren Nachteil nicht zuletzt darin, dass sie zum einen die *rationale* Entscheidung fokussiert und zum anderen der Situations-Begriff letztendlich unscharf bleibt. Schmitz unterscheidet über die oben genannten Differenzierungen hinaus unter anderem zwischen einer persönlichen und gemeinsamen sowie einer Situation auf der Subjektseite und auf der der Objektseite. Sehr viel dichter am Schmitz'schen Situa-

Die Differenzierung zwischen *aktuellen* und *zuständlichen* Situationen fordert schließlich dazu auf, das Erleben der *Dauer* einer Situation zu bedenken. Eine aktuelle Situation kann »in beliebig kurzen Zeitabständen auf mögliche Veränderungen hin beobachtet werden«. Bei einer zuständlichen ist »die Suche nach Veränderungen erst nach längeren Fristen sinnvoll.«[7] Weil ein Umzug schon wegen seines transitorischen Charakters nie in eine *letztendlich* zuständliche Situation münden kann, bleibt die Grenze zwischen Aktualität und Zuständlichkeit fließend. Ein Wohnungswechsel, der wegen seiner mehrwöchigen Dauer den Rhythmus nahezu aller Lebensaktivitäten verändert, stellt sich insofern als *zuständlich* dar, als viele Sub-Situationen andauernd und konsequent auf das Ziel des bevorstehenden Wohnungswechsels bezogen sind. In der Retrospektive (also »nach« einem Umzug) erscheint die zuständliche Verkettung ungezählter Einzelaktionen dagegen »nur noch« als eine aktuelle Situation von *begrenzter* Dauer.

1.1. Etymologische Randnotiz

Das im Zusammenhang mit einem Wohnungswechsel anstehende »Umziehen« hat eher schwache Beziehungen zu Bedeutungen, in denen das *Ziehen* (auch im Sinne von zerren, reißen, auch wegreißen und wegziehen) auf unterschiedliche Bewegungen von Gegenständen verweist. Umziehen im hier gemeinten Verständnis impliziert eine Ortsveränderung, in deren Zentrum *Personen* mit ihrem Wohnsitz stehen: »das gesinde ziehet um, wenn es seine herrschaft verändert, zu einer andern herrschaft ziehet«[8]. Ein Umzug ist zunächst dieses Umziehen von Personen, die den Ort ihres meist wohnenden Aufenthalts wechseln. Wichtig ist aber auch die im Ziehen zum Ausdruck

tionsbegriff war Karfried Graf von Dürckheim. Er verstand »unter »Situation« jede sich für das erlebende Bewußtsein von Augenblick zu Augenblick als Einheit im Zugleich konstituierende Bewußtseinsmannigfaltigkeit« (Dürckheim: Erlebensformen, S. 267).

7 Schmitz: Kurze Einführung, S. 48.

8 DWB, Band 23, Sp. 1289.

kommende *Bewegung*: »die cholera, die […] in Europa einen erneuten umzug hielt«[9]. Bis in die Gegenwart bedeutet das Wort »Umzug« in der Alltagssprache hauptsächlich die Verlegung eines *Wohnsitzes* und die damit einhergehende Mobilisierung des gesamten Hausstandes, also den Transport von Hab und Gut von einem Ort zum anderen. Die damit nötig werdende *Bewegung* steht in einem eher weit entfernten Bedeutungshintergrund.

Als Umzug in einem ganz und gar anderen Sinne bezeichnet man den »Umgang« (von umher- und herumgehen) zum Beispiel einer Prozession oder einer rituellen Umkreisung. Beide folgen mythologischen oder kultischen Traditionen und generieren aus der Anbetung von Göttern und Dämonen imaginäre Kräfte. In spätmodernen Zeiten sind auch Demonstrationszüge nichts anderes als Umzüge mit einem ganz eigenen rituellen Charakter. Unter anderem deshalb müssen sie in ihrem genauen Streckenverlauf auch polizeilich genehmigt werden.

Religiöse Umzüge wurzeln oft im regionalen Brauchtum. Indem die dahinziehende Menge das Imaginäre beschwört, nimmt sie mythisch bis mystisch aufgeladene Medien als imaginäre Brücken der Transzendenz in Dienst: Masken, Kopfputz, Verkleidungen, aber auch performative Tanzaufführungen mit Tiergestalten, die der Abwehr des Teufels oder Unheil bringender Dämonen gelten. In den politisch motivierten Umzügen unserer Tage treten an die Stelle mystischer Medien ideologische, an die Stelle von Masken und Kopfputz Transparente und Sprechchöre. Auf dem Wege solidarischer Einleibung wird so die autosuggestive Kraft des Kollektivs intensiviert. Dabei helfen nicht zuletzt Verkleidungen, die es im religiösen wie im profanen Umzug gibt. Grundsätzlich bewährt sich Kleidung als bildhaftes und habituelles Kommunikationsmedium. Auf den so extrem unterschiedlichen Umzügen werden *spezielle* Dinge als Medien der (Auto-)Suggestion sowie als Katalysatoren des Imaginären[10] in einem weiteren Sinne im Kreis bewegt. Bei den religiösen Umzügen kommt es überdies auf die auratische Ausstrahlungsmacht mythischer Schlüsselmedien an. So fungieren zum Beispiel

9 Ebd., Sp. 1303.

10 Vgl. auch »Umzug, Umgang« in HWdAgl, Bd. 8, Sp. 1378-1396.

schwere Kreuze, die auf Prozessionen über längere Strecken auf den Schultern starker Träger lasten, als symbolisch und mehr noch synästhetisch eindrückliche Objekte. Die körperlich-physisch zu *tragende* Last vermittelt die Erfahrung von Schmerzen, die am eigenen Leib zu *er-tragen* sind. Auf der Schwelle zwischen leiblichem Spüren und symbolischem Verstehen kommt bei den Menschen an, was sie begreifen sollen. Das beträchtliche Gewicht schwerer Kreuze steht nicht allein für die *bildliche* Inszenierung der Leiden Christi; die Schwere des Kreuzes soll diese viel mehr noch leiblich unmittelbar zu spüren geben. Es ist Sache sakraler Umzugs-Programme, alle Dinge von zentraler medialer Bedeutung in eine suggestive Wirkungslogik zu verstricken, die aus der Sicht der Teilnehmenden schwer durchschaubar ist.

Bei dem Umzug, den ein Wohnungswechsel erfordert, spielen Rituale im Allgemeinen keine Rolle. Es gibt kein Programm, in dem die Dinge mehr sind als Transportgüter. Alles muss von einem Ort zum anderen bewegt werden. Daher ist es in gewisser Weise bedeutungsleer, nur Volumen und Gewicht. Die begleitende Bewegung derer, denen das Wohnzeug gehört, ist von marginaler Bedeutung; sie müssen ganz selbstverständlich mit ihrem Mobiliar und allem was darinnen war, *irgendwie* von A nach B. Bei den zeremoniellen Umzügen traditionell-religiöser oder spätmodern-politischer Art steht im Unterschied dazu die pathische Teilhabe an einem zu gehenden Weg im performativen Zentrum des jeweiligen Bewegungs-Programms. Im Vergleich dazu ist ein Wohnungsumzug ist erster Linie eine logistische Aktion. Darin gibt es weder kultische Objekte, noch eine halluzinierte Nähe zu höheren Mächten. Die durch und durch banalen und pragmatisch motivierten Wohnungsumzüge dienen allein dem Transport von allem, was ein Mensch zu seinem Wohnen benötigt. Dennoch berührt dieses scheinbar so gewöhnliche Umziehen eine *existenzielle* Wurzel im Leben der Umziehenden. Deshalb kann man auch sagen, dass ein Umzug eine »Grenzsituation« ist, deren existenzieller Charakter sich schon aus dem Gefühl der »Hingehörigkeit« in eine Wohnung ergibt, die in der Dauer der Zeit vertraut geworden ist. Damit hat ein gewöhnlicher Umzug auch mythische Bedeutungen des Wechsels, des Wandels und der Transformation, auch wenn diese im lebensweltlichen Verständnis kaum Beachtung finden.

Unter einer Grenzsituation versteht Karl Jaspers eine Situation, in der der Mensch in einer »Subjekt-Objekt-gespaltenen, der gegenständlichen Welt [...] nichts Festes« mehr vorfindet. In ihr ist »kein unbezweifelbar Absolutes, kein Halt, der jeder Erfahrung und jedem Denken standhielte.«[11] Grenzsituationen sind nicht allein an die im engeren Sinne existenziellen Situationen des bevorstehenden Todes, schwerster Krankheit oder anderer Ereignisse gebunden, die den Fortbestand eines guten Lebens einschränken. Schon jeder Übergang im eigenen Leben, an dessen Schwelle etwas Neues anbricht und überkommene Ordnungen des Gewohnten fragwürdig werden, berührt das Wesen einer Grenzsituation.[12] Im ruhig dahinlaufenden Alltag findet der Mensch im Allgemeinen seinen Halt in Traditionen, wenigstens aber in Gewohnheiten, Routinen und Selbstverständlichkeiten. So gerät er selten in Grenzsituationen, sitzt schon gar nicht darin fest, so dass ihn das Überraschende in der plötzlich sichtbar werdenden Widersprüchlichkeit des Lebens auch nicht ratlos macht. Die antinomische Situation des gesamten Lebens (aufgespannt zwischen Leben und Tod, Lust und Schmerz usw.) zwingt den Menschen in der Sicherung seiner Lebensperspektiven zur Veränderung oder zum Festhalten an bestehenden Ordnungen. Zur antinomischen Struktur des Lebens gehört deshalb auch das Bewusstsein, dass es nicht nur *diese* Lebensform gibt, sondern auch gänzlich andere. Aus der Kraft der dialektischen Reflexion kann ein »Prozeß beginnen, der das vorher selbstverständliche Gehäuse zur Auflösung bringt. [...] Daß der Mensch lebt und nicht zugrunde geht, ist daran sichtbar, daß er im Auflösungsprozeß des alten Gehäuses gleichzeitig neue Gehäuse oder Ansätze dazu baut.«[13] Wenn ein Umzug im Vergleich mit einem sich ankündigenden Tod auch etwas völlig Banales ist, so scheint in ihm doch etwas vom Charakter einer Grenzsituation vor. Es

11 Jaspers: Psychologie der Weltanschauungen, S. 229.

12 Vgl. ebd., S. 229ff.

13 Ebd., S. 281; Herv.i.O.

ist die lebensverändernde *Selbst*bewegung, die als Bereitschaft und Fähigkeit zum Wandel dem Entschluss zu einem Wohnungswechsel vorausgeht. Schon im gewöhnlichen Leben zeigt sich, dass sich Menschen im Bewusstsein einer anstehenden Veränderung nicht nur auf Grenzen zubewegen, sondern auch über sie hinweg gelangen können. Ein Umzug ist dabei nur die allokative Folge eines Selbst-anders-werden-Wollens, das jedoch *nicht* a priori auch einer Ortsveränderung bedarf.

Und noch in der Folge eines praktisch schon zu Ende gebrachten Wohnungswechsels sieht sich das alltägliche Leben vor die Herausforderung gestellt, sich selbst auf neue und umfassende Weise zu einer veränderten Umgebung in Beziehung zu setzen, mental wie bewegungspraktisch, im erlebten wie im hodologischen Raum. Das Haus und die Wohnung sind nun anders und an einem anderen Ort, die selbstverständlichsten Wege müssen neu eingeübt werden (zum Bäcker, zur U-Bahn-Station, zum Schuster), die Menschen in der Nachbarschaft sind einstweilen fremd, die lebensnotwendigen Erledigungen im Stadtzentrum (oder in der Mitte des Dorfes) müssen umgelernt werden u.v.a. Umziehen hat nur auf den ersten Blick allein mit der Verfrachtung des gegenständlichen Wohnzeugs zu tun. Weitaus größere Nachhaltigkeit entfaltet es in der Veränderung und notwendigen Neuausrichtung alltäglicher Lebenstätigkeiten. Ein Umzug kann in einem metaphorischen Sinne auch als eine Reise angesehen werden; nicht als Urlaubsreise und nicht als Ausflug aus Gründen des Zeitvertreibs oder der Bildung, aber als eine existenzielle Reise, die auf ihr nahes oder fernes Ziel in einer anderen Gegend orientiert ist. Das Ziel dieser »Reise« ist ein *Wohn*ort, von dem aus künftig alle Reisen im engeren Sinne gemacht werden und an den sie wieder zurückführen werden, sobald die Reisezeit ihr Ende gefunden hat.

Zwar ist ein Umzug nicht mit lärmender und störender »Umherzieherei«, geschweige denn »Herumtreiberei« zu vergleichen. Verbindend sind indes motorische Bewegungsströme außerhalb des Hauses. Die Eigenarten eines Wohnungswechsels macht jedoch deutlich, dass ein Umzug kein Herumziehen ist, sondern ein Weg- und ein Hinziehen. Dem (vagabundierenden oder streunenden) Umherziehen fehlt es im Unterschied dazu an einem Ziel als Endpunkt aller Bewegungen; es findet in der informellen Umkreisung seine Gestalt. Zwar kehrt auch der »Herumtreiber« an seinen Ausgangspunkt zurück. Sein »Herum« folgt aber weder einer Weg-, noch einer Hinbewegung, die auf das Ziel eines dauerhaften Bleibens orientiert wäre. Wenngleich auch Umzug wie Umgang am Ende wieder an den jeweiligen Ausgangspunkt zurückkommen, so *verlässt* der von einem zum anderen Wohnort Umziehende im Unterschied dazu doch seinen bisherigen Wohnort endgültig.

Mit einem allokativen Umziehen auf einem ganz anderen Maßstabsniveau hat man es auch bei einer lebensweltlich ganz gewöhnlichen Handlung zu tun: dem »Umziehen« eines Kleidungsstückes. Auch hier wird ein persönlicher Gegenstand *bewegt*. So banal das Beispiel auch sein mag, so weist es doch auf eine existenzielle Ähnlichkeit mit dem Umziehen in eine andere Wohnung hin. Hier wie dort fungieren die bewegten Dinge als Medien der Veränderung einer gefühlsmäßigen Beziehung. Wer *sich* umzieht, will anders aussehen, wer »in Gänze« (mit dem Möbelwagen) umzieht, will anders leben, anders wohnen, anders *sein*. Auch wer seine Wohnung nicht freiwillig wechselt, sondern dazu gezwungen wird, *muss* in der Folge seiner Umsetzung anders leben.

Mit dem Umziehen werden verschiedene Schichten bzw. Dimensionen von Ding-Beziehungen (vgl. auch Kapitel 3) durch Bewegung verändert. Dinge dienen dem Menschen. Deshalb nimmt er sie mit oder verändert sie für neue Situationen ihres Gebrauchs. Beim Umziehen eines Kleidungsstückes betrifft die Veränderung nicht den Raum des Wohnens, sondern den Habitus einer Person, das heißt das leiblich spürbare Gefühl, *dieser* und nicht jener oder irgendein anderer Mensch zu sein. Um die Dinge selbst geht es auch hier nicht. Sie dienen (wie bei einem Umzug) der Person – als Medien der Repräsentation und zur Vermittlung selbstbezogener Gefühle. Sie dienen den Lebensvollzügen dessen, dem sie gehören.

1.2. Mythen zum Wohnungswechsel

Ein Umzug passiert eine räumliche und lebensweltliche Weiche. Jeder Raumwechsel bringt neue Eindrücke mit sich. Nicht alle können in sachlicher Nüchternheit aufgenommen und verarbeitet werden. Ein Wohnungswechsel ist in mehrdimensionaler Hinsicht bewegend. Er setzt vielfältige, nachhaltig wirksame und auch mächtige Gefühle frei, die vom Aberglauben zudem facettenreich ausgeschmückt werden. Die überlieferten Narrative legen ein vielfarbiges Zeugnis *emotionaler* Bewegungen ab, die durch den Weltenwechsel eines Umzugs ausgelöst worden. Jenseits der allein rationalen Bewältigung aller sich mit einem Umzug stellenden Herausforderungen weckt die Situation des Übergangs Eindrücke, Träume, Hoffnungen und Ängste, die ins Unbewusste und Halbbewusst durchbrechen. Vorstellungen übernatürlicher und schicksalhafter Kräfte waren in der Kulturgeschichte des Wohnens lange als Phantasmen der Entlastung willkommen. Das zu einem jeden Wohnungswechsel gehörende Moment des Ungewissen geht nicht nur Synthesen mit utopischen und hoffnungsvollen Phantasien ein, sondern auch solche mit dem Dunklen und Abgründigen. So spiegeln sich im Aberglauben affektiv verzeichnete Narrative der Bewältigung des rational mitunter schwer Fassbaren. Das rein verstandesmäßige Vermögen zur Verarbeitung von Verlusten des Gewohnten und Vertrauten stößt an Grenzen. Für zusätzliche Irritation sorgen die mannigfaltigen Anforderungen, die sich mit dem noch nicht Vertrauten stellen. So werden die Atmosphären des Wohnens aufgewühlt – mehr die *noch* existierenden als die am neuen Ort gerade erst aufkeimenden. In die aufklaffende Lücke der Beunruhigung springt der Mythos. Vielfalt und Facettenreichtum der Phantasmen zeigen, in welcher Weise umzugsbedingte Umbrüche das emotionale Befinden dezentrieren. Die dabei spürbar werdenden Bedeutungen schließen sich nicht nur mit *individuellen* mimetischen Vermögen der Anverwandlung an veränderte Situationen kurz. Sie stehen auch mit dem kollektiven Unbewussten in Verbindung. Wo der Mensch in seinem Handeln an Grenzen des Berechenbaren stößt, imaginiert er helfende Kräfte aus dem Reich der Tiere, des Wetters und mythisch verzeichneter Dinge. Gerade unter dem Einfluss undeutlich schwimmender Atmosphären hofft er auf einen rettenden Wink des Schicksals.

Wenn Katze oder Huhn *vor* dem Menschen die Schwelle einer neuen Wohnung überschreiten und dabei am Leben bleiben, »ist die Wohnung nicht von bösen Menschen schädlich gemacht und kann ohne Gefahr bezogen werden.«[14] Katzen sind prädestinierte Schicksalsmelder. Unglück bringt es zum Beispiel, wenn man beim Wohnungswechsel eine mitnimmt. Wenn aber *während* des Umzuges eine ins Haus kommt, »soll man sie behalten fürs Glück.«[15] Die *eigene* dagegen »muss man später holen, oder sie muß von selbst kommen.«[16] Neben Brot und Salz ist der Besen (in der von seiner Bewegung und Nähe zum Boden ausgehenden Abgründigkeit der Atmosphären) ein prädestinierter Objektträger des Dämonischen. Alte Besen darf man jedoch nicht mitnehmen; an ihnen haften unbekannte Spuren eigener oder fremder Lebens- und Wohngeschichten. Wirft man allerdings einen neuen in die Wohnung voraus, »bekommt man kein Heimweh«[17]. Die jungfräuliche Kontaktneutralität *neuer* Besen dürfte es hier sein, die das assoziative Aufbrechen von Erinnerungen aus der *alten* Wohnung zu vereiteln und traumatisierenden Problemen des Auswohnens zuvorzukommen vermag.

Die Absicherung all dessen, was bei einem Umzug schieflaufen könnte, erfolgt – vielleicht zur Absicherung gegen die Selbstzuschreibung von Schuld – in außermenschlichen Milieus. Und dies konsequenterweise in einer so widersprüchlichen Weise, dass auch gegensätzliche Schicksalswendungen erträglich gemacht werden. So hat man »in der neuen Wohnung kein Glück«[18], wenn das Wetter in der Zeit des Wechsels schlecht ist. Umgekehrt gilt aber ebenso, dass »die Leute reich«[19] werden, wenn es regnet. Natürlich bietet kein Mythos *tatsächliche* Hilfen zur besseren Bewältigung logistischer, organisatorischer

14 HWdAgl, Band 9, Sp. 989.
15 Ebd.
16 Ebd., Band 9, Sp. 989.
17 Ebd.
18 Ebd., Sp. 988.
19 Ebd.

oder psychologischer Herausforderungen. Aber die mythischen Geschichten zur Schicksalshaftigkeit des Wohnungswechsels glätten die Sprödigkeit der emotional herausfordernden Schwellensituation des Übergangs. Und so unterstützen sie auch das gelingende Einwohnen.

Beheimatung ist kaum eine Sache verstandesmäßiger Selbstverfügung, geschweige denn Produkt von Handlungen. Vielmehr konfrontiert die Grenzsituation eines Umzugs insgesamt mit ausgeprägten Gefühlen. Ein hoher Grad der Betroffenheit schwächt selbst verstandesmäßig noch so überzeugende Gründe für ein Handeln. Wer aufgeregt, beunruhigt und verwirrt ist, also unter Spannungen steht, darf von sich selbst kein *in der Sache* »klärendes« Argument erwarten. Umso mehr bieten sich in solchen Situationen die Narrative des Aberglaubens als emotionale Helfer an. In ihrem metaphorischen Charakter zeichnen sie sich durch »eine Vakanz des Begriffs«[20] aus. Damit stehen sie im Gegensatz zur denotativen Rede. Sie sagen nicht »klar und deutlich«, wie etwas ist oder sein soll. Mit den Mitteln der Verrätselung lassen sie der Imagination anpassungsfähige Deutungsspielräume. Situationen des Wohnungswechsels sind oft krisenhaft und in der Folge verworren, verschwommen und widersprüchlich. Das sind auch die Umzugsmythen. Dank ihrer »Offenheit« gegenüber Gegensätzen bieten sie Entlastung von emotionaler Not. Sedierende Mächte dürften das Sinnzentrum der meisten Narrative des Aberglaubens bilden. Daher kann der Mythos in der Krise auch eher helfen als der noch so besonnene und pragmatisch abgeklärte Expertenrat.

1.3. Bewegungen in Raum und Zeit

Ein Umzug ist eine raumzeitlich eigenartige Situation. Der räumliche Bezug ist insofern evident, als es die erste (in naiver Sicht sogar die einzige) Sache eines Wohnungswechsels ist, das gesamte »Wohnzeug« im Raum von einem Ort zum anderen zu transportieren. Am neuen Ort

20 Blumenberg: Theorie der Unbegrifflichkeit, S. 74.

kommt dann alles wieder an ausgewählte Plätze, so dass sich erneut eine lebbare Ordnung der Dinge herausbilden kann. Die Überwindung eines allein raumbezogenen Umzugsverständnisses zeigt sich aber schon in der Notwendigkeit, dass Raum und Zeit zwei Dimensionen einer integralen Wahrnehmungsbeziehung zur Welt sind. Im Unterschied dazu steht die lebensweltlich verbreitete Vorstellung, wonach der Raum das eine und die Zeit das andere ist.

Während sich die Dimension des mathematischen Raumes durch die Differenzierbarkeit zwischen einem *Hier* und einem *Dort* als etwas Einfaches zu verstehen gibt, scheint das Verständnis der zeitlichen Dimensionen (eines Umzuges) komplexere Ansprüche zu stellen. Die Menschen sprechen im Alltag aber nur von »der Zeit«, womit sie in aller Regel die geeichte Normzeit meinen. Was wir auf diese Weise »Zeit« nennen, gliedert sich tradierter Denkmustern zufolge in eine Gegenwart, eine dieser vorausliegenden Vergangenheit und eine noch bevorstehende Zukunft. Mit anderen Worten: Es gibt Dinge, die *jetzt* verpackt und *morgen* abtransportiert werden und solche, die schon *gestern* von hier nach dort gebracht worden sind. Diesem Denken liegt ein dreifaltiges Zeitkonzept zugrunde, in dem Vergangenheit, Gegenwart und Zukunft eine Reihe bilden. Die Rede von einer reinen Gegenwart des *Jetzt* ist aber eine Illusion, denn Vergangenheit, Gegenwart und Zukunft bilden im Zeiterleben *keine* trennbaren »Zonen«, sondern einen stimmungsmäßig spürbaren Zusammenhang. Der abstrakten Uhrenzeit steht die »gelebte Zeit«[21] gegenüber. Letztere ist die pathische Seite des in der Dauer vorschreitenden Mit-Seins, worin die Phasen des Auswohnens und des Einwohnens mal eher kontinuierlich, dann aber auch wieder spannungsreich ineinanderfließen.

Komplexer als die mathematische Uhrenzeit ist die gelebte Zeit bzw. die modale Lagezeit. Zur reinen (messbaren) Lagezeit steht sie in einem ungleichzeitigen Verhältnis. Während sich in der Modalzeit das subjektive Erleben im Modus der Dauer spiegelt, läuft die reine Lagezeit nach der genormten Zeitberechnung dahin. Das ist die kulturell, politisch und technisch herrschende Uhrenzeit. In ihr gibt es ein

---

21 Im Sinne von Minkowski: Die gelebte Zeit I.

abstraktes Heute und Morgen sowie Kalendertage mit Datumsziffern. Sie kennt aber keine von Eile getriebene, gewissermaßen im Zeiterleben *gestauchte* Dauer.[22] Aus der Perspektive der Gegenwart taktet sich der Rhythmus subjektiven Erlebens, der mit Vergangenheit und Zukunft verzahnt ist. Spürbar wird das zeitliche Erleben in Gefühlen; im engeren Sinne wird also weniger »die Zeit« erlebt, als das, was »in« ihr als etwas spürbar Werdendes geschieht.

In der zeitlichen Distanz zu einem geplanten Umzug reihen sich in einer zur Vergangenheit wie zur Zukunft geneigten Gegenwart[23] alle einschlägigen Vorbereitungen noch relativ zwanglos und nicht gehetzt aneinander. Für einen drängenden Imperativ der Beschleunigung gibt es *noch* keinen Grund. Dagegen stellt sich der affektive Vitalton des Zeiterlebens kurz vor dem Umzugs-Datum um. Nun drückt die Eile allem Tun ihren Stempel auf. Solange die Orientierung zwischen dem, was war und dem, was noch bevorsteht, das Bewusstsein allen Agierens bestimmt, herrscht die abstrakte Trennung der Zeiten. Im Blick auf eine »bald« eintretende Zukunft kann mit halbwegs verlässlicher Routine getan werden, was sich zu tun gebietet. Sobald dagegen – etwa in der plötzlich einsetzenden Panik oder im lähmenden Schreck angesichts des Gefühls, dass »das alles nicht gut gehen kann« – diese Ausfaltung der Zeit in drei fiktive Erlebnis- und Ereignisbereiche in sich zusammenfällt, verliert sich die zwischen Vergangenheit, Gegenwart und Zukunft bestehenden lagezeitliche Orientierung. Wer in einer aktuell zugespitzten Situation panisch ergreifender Irritation das Gefühl für die Zeit verliert, findet sich in einer »prämetrischen« Lagezeit[24]. Das Gefühl für die Zeit kollabiert dann in gewisser Weise und die lähmende Macht des *plötzlichen* Augenblicks hebt die gefühlsmäßige Orientierung

---

22 Vgl. Schmitz: Phänomenologie der Zeit, S. 146f.

23 Die Gegenwart ist nach William James kein scharfkantiger Scheitel, sondern ein gefühlter Korridor mit einer gewissen, situativ unterschiedlichen Ausdehnung auf eine Vergangenheit und eine Zukunft hin. »In short, the practically cognized present is no knife-edge, but a saddle-back, with a certain breadth of ots own on which we sit perched, and from which we look in two directions into time.« (James: The Principles of Psychology, S. 609).

24 Vgl. Schmitz: Phänomenologie der Zeit, S. 122.

im Hier und Jetzt auf. In dieser Situation ist es aber wiederum nicht die *Zeit*, die das Subjekt gefangen nimmt, sondern die leiblich ergreifende Enge affektiver Gefangenschaft durch die emotionale Macht des Plötzlichen. Wer einen Abend vor der vereinbarten Ankunft der Möbelpacker in schweißtreibender Panik bemerkt, dass er in kürzester Zeit schaffen muss, was praktisch und tatsächlich unmöglich ist, mag in ein solches »Zeitloch« stürzen. Spätestens das Klingeln der Träger am frühen Morgen des nächsten Tages reißt ihn dann in die Lagezeit zurück – eher in die modale als die reine. Um die Sache wieder in den Griff bekommen zu können, müsste eine nüchterne (weitgehend abgekühlte und unaufgeregte) Distanz zu dem eingenommen werden, was nun bevorsteht. Aber solange das *Werden* der gelebten Zeit[25] emotional zu nahe ist, um »die nötige *Distanz* zu erreichen«, kann aus dem, was da passiert, kein »Objekt unserer Erkenntnis«[26] werden.

Affektiv bestimmend und handlungsleitend ist also weniger der rein praktische bzw. technische Handlungsdruck dessen, was ein Umzug zu tun verlangt, als die davon ausgehende gefühlsmäßige Rückwirkung auf das aktuelle Befinden. Der performative Verlauf der Situation eines Umzuges wird viel weniger von der dahinrinnenden reinen Lagezeit als von Stimmungen rhythmisiert, die das Zeiterleben dehnen oder raffen. Was jemand kann und worin er sich als blockiert, gelähmt und außer Gefecht gesetzt erlebt, ist aber von einer weit gespannten vitalen Beziehung zum *gesamten* Programm eines Wohnungswechsels abhängig. Dieses Programm ist vielschichtig und regelt nicht nur die Erledigung logistischer Aufgaben. Es kennt ebenso Hoffnungen und Wünsche. Es wird sogar wesentlich vom *emotionalen* Verhältnis zum neuen Wohnort bestimmt, und zudem noch von der sich wandelnden Beziehung zum aufgegebenen Ort der bisherigen Wohnstätte. Dies sind weder Beziehungen rein räumlicher noch rein zeitlicher Art, sondern solche, worin sich eine integrale RaumZeit spürbare Gestalt gibt. »Wahrnehmung ist immer zeitlich und örtlich bestimmt.«[27] Was erscheint, zeigt sich *hier*

25 Minkowski: Die gelebte Zeit I, S. 26.

26 Ebd., S. 27.

27 zur Lippe: Zeit-Ort im post-euklidischen Zeitalter, S. 113.

und jetzt und nicht jetzt hier und sodann dort. Das betrifft schon die umzugsvorbereitenden Arbeiten wie das Erleben der sich verändernden Räume, deren Gesicht sich am Ort des gleichsam absterbenden Wohnens langsam auflöst. Auch in der zukünftigen Lebenszeit am neuen Wohnort wird es kein räumliches Erleben diesseits des zeitlichen geben können. Nicht in den Räumen der Wohnung und des Hauses und nicht auf den Wegen in der bewohnten Stadt.

In allem was ein Umzug zu tun verlangt, gibt es keinen Raum ohne Zeit und keine Zeit ohne Raum. Alle (Teil-)Prozesse lassen sich als Übergänge verstehen, die neben den Dingen die umziehenden Personen betreffen – wenn auch in ganz anderer Weise. Sie sind die Subjekte einer jeden wohnenden Häutung. Und so basiert jeder Wohnungswechsel schon in seiner Vorbereitung auf einer zu tiefst persönlichen Beziehung zu raumzeitlichen Verhältnissen des Wohnens. Umzüge provozieren durch die performative Verflüssigung aller dinglich erfüllten Ordnungen des Lebens die Frage nach dessen Sinnzentren, Bedeutungsherden und perspektivischen Orientierungen. Erinnerungen, die sich in der Dauer des Lebens an einem Ort an Dingen und Atmosphären herausgebildet haben, werden im Moment einer umzugsbedingten »Zerstörung« des Gewohnten gleichsam hochgespült. Solches emotionale Auf-sich-selbst-Treffen intensiviert sich in der *nahen* Zeit vor einem Umzug. Den Charakter einer »Grenzsituation« hat dabei nicht der im Prinzip banale Wechsel von Raum und Ort, sondern der sich damit neu aufspannende Möglichkeitsrahmen des Lebens. Im Sinne der Antinomien gehen die Bewegungen hierbei aus der Enge des *Nur*-Möglichen in die Weite des Neuen.

Es ist lange nicht nur das *Wohnen*, das sich durch einen Umzug auf neuen Wegen finden muss. Viel mehr noch muss sich das *Leben* nach einem Wohnungswechsel räumlich, gegenständlich, performativ und situativ rekonstituieren. Die sich mit einem jeden Umzug anbahnende Neuausrichtung *des eigenen Lebens* kommt in der lebensweltlichen Perspektive kaum in den Blick. Es dürfte unter anderem der pragmatische und organisatorische Handlungsdruck sein, der vergessen macht, in welcher Weise jeder Umzug schon im Beginn seiner Vorbereitung allen Betroffenen den Bevorstand *existenzieller* Veränderungen zu spüren gibt

– Veränderungen, die in der Art ihrer Herausforderung ganz dem entsprechen, was Karl Jaspers unter einer »Grenzsituation« verstanden hat (s. oben). Die schnellen Rhythmen *praktischen* Tuns haben aber eine Psychodynamik zur Folge, in der die RaumZeit des Wohnens *nicht* in Beziehung zu einem existenziellen Grenzgang gesehen wird. Die Individuen verwenden den größten Teil ihrer Energie (allzumal im Modus der Eile) für die organisatorischen Aktionsketten sukzessiven Packens, Wegwerfens, Verstauens, (Um-)Sortierens etc., so dass für das Bedenken des eigenen Selbst (die Selbstsorge bzw. »die Umkehr zu sich selbst«[28]) zu wenig Ressourcen verbleiben.

Wer umzieht, tritt schon mit Beginn erster Vorbereitungen in eine meist stumme und implizite Revision des eigenen Lebens ein, das sich wohnend Raum schafft. Die Bewusstwerdung dieser raumzeitlichen Transformation ist aus naheliegenden Gründen praktischer Zwänge jedoch meistens blockiert. Die raumzeitlich effiziente Verzahnung der gebotenen Aktivitätsketten mündet in die stumme Akzeptanz programmatischer Handlungsimperative. Die Schnelligkeit der Erledigung *ungeübter* Abläufe erstickt jedes selbstreferenzielle Bedenken eigenen Lebens vor dem Hintergrund raum- wie zeitbezogener Ansprüche individuellen Wohnens im Keim. Was prinzipiell denkwürdig ist, verschwindet dann in subkutanen Zonen eines faden wie diffusen Unbehagens. Es verschwindet aber nicht in einem finalen Sinne. Es kehrt in kryptischer Form fetzenhaft und ins Irreale verzerrt in der Imagination wieder. Ein prädestiniertes Milieu der Wiederkehr des (nicht pathologisch, sondern nur eilig) Verdrängten ist der Traum. Im schlafenden Sein zeigt er ungefragt und ohne die Möglichkeit der Gegenwehr in Fragmenten einer imaginären Komplementärwelt auf

28 Foucault: Hermeneutik des Subjekts, S. 309.

das Nicht-Bedachte.[29] Darin drückt sich die affektive Mächtigkeit übergangener *Denkwürdigkeiten* aus.

Wie der freiwillige, so führt auch der durch verhängnisvolle Umstände erzwungene Umzug das Leben in veränderte Bahnen. Zwar nicht in einem produktiven, sondern desaströsen bzw. dystopischen Sinne, vielleicht auch nicht für alle Zeiten, aber doch für eine gewisse Dauer und in mehr oder weniger durchgreifender und nachhaltiger Weise.[30] Eine grundlegende Veränderung bedeutet jeder Umzug schon

---

29 Freud spricht hier von einer »Plastizität des Seelenlebens«, was dazu führt, dass im Traum die Welt des Erlebten in »tolle und verworrene Träume« übersetzt wird (Freud: Zeitgemäßes über Krieg und Tod, S. 45). An anderer Stelle führt er aus: »Im Traum und in der Neurose pocht dieses Ausgeschlossene um Einlaß an den von Widerständen bewachten Pforten, und in wacher Gesundheit bedienen wir uns besonderer Kunstgriffe, um das Verdrängte mit Umgehung der Widerstände und unter Lustgewinn zeitweilig in unser Ich aufzunehmen.« (Freud: Massenpsychologie und Ich-Analyse, S. 122). Das Übergangene wird also nie in Gänze totgestellt und ins Abseits des Unbewussten verschoben; es bleiben Reste, Aspekte, Pointen davon im Unterbewusstsein zurück. Sie werden auf unterschiedlichste Weise mit dem bewussten Tagleben verschmolzen. Es wäre allzu linear und naiv gedacht, den beim umzugsvorbereitenden Hervorholen längst vergessener Dinge aufbrechenden Assoziationen in keiner Weise ein Nach- und Fortleben (zumindest punktuell) im Bewusstsein zuerkennen zu wollen. Nur werden solch residuelle Fragmente eben nicht systematisch bedacht, vielmehr eher oberflächlich bemerkt, sowohl affektiv wie auch kognitiv.

30 Am Beispiel der biographischen Schilderung eines Mannes, der in die Situation der Obdachlosigkeit hineingeraten war, hat sich in meiner Studie über das Wohnen gezeigt, dass es oft eine Verkettung unverschuldet schiefgelaufener persönlicher Lebenswege ist, die in den Verlust der Wohnung und den zwangsläufigen Auszug führt (ob solches Ausziehen auch schon ein »Umziehen« impliziert, sei dahingestellt). Das Interview, auf dem die Illustration des Falles fußt, zeigt aber auch, dass sich ein Betroffener seiner Situation durchaus bewusst sein und dem Ziel zustrebten kann, ins »bürgerliche« Leben zurückzukehren, bzw. seine verhängnisvolle Entgleisung in ein beruhigtes Milieu zurückzuführen. Gleichwohl merkt der Gesprächspartner an, dass er aus der Zeit seiner Obdachlosigkeit, in die er »reingerutscht« sei, auch etwas gelernt habe: »Ich möchte die Zeit nicht missen. Es ist eine gute Erfahrung. Ich sehe gewisse Dinge auch anders. [...] Früher war alles selbstverständlich.« (Hasse: Unbedachtes Wohnen, S. 89).

deshalb, weil im beinahe sprichwörtlichen Sinne kein Stein auf dem anderen bleibt. Das gesamte raumzeitliche Koordinatensystem des täglichen Lebens verschiebt sich – nicht nur da, wo sich die Orientierung in den sog. »eigenen vier Wänden« neu finden muss. Auch die Bewegungsroutinen im neuen Draußen herumwirklicher Umgebungen müssen aufs Neue gebahnt und ins Gewohnte eingelebt werden. Dabei entfalten sich Routinen und beheimatende Effekte eher langsam. Die Not der Neuausrichtung des gesamten vitalen Antriebs beginnt aber nicht erst mit dem abgeschlossenen Vollzug allokativer Umzugsbewegungen, sondern schon mit dem sich im Neuen gleichsam »umsehenden« Blick, im tentativen Sich-Hinein-Fühlen in den neuen Ort zukünftigen Wohnens an einem Ort, der mit dem Fortgang der Zeit ein immer wieder anderer wird. Das betrifft die sich mit einer Biographie verändernden Perspektiven auf die herum- und mitweltliche Welt, es betrifft auf der Objektseite des Wahrnehmbaren den Wandel des Raum- und Zeiterlebens im phänographischen Jahresgang und im viel kürzer getakteten Rhythmus den Wechsel von Tag und Nacht sowie die Launen des Wetters.

Ein Wohnungswechsel bahnt sich mit dem Entschluss bzw. der bewusst gewordenen Notwendigkeit der Selbstmobilisierung an. Sowohl im Auszug wie in dem darauf folgenden Einzug in eine neue Wohnung in einem anderen Raum an einer anderen Stelle drücken sich (mehr oder weniger) gestaltbare Bedingungen menschlichen Zur-Welt-Kommens in der Gegenwart aus. Gelingendes Zur-Welt-Kommen setzt Flexibilität und Mobilität voraus und damit die Fähigkeit zur Selbstbewegung in einem umfassenden Sinne. Mobilitätsspezifische Bewegung läuft deshalb auch nicht nur auf die Verfrachtung von Möbeln, Geschirr, Büchern und was auch immer dem Wohnen dienen mag hinaus. Bewegung bedeutet auch Aufgeschlossenheit gegenüber einer bewussten Neuausrichtung des eigenen Lebens vor dem Hintergrund einer veränderten raumzeitlichen Entfaltungswelt.

Deshalb ist kein Wohnungswechsel auch nur ein »Tauschen« im Sinne seiner alltagssprachlichen Bedeutung.[31] Sonst träte eine Sache nur stellvertretend an die Stelle einer prinzipiell gleichwertigen anderen. Eine verlassene Wohnung wird anlässlich eines Umzuges nicht einfach nur gegen eine andere *getauscht*. Ebenso wenig gibt, wer aus einer Wohnung auszieht, sie wie ein Tauschobjekt nach abgelaufener Leihfrist zurück (im Unterschied zur »Rückgabe« der leergeräumten Wohnung an ihren Eigentümer). Es ist vielmehr ein Aufgeben sowie ein Hin- und Weggeben für etwas anderes und Neues, auch wenn es sich bei diesem »Neuen« um etwas Gebrauchtes oder Altes handelt. Was man am Ende langer Nutzungs- und Gebrauchsgewohnheiten aufgibt, lässt man nicht einfach fahren wie einen fallengelassenen Apfelrest. Das Aufgegebene muss emotional erst freigegeben werden. Atmosphärisch in der Lebenszeit entstandene Bindungen können sich nur langsam lösen. Erst allmählich kann das Gewohnte losgelassen werden. Schließlich verliert sich auch eine einst vital gelebte Verbindung zu einer raumzeitlich ganzheitlich erlebten Gegend in die Erinnerung.

1.4. Verdichten

Aus dem Umstand, dass ein Wohnungswechsel eine geradezu universelle Mobilisierung von allem erforderlich macht, ergeben sich mehrere ordnende Aufgaben. Eine erste liegt darin, die Wohndinge für ihren Transport in Kisten, Kästen, Kartons, Taschen, Koffern oder was auch immer sich für die Verfrachtung anbietet, zu verstauen. Sofern

31 Etymologisch gibt es auch einen Tausch im *existenziellen* Sinne: als Verwechslung der Wesen, als ungleichen Tausch des Lebens einer Heiligen gegen das eines Schelmen und schließlich den Tausch der Jahreszeiten als einen wechselnden Übergang (vgl. DWB, Band 21, Sp. 209). Hier ist der gemeine Gebrauch von »tauschen« gemeint, d.h. ein Geben für oder gegen etwas anderes (vgl. ebd.). Auf der anderen Seite gehört zum Bedeutungshof des Wortes immer auch ein ungleicher Wechsel. So drückt sich im Tausch »ernsthafter Worte« (ebd., Sp. 210) auch nie eine einfache eins-zu-eins-Beziehung aus, sondern ein Kontakt vom Charakter mimetischer Korrespondenz.

die neuen Räume in ihrer Größe ungefähr der der alten entsprechen, mündet dieses Verdichten in die später gleichsam rückwärtslaufende Auflösung, wonach alles am Ziel des Umzugs wieder einen neuen Platz einnehmen wird. Unter der Bedingung steigender Mieten und Immobilienpreise kommt die Variante der Verkleinerung des Wohnraumvolumens jedoch immer häufiger vor. Dann stellt sich eine zweite Aufgabe darin, der Verdichtung eine Reduktion vorauszuschicken. Das sich reklamierende Aussortieren, Wegwerfen und bewusste Bewahren verlangt von denen, die umziehen, eine vor allem mentale Anstrengung.

Die Verkleinerung des künftig verfügbaren Raumvolumens zwingt zur Auswahl dessen, was abgeschieden, ausgesondert, entsorgt, verkauft oder auf anderen Wegen »entwohnt« werden kann. Die Krux besteht nun darin, dass daraus ein Entscheidungsdruck erwächst, der *alle* Wohndinge umfasst. Die Reduktion materieller Dinge ist aber keine Aufgabe des Rechnens, wonach man *alles* um 5 oder 10 Prozent verringern könnte. Zum einen stellt sie sich als eine würdigende *Auswahl.* Zum anderen bedeutet sie eine bewusste *Abscheidung* von Gegenständen, die *noch* in wohnend gelebte Bedeutungshöfe gefühlsmäßig eingewickelt sind. Über das banale Sortieren und Verstauen hinaus steht damit eine *emotionale* Bewertung der Dinge an. Diese berührt Fragen der eigenen Identität, denn die Dinge bedeuten ja *mir* etwas und nicht einem abstrakten System.

Die »wachstumsorientierte« Perspektive der *Vergrößerung* von Wohnung und Wohnzeug steht dem kritischen Bedenken des eigenen Lebens aber eher entgegen. Im Mainstream der Lebensstile der meisten kapitalistischen Gesellschaften wird das (quantitative) Wachsen unhinterfragt glorifiziert, zumindest fraglos akzeptiert. Wer unbedacht mitnehmen kann was es schon gibt, muss sich vor der Macht der Irritation durch plötzlich aufschießende Bedenklichkeit nur wenig fürchten. Umgekehrt führt die Schrumpfung der Raumvolumen auf gradem Wege in die Anstrengung der kritischen Prüfung dessen, was ein *gutes* Leben benötigt. Der Sinn der Dinge für das Wohnen verliert nun seine Selbstverständlichkeit. Was es in einer Wohnung gibt und auch zukünftig geben soll, muss in gewisser Weise durch Plausibilität des Gebrauchs für das Leben neu choreographiert werden.

Neben allzu evidentem Aussortieren, Wegwerfen, Abschreiben und Ausmustern fragt sich, was mit all dem geschehen soll, das sich der Option der Entsorgung gleichsam von selbst entzieht? Wie und wo soll die Grenze zwischen dem Entbehrlichen und dem Unverzichtbaren gezogen werden? Damit stellt sich in erster Linie eine Herausforderung emotionalen Fertig-Werdens mit dem (zudem selbst zu veranlassenden) Entzug bestimmter Dinge aus dem künftigen Milieu des Wohnens. Die Sache wird dadurch nicht einfacher, dass viele Dinge infolge ihrer geradezu objektiven Unverzichtbarkeit gar nicht erst als aussonderungsfähig zur Disposition stehen. So erhöht sich der Druck des Bedenkens von allem, was nicht so selbstverständlich wie das Bett mitgenommen werden *muss*. Es ist in besonderer Weise die finale Entsorgung, die eine deshalb so anstrengende Bewertung von Gegenständen verlangt, weil diese ja bereits Träger persönlicher Bedeutungen sind. Auswahlentscheidungen führen zur Verschiebung objektbezogener Affektbeziehungen, denn schon ganz banale Dinge sind oft wie Schwämme mit biographischen Spuren vollgesogen. Indem die Dinge *persönlich* berühren, künden sie von Bedeutungen, die in der Situation des Wohnungswechsels nur *scheinbar* allein mit banalen Ortsfragen der Unterbringung in Verbindung stehen. Gerade in dem Impuls, etwas »trotzdem« mitzunehmen (obwohl es eigentlich keinen hinreichenden Platz gibt), drücken sich irrationale Beziehungsmomente aus, die mit einer Gegenstandsbewertung nach Kriterien der Sache nicht viel zu tun haben müssen.

Die Identifizierung von potentiellem Abfall ist dagegen im Allgemeinen leicht, zumindest dann, wenn eine bestandssichernde und gegenstandswürdigende Erwägung von vornherein als inadäquat erscheint. Der Wille zum Festhalten, der das »Trotzdem« antreibt, setzt im Unterschied dazu eine solche *würdigende* Sonderung voraus. Für Vieles, das auch im zukünftigen Raum des Wohnens als unverzichtbar angesehen wird, versteht sich die Notwendigkeit des umzugsbedingten Transports von selbst, wie beim Bett (auf dem mittleren Maßstab der »sperrigen« Objekte) oder der Bratpfanne (im Bereich der kleineren Dinge), so dass keine dilemmatischen Situationen zu befürchten sind. In den Willen zum Festhalten mischt sich unter der Bedingung noch andauernder Verdichtung die Befürchtung der Ansammlung gewisser Überhänge.

Wo Raum nur unterstellt wird, wo letztlich doch keiner sein wird, bereitet sich nicht nur die Konkurrenz um Stellplätze vor, sondern viel mehr noch der Zerfall stimmiger Atmosphären. Wie kann in neue Nachbarschaftsbeziehungen eingereiht werden, was sich angesichts wesensmäßiger Nicht-Synchronisierbarkeit eher fremd ist? Der Eierkocher steht nicht gut neben dem Grimm'schen Wörterbuch und die Blumenvase schlecht auf dem Regalbrett mit dem Werkzeug. Wie auch immer die endgültige Platzierung des vielleicht doch Überschüssigen geschieht, sie läuft zumindest auf eine ästhetische Veränderung des Nebeneinander hinaus. *Neue* Beziehungen des Neben- und Übereinander müssen zur Vermeidung übelster ästhetischer Missklänge nachdenklich ersonnen, bedacht und abgewogen werden. Produktiv ist daran der aufspringende Keim des Bedenkens, wonach die Option einer Schrumpfung der Menge zugunsten eines qualitativen Mehr an Wohnwert am Ende den besseren Weg weist.

Das sich perspektivisch mit verkleinerten Raumansprüchen arrangierende, gleichsam verdichtete Wohnen reklamiert sich aber nicht nur auf dem Niveau *individueller* Abwägungen. Angesichts eines ökologisch ruinösen globalen Verschleißes natürlicher Ressourcen stellen sich vielmehr gesellschaftliche Herausforderungen einer grundlegenden Revision des Lebens, das sich im Wohnen nur ausdrückt. Die radikale Prüfung tradierter Wachstumsideologien wird mehr und mehr zu einer kollektiven Aufgabe, auch wenn die zur Realisierung dieses Programms bereitstehenden Akteure noch eher rar sind. Die Art und Weise, wie die Menschen *wohnen*, drückt fundamentale, emotional tief einverleibte Beziehungen nicht nur zu ihrem *eigenen* Leben aus, sondern auch zu dem ihrer Zeitgenossen und mehr zum Leben derer, die noch nicht geboren sind. Der aus dem Programm eines Wohnungswechsels rein praktisch resultierende Umzug wird zur Metapher einer umfassenden Revision des eigenen Lebens, das perspektivisch unter die Macht eines kathartischen Imperativs gerät: Die qualitative Verdichtung durch quantitative Reduktion.

In seiner ressourcenbeanspruchenden Form des Wohnens nimmt sich einstweilen erst zurück, wer als Folge der Erreichung schmerzlicher Grenzen *monetärer* Beweglichkeit im Miet- und Immobilienpoker passen muss. Die Notwendigkeit ethischer Bremsen wird eher rhetorisch (etwa in den Erzählungen parteipolitischer Akteure) angemahnt. In der Praxis des Wohnens mangelt es bis heute an einem Innehalten in der unbedachten Fortführung nicht nachhaltiger Lebensstile und Wohnformen. Belohnt wird noch in der Gegenwart nicht moralisch besonnenes Handeln, solidarisches und rücksichtsvolles Tun, sondern die erfolgreiche Einübung einer systemkonformen Gewinnermentalität im Alltag brettharter Wettbewerbe. Zur Praxis der Wohnungsmärkte wie der Wohn-»Kulturen« gehört es vor diesem Hintergrund auch, dass Globalisierungsgewinner dank überproportional steigender finanzieller Mittel ihr wohnendes Lebensspiel in den konsumistischen Exzess treiben und Programme der Nachhaltigkeit zynisch ad absurdum führen, während Globalisierungsverlierern zugemutet wird, sich auf Schwundstufen des Wohnens einzurichten. Eher hausend müssen sie dann am Ende dankbar sein für nicht viel mehr als ein Dach über dem Kopf.

2. Wohnen

Wer nicht wohnt, kann auch nicht umziehen. Doch was meinen wir, wenn wir vom Wohnen sprechen – dem eigenen oder dem anderer? Gibt es überhaupt ein Leben diesseits des Wohnens? Zwar ziehen auch Nomaden um, wenn sie von einem Ort zum anderen wandern, aber sie tun dies doch in einem anderen Sinne als Menschen, die einen »festen« Wohnsitz in der Stadt oder auf dem Lande wechseln. Im (Herum-)Ziehen drückt sich eine nomadische Lebensform aus und nicht im Bleiben an einen Ort dauerhaften Aufenthalts. Dennoch wohnen auch Nomaden, nur eben auf ihre ganz besondere Weise an Orten und auf Wegen zwischen verschiedenen Gegenden und Orten. Die nomadische Lebensform verstetigt im paradigmatischen Sinne das Prinzip der Bewegung im Raum, das zu jedem Wohnen gehört. Kein Mensch wohnt in einem fixen Sinne nur *innerhalb* seiner Wohnung. Das lebendige Wohnen an einem Ort verdankt sich unterschiedlich rhythmisierter Bewegungsoszillogramme, in denen sich der »Ausgangsort« des Wohnens mit dem weiteren räumlichen Herum verflechtet. So wird schließlich auch die Stadt zum Wohnraum, ebenso das Quartier, die Landschaft und noch die Ferne einer exotischen Ferienwelt. In manchen spätmodernen Lebensformen ist ein in gewisser Weise »oszillierendes« Pendeln zur neuen Normalität einer pluralisierten Sesshaftigkeit geworden, letztlich sogar eine funktional angemessene Antwort auf globalisierte Verhältnisse der Kommunikation, Produktion, Konsumption und Distribution. Jede phänomenologische Reflexion des Umziehens, das einem Wohnungswechsel dient, verlangt daher eine anthropologische Auseinandersetzung mit der Frage, was es heißt, zu *wohnen* (s. auch Kapitel 2.3). Diese bahnt sich aber schon in den folgenden Kapiteln über die Wohnung und die Atmosphäre des Wohnens an.

Ute Guzzoni widmet sich dem Spannungsverhältnis von Wohnen und Wandern, ist der Mensch doch a priori ein in Bewegung befindliches Wesen. In seinem Wohnen ist er *zwischen* Orten und Räumen seines Lebens unterwegs. »Wohnen und Wandern sind grundsätzliche Bestimmungen unseres In-der-Welt-seins.«[1] Damit ist nicht das Pendeln zwischen Wohnung und Arbeitsstätte gemeint, sondern ein wohnendes Wandern wie wanderndes Wohnen: »Wenn wir Räume durchwandern und Wege gehen, schließt das das Wohnen nicht aus, sondern ein; auch wo das Leben als ein – sowohl räumliches wie zeitliches – Unterwegssein begriffen wird, ist dieses Unterwegssein ein Wohnen an je unterschiedlichen Orten, allgemeiner, ein Wohnen im Raum.«[2]

2.1. Die Wohnung

Die Bewegungen im Unterwegs-Sein kehren in den sesshaften Gesellschaften immer wieder an relativ dauerhaft genutzte Stätten des Wohnens – die Wohnungen – zurück. *Menschen* wohnen in der Art ihrer Lebensführung aber nicht wie der Fuchs in seinem Bau und der Igel in seinem Unterschlupf. Als Mitglieder gesellschaftlich organisierter Kollektive *gestalten* sie ihre Wohnstätten und -orte; sie kultivieren ihre Orte des längerfristigen Aufenthalts, auch wenn sie nicht nur *eine* Wohnung haben, sondern mehrere. Ihr So-Wohnen bleibt dabei nicht bei sich. Menschen wirken mehr oder weniger nachhaltig auch auf das Wohnen anderer ein und damit zugleich auf deren Lebensbedingungen. Schon deshalb ist ihr sich an Orten verräumlichendes Leben keine reine Privatangelegenheit. Insbesondere Ansprüche an Infrastrukturen, Energie und Güter des tagtäglichen Bedarfs stellen das Wohnen in einen gesellschaftlich *legitimationsbedürftigen* Rahmen (s. auch 2.2). Je nach den

1 Guzzoni: Wohnen und Wandern, S. 11.

2 Ebd., S. 12.

praktizierten Lebensstilen geht es dabei unter anderem um energetische und materielle Ressourcenansprüche. Diese haben auch mit der Menge dessen zu tun, was die Menschen bei ihrem Wohnungswechsel mitnehmen. Was sie für ihr tägliches Leben beanspruchen, ist in spätmodernen Gesellschaften im Allgemeinen jedoch weit mehr, als sie selber tragen können – und auch mehr als sie benötigen.

Eine Wohnung ist ein dem Wohnen dienender Ort. Das kann ein Haus sein, der Teil eines Hauses, eine improvisierte Wohn-Gelegenheit, ein für das mobile Wohnen gemachtes Zelt oder ein Heim.[3] »Wohnung bezeichnet eine örtlichkeit, räumlichkeit, wo und sofern dort lebende wesen, namentlich menschen, im besonderen eine familie wohnt«[4]. Eine solche Wohngelegenheit ist (als *Domizil*) »eigentlich die behausung einer wohnung, wo man würcklich wohnet, feuer und rauch hält«[5]. Es versteht sich von selbst, dass unter diese sehr allgemeine Zusammenfassung auch Räume subsumiert werden müssen, in denen es höchst fraglich ist, ob sie dem Wohnen des Menschen im engeren Sinne dienen oder nicht viel eher seiner Unterbringung zum Zwecke der Überwachung und Disziplinierung (z.B. in Gefängnissen oder speziellen Heimen mit totalitärem Charakter).

Das Wort »Wohnung« wird auch im übertragenden Sinne verwendet. Das ungläubige Herz gilt bei Luther als Wohnung des Teufels[6], das der Gläubigen als Wohnung Gottes.[7] Die Seele hat im Menschen »ihre residentz, sitz und wonung«[8]. Die lebensweltlich heute noch gebräuchliche Rede von der Wohnung der Tiere bezieht sich dagegen auf einen Ort, der im engeren Sinne mit der menschlichen Wohnung nicht vergleichbar ist. »Wohnung« ist hier mitunter nur ein temporärer Platz bzw. eine Stelle im Raum (wie das *Storchennest*[9]), eine unspezifische Ge-

3 Vgl. DWB, Band 30, Sp. 1231.
4 Ebd.
5 Ebd.
6 Vgl. ebd., Sp. 1233.
7 Vgl. ebd.
8 Ebd.
9 Vgl. ebd.

gend (wie das *Tal des Kaninchens*[10]) oder ein relativ unbestimmter ökologischer Lebensraum (wie »die Tiefe der See«[11] als Welt der Fische). Walter Benjamin sieht noch im Zwinger eines Otters im Berliner Zoo die Wohnung eines Tieres, allerdings nicht in einer naiv-übertragenden, sondern pointierenden Weise, um die Absurdität der Unterbringung herauszustreichen.[12]

Dem Menschen dienende Wohnungen, von denen hier die Rede ist, sind mit Unterkünften und Behausungen der Tiere nicht zu vergleichen. Als Wohnung im engeren Sinne soll daher im Folgenden ein relativ dauerhafter Aufenthaltsort von Personen verstanden werden. Johann Wolfgang von Goethe hatte – die Dauerhaftigkeit der Wohnung voraussetzend – gesagt: »da du deine wohnung veränderst, so melde wohin du ziehst.«[13] Eine Wohnung muss aber nicht auf die sprichwörtlichen »vier Wände« beschränkt sein. Was ein Mensch zu seiner Wohnung macht, hängt davon ab, wie er sich in seine nahe und ferne Welt praktisch hineinleben will. Wohnung kann auch die Straße[14] sein, das Wohnviertel, die Stadt im Ganzen[15], die Landschaft oder ein ganzes Geflecht von Orten. Ute Guzzoni spricht sogar vom »Haus der Welt«[16] als dem offensten Ort unseres Wohnens. »Haus *und* Welt sind Heimstatt und Wohnung des Menschen, das eine im Kleinen, im sinnlich Konkreten, die andere im Großen.«[17] Die Wohnung erscheint im nahen Greifraum (dem *proxemischen Raum* im Sinne von Roland Barthes[18]) in sinnlich geradezu »fassbaren« Gesichtern und atmosphärisch spürbaren Gestalten. Stadt und Landschaft bieten sich der Erweiterung per-

---

10 Vgl. ebd.

11 Vgl. ebd.

12 Benjamin: Berliner Kindheit um 1900.

13 DWB, Band 30, Sp. 1234.

14 Walter Benjamin spricht über »Bilder einer Großstadtkindheit«, die sich oft auf Straßensituationen beziehen (vgl. Benjamin: Berliner Kindheit um 1900, S. 9).

15 Hermann Schmitz spricht nicht von der Stadt als Wohn*ung*, sondern als Wohn*raum*, womit er einen bemerkenswerten Unterschied im Grad beheimatender und umfriedender Atmosphären macht (vgl. Schmitz: Heimisch sein).

16 Vgl. Guzzoni: Wohnen und Wandern, S. 87.

17 Ebd., S. 88.

18 Barthes: Wie zusammen leben, S. 184f.

sönlich bedeutsamer Bewegungsnetze an, in denen sich – wenn auch nur inselhaft – eine beheimatungsfähige Welt fast im wörtlichen Sinne *schrittweise* ausdehnt. Mit anderen Worten: Eine »Wohnung« ist keinesfalls auf die zeitgemäße Vorstellung einer Wohn-*Stätte* beschränkt – zum Beispiel im vierten Obergeschoss eines Mietshauses, der linken Hälfte eines Reihenhauses oder einer pompösen Villa. Wie sich ein Mensch *seine* Wohnung aneignet und was er aus ihr macht, spiegelt zum einen wider, wie er sich in seiner Wohnung bewegen will. Es sagt aber auch etwas darüber, wie jemand sich in Bezug auf seine herumwirklichen Gegenden im Außenraum des Wohnens bewegen will. Jemand, der in der Mitte der Stadt wohnt, will sich auch in der Stadt als erweitertem Wohnraum bewegen. Wer dagegen auf dem Lande wohnt, mag in seinen Bewegungspräferenzen mehr auf den landschaftlichen Raum bezogen sein als »der Städter«.

Eine Wohnung lässt sich – in einem metaphorischen Verständnis – auch als Futteral auffassen, als räumliches Gehäuse, das zu denen passt, die sich darin niederlassen. Eine Wohnung *funktioniert* jedoch nicht nur in der Bereitstellung einer lebensfördernden Stätte samt aller nützlichen Dinge, die sich darin befinden. Ebenso konstituiert sie sich als ein emotional umfriedendes Milieu. In einer Ein-Zimmer-Wohnung geben sich Wohn- und Lebensqualitäten anders zu spüren als in einem geräumigen Haus mit parkartigen Außenanlagen. Die gelebte Kultur, in der sich die Wohnenden zu ihrer Behausung in Beziehung setzen, drückt sich nach innen wie nach außen in der Immaterialität von Atmosphären aus. Sie tragen wesentlich dazu bei, dass Wohnräume in ihrer »Vitalqualität«[19] als eine beheimatende Welt erlebt werden. Wenn das so ist, *passt* eine Wohnung (ob in Gestalt eines Zimmers oder eines Hauses) zur persönlichen Situation eines Individuums. Ein futteralartiges Gebilde ist ein *passendes* Behältnis – im Falle einer Wohnung nicht allein in einem physischen, sondern auch in einem atmosphärischen Sinne. Es dient der »Aufbewahrung« wie dem Schutz der darin wohnenden Personen wie von allem, was darin (dem Wohnen dienend) untergebracht ist. Noch einmal zeigt sich, dass jede simplifizierende Reduktion des

---

19 Dürckheim: Untersuchungen zum gelebten Raum, S. 39.

Umziehens auf das Hin- und Hertragen von Dingen die Anforderungen verkennt, die sich für die lebendige Gestaltung eines Wohnmilieus auf dem Maßstabniveau einer Wohnung stellen. Darin liegt nicht zuletzt eine *soziale* Aufgabe, bewegt sich doch kein Individuum monadenhaft durch Raum und Zeit. Es ist auf seinen Lebenswegen stets (und noch wider Willen) mit anderen unterwegs. Deshalb konstituiert sich noch das individuellste Wohnen als eine *gesellschaftliche* Situation.

So ist eine Wohnung auch ein Ort der Unterbrechung im ewigen Voran universeller Bewegungen, denen der Mensch als Natur- wie als Kulturwesen folgen muss. Trotz aller ortsbezogenen Fixierung steht sie in einer zumindest latenten Spannung zu ihrer irgendwann erneut bevorstehenden Auflösung zum Zwecke eines abermaligen Auszuges. Jede Wohnung ist eine Station; ihr liegt ein Weg voraus, und sie mündet eines Tages in einen aufs Neue beginnenden Weg, sei es *letztlich* (im Sinne des Wortes) der finale Auszug – ein als Sackgasse sich entpuppender Weg. Die Antinomie von Bewegung und Stillstand bedingt das biographische Pendeln von Wohnen und Umziehen. Wohnen lässt sich deshalb auch als gleichsam dynamisches »Anhalten« auf einem Lebensweg betrachten. Die Dauer des an einer Stelle im Raum sesshaften Weiterlebens liegt bis zur Ankündigung eines Endes oder Wechsels im Dunkeln. Ein Umzug synchronisiert eine mehr oder weniger kreative Angleichung der persönlichen Situation eines Individuums an veränderte Lebensverhältnisse.

Die *Synchronisierung* von Wohnung und Person[20] ist oberhalb ihrer autopoietischen und performativen Selbstkonstitution nichts Selbstverständliches. Sie bedarf der sensiblen Herstellung vitaler Orts- und Raumbeziehungen. Das Mögliche hängt aber auch von der Gestalt der Räume ab. Eine Wohnstätte ist in aller Regel ein *gebautes*

---

20 Um dieses Thema geht es auf einem allgemeinen Niveau im Prinzip in Otto Friedrich Bollnows Werk »Mensch und Raum«. Bollnow untersucht darin die Beziehungen, die Menschen zu den sie umgebenden Räumen herstellen – nicht allein, indem sie etwas darin zielgerichtet produzieren, sondern auch, indem sie sich herumweltlichen Gegebenheiten aussetzen bzw. mit äußeren, nicht auf ihr Handeln zurückgehenden Einflüssen konfrontiert sehen (vgl. Bollnow: Mensch und Raum).

Raumgebilde mit vier oder wie vielen Wänden auch immer. Sie muss aber kein behagendes »Futteral« sein. Oft genug ist sie auch nur, was man im 17. Jahrhundert einen »Habersack« nannte. Das Wort kommt ursprünglich von »Hafersack«, den der Bauer dem Pferd oder Esel um den Hals hing, um stets für ausreichendes Futter zu sorgen.[21] Die Bedeutung ging dann schnell über die des Futter- bzw. Hafersackes hinaus und verknüpfte sich mit einem lebensweltlichen Verständnis, in dessen Mitte die persönliche *Habe* stand, die man völlig ungeordnet in einen Sack hineinwerfen konnte. Ein Habersack entspricht in etwa der Bedeutung des Seesacks, heute vielleicht mehr noch der des Rucksacks, der (im Unterschied zum Futteral) keine Formansprüche genauer Passung stellt; alles kann, wie es gerade kommt, in ihn gegeben werden. Er schluckt, was reinpasst.

Eine Wohnung, die wie ein Habersack behandelt wird, erscheint uns schnell wie eine beziehungslos mit allem Möglichen angehäufte Rumpelkammer. Ihre so manchen irritierende Atmosphäre provoziert die Frage, wodurch sich ein »Hausen« dann vom Wohnen unterscheidet. Seit Heidegger wissen wir aber, dass es beim Wohnen nicht auf die Ästhetik »schönen« Wohnens ankommt, sondern auf die Art und Weise, wie sich ein persönliches oder gemeinsames Leben an einem Ort verräumlicht (s. auch Kapitel 2.3). So taugt das Kriterium der Aufgeräumtheit letztlich auch nicht für die Zu- oder Aberkennung des Wohnens und die Eröffnung eines mit minderwertigen Assoziationen verbundenen Begriffs randständigen Hausens oder gar Vegetierens. Tatsächlich macht eine »Habersack-Wohnung« das persönliche Herum jedoch mehr zu einem Behälter als zu einem beheimatungsfähigen Milieu.

Der obsessive Sammler spitzt die Frage zu, was eine Wohnung in ihrem Kern ausmacht – schon durch die Art und Weise seiner Raumnahme und seinen ganz spezifischen Gebrauch von Dingen. So stieße der Umzug einer solchen Person auch schnell an Grenzen des Realisierbaren, könnten die impliziten und verdeckten Ordnungsstrukturen

21 Zur Etymologie des Habersacks vgl. auch DWB, Band 10, Sp. 86f.

doch von niemandem an einem anderen Ort je wieder hergestellt werden. Was warum an dieser und nicht an jener Stelle steht oder liegt, verdankt sich in seiner Platzierung einer höchst individuellen und letztlich performativen Dynamik, die jedem üblichen Ordnungsdenken zuwiderlaufen dürfte.[22] Umso mehr schärft sich an diesem Punkt die Frage nach der Funktion der Atmosphären einer Wohnung, die weder an Standards der Aufgeräumtheit gebunden sind, noch an irgendwelche anderen ästhetischen Normen.

2.2. Die Atmosphäre einer Wohnung

Die Aufenthaltsqualität einer Wohnung verdankt sich in besonderer Weise der von ihren Räumen ausgehenden Eindrücke wie der Atmosphären, die einen pneumatisch umgreifenden[23] Charakter haben. Sie machen einen Raum in emotionalen Vitalqualitäten spürbar. Damit ist nichts Wertendes gesagt, das an einen bestimmten Vitalton einer Wohnung wie zum Beispiel »Gemütlichkeit« denken ließe. Wohnungen sind *immer* atmosphärische Räume. Viele beeindrucken durch umfriedende Behaglichkeit, andere wirken in ihrer unwirtlichen Kälte extrem zurückweisend.

Der *Eindruckscharakter*, den eine Umgebung vermittelt (im Nahraum der Wohnung zum einen, im mittleren Maßstab der Landschaft zum anderen), ist mit Begriffen nur schwer beschreibbar. Gerade in der Frage atmosphärischen »Ergehens«[24] herrscht eine weitgehende »Inkongruenz von Sprache und Begriff«[25]. Deshalb werden emotional

22 Vgl. auch Kapitel 7 in Hasse/Levin: Betäubte Orte.

23 Vgl. Tellenbach: Geschmack und Atmosphäre, S. 57. An anderer Stelle spricht Tellenbach mit Eugène Minkowski auch von einer Ausstrahlung, die »wie eine feine Wolke« im Raum schwebt und schließlich von »atmosphärischen Umwölkungen« (S. 48 und 111).

24 Vgl. Hellpach: Sinne und Seele, S. 65.

25 Blumenberg: Theorie der Unbegrifflichkeit, S. 74. »Atmosphären induzieren beim Menschen Gefühle, indem sie ihn leiblich ergreifen, und zwar mit affektivem Betroffensein.« (Schmitz: Wie der Mensch zur Welt kommt, S. 38). Des-

ergreifende Eindrücke auch gerne mit Hilfe von Metaphern ausgesagt. Die Kommunikation über Atmosphären bedient sich oft synästhetischer Ausdrucksqualitäten, nicht nur in der wörtlichen Rede, sondern ebenso im Medium der Gesten und der Mimik, oder mit dem Mitteln der Malerei, der Bildhauerei, Musik und Architektur. Synästhesien verbinden Gefühle mit bedeutungskomplementären Symbolen. Zur Bedeutung gehört ein Gefühl und zum Gefühl eine Bedeutung. Es ist Sache der Synästhesien, diese zwei Seiten ein und derselben Sache zusammenzubringen. Besonders eignen sich Werke der Kunst zur Kommunikation von Atmosphären, weil sie in ihrer Bedeutung offen sind und die Gefühle ansprechen. So gelingt es ihnen viel leichter, einen ganzheitlichen Eindruck zu vermitteln als der denotativen Sprache.

Die meisten Wohnungen sind in ihrem ästhetischen Erscheinen insofern »stimmig«, als sie erlebt werden wie ein atmosphärisch synchronisierter Akkord und nicht wie eine schrille Disharmonie. Man wird selten eine Wohnung betreten, in der das sogenannte »Wohnzimmer« prächtig und repräsentativ eingerichtet ist, während Küche und Flur aussehen wie ein Trümmerfeld. Die Menschen drücken die Art und Weise ihres Lebens intuitiv in weitgehend kongruenter Weise aus, ob sie das nun wollen oder nicht: In der Gestaltung wie im Umgang mit ihren eigenen Räumen. Sie tun in einem Raum nicht so, als wären sie ein Graf, und im anderen als wären sie ein Bettler.

Das atmosphärische Erleben einer Wohnung vermittelt sich mit nachdrücklicher Eindrucksmacht durch sogenannte »Halbdinge« wie Licht, Schatten, Wärme oder eine Anmutung, die zum Beispiel von einer Skulptur, einer brennenden Kerze oder einem im lauen abendlichen Wind wehenden Vorhang ausgeht. Mit dem Begriff der *Halbdinge*

---

halb lassen sie sich auch so schwer beschreiben; man ist, wenn sie da sind, immer schon in sie verwickelt. Der Weg durch die konkrete Reflexion einflussnehmender Eindrücke bietet jedoch die Möglichkeit der distanzierenden Versachlichung. Mit anderen Worten: »er [jeder Mensch, JH] kann sie mehr oder weniger abarbeiten, und wenn ihm das ganz gelungen ist, ist er tatsächlich nicht mehr ergriffen.« (ebd., S. 48f.).

hat Hermann Schmitz eine ganz eigene ontologische Kategorie entdeckt. Halbdinge unterscheiden sich von den Dingen grundlegend. Für die Halbdinge ist nämlich kennzeichnend, »daß sie verschwinden und wiederkommen, ohne daß es Sinn hat, zu fragen, wo sie in der Zwischenzeit gewesen sind.«[26] Nicht zuletzt am Beispiel zahlloser *Dinge* des Wohnens (vom Gemälde an einer Wand bis zum stramm gefüllten Mülleimer in einer Küchenecke) ließe sich eindrucksvoll illustrieren, dass es gerade die *Halbdinge* sind, die auf die atmosphärische Ausstrahlung einer Wohnung einwirken: die von einem Gemälde ausgehende Aura des Erhabenen[27] oder der flüchtig dahinschwebende Geruch von beginnender Fäulnis, der von einem vergessenen Komposteimer aufsteigt, den man zunächst keinem konkreten Herkunftsort zuordnen kann. Die Halbdinge sorgen für einen mitunter schnellen Wechsel der atmosphärischen »Färbung« einer Wohnung. Mit der Metapher von der *Farbe der Stadt* sprach Lewis Mumford einst die spürend vernehmbare Präsenz urbaner Orte an.[28] Die Metapher macht auf eine Brückenfunktion der Wahrnehmung aufmerksam. An ihr ist es, dem sinnlichen Erleben im Modus »leiblicher Kommunikation«[29]

---

26 Schmitz, Neue Grundlagen der Erkenntnistheorie, S. 80. Aus Platzgründen kann hier keine detaillierte Auseinandersetzung mit dem Begriff des »Halbdinges« stattfinden. Ich verweise an dieser Stelle auf Schmitz: System der Philosophie, Band III/Teil 5, bes. § 245. Halbdinge sind auch Licht und Schatten, Wärme und Kälte oder Heiterkeit und Trauer.

27 Zum Beispiel in großer immersiver Macht in der *Toteninsel* von Alfred Böcklin (vgl. auch Hasse: Zur Atmosphäre einer imaginären Landschaft).

28 Mumford: Megapolis, S. 35. Schon bei Ernst Cassirer kommt der Begriff der »Farbe« im synästhetischen Sinne vor. *Ausdruckscharakter* versteht er »als wesentlichen Bestandteil der Wahrnehmung«. Er sieht ihn im engeren Sinne weniger als subjektiv an, sondern als das, was »der Wahrnehmung gleichsam die ursprüngliche Farbe der Realität gibt« (Cassirer: Gesammelte Werke, Band 13, Dritter Band, S. 81f.).

29 Unter »leiblicher Kommunikation« versteht Hermann Schmitz die *leibliche* Zuwendung eines Wahrnehmenden an einen Partner der Kommunikation (vgl. Schmitz: Kurze Einführung, S. 40). Zwei Personen, die sich in ihren aufeinander zugehenden Bewegungen intuitiv so organisieren, dass sie nicht zusammenstoßen, »verständigen« sich in diesem Sinne nicht expressiv verbis, sondern auf dem Wege leiblicher Kommunikation. Solche »autopoietische« Ab-

zugänglich zu machen, was sich in Gestalt von Gerüchen, Klängen, Tönen und Geräuschen dem *visuellem* »Bild« einer Wohnung (oder einer Stadt) entzieht.

Der Auszug aus einer Wohnung hat zwangsläufig nicht nur deren dinglich-materielle, sondern auch atmosphärische Auflösung zur Folge. Da Atmosphären sich ganz wesentlich der raumgestaltenden Ausdruckskraft von Dingen sowie der spürbaren Ansprache durch Halbdinge verdanken, verschwinden mit den schon weggeräumten Gegenständen einer Wohnung auch die von ihnen unterstützten Atmosphären. Nur lassen diese sich nicht verpacken, wieder ausräumen und erneut so platzieren, wie ein Tisch oder ein Blumentopf. Atmosphären sind flüchtig und schweben als etwas Unteilbares im Raum. Weil sie situativ erscheinen, konstituieren sie sich im Spiegel einer performativen Umzugslebendigkeit auch in der Dauer eines Umzuges immer wieder aufs Neue. Gerade die sich schier endlos variierenden Situationen der Auflösung gewachsener und gelebter Ordnungen spiegeln sich in den »Farben« einer sich leerenden Wohnung wider. Das gleiche gilt umgekehrt im Spiegel der Einräumung aller verfrachteten Dinge in eine neue Wohnung. Solches »Einräumen« stellt sich daher auch nie als eine nur physische Arbeit dar. Einräumung bedeutet von Anfang an ebenso eine atmosphärische und ästhetische Herausforderung. Wenn jemand bei der Platzierung eines Schrankes oder einer Pflanze sagt: »*das sieht*

---

stimmung ohne wörtliche Rede wiederholt und behauptet sich täglich im gedrängten Aneinander-Vorbeilaufen der Menschen in innenstädtischen Dichteräumen. Leibliche Kommunikation setzt aber keine *lebendigen* Sozialpartner voraus. Auch »tote« Gegenstände erleben wir in Formen leiblicher Zuwendung, indem wir z.B. einen spitzen Stein als hart und angreifend erleben, einen gerundeten aber als weich und aufnehmend; vgl. dazu meine Ausführungen zur spitzen Ecke in der Architektur (Hasse: Atmosphären der Stadt, S. 101 – 120). In solchen Fällen spricht Schmitz auch von antagonistischer Einleibung; diese »ist nicht nur unter Leibern möglich, sondern auch im Verhältnis zu einem leblosen Gegenstand wie einem heranfliegenden Stein. [...] Dies liegt an den Brückenqualitäten, die sowohl am eigenen Leib gespürt als auch an begegnenden Gestalten – ruhenden, bewegten und ihren Bewegungen – wahrgenommen werden können.« (Schmitz: Kurze Einführung, S. 40).

nicht aus!«, so ist damit nichts anderes gemeint als das Empfinden einer atmosphärischen Störung. Diese Bewertung folgt dem subjektiven Geschmacksurteil und ist nicht an irgendwelchem Expertenwissen geeicht. Aber das »persönliche« Empfinden ist anfällig für die kritiklose Übernahme massenmedial verbreiteter Ästhetik-Klischees »schönen« Wohnens.

»Atmosphären« sind Gefühle, die in Situationen wurzeln. In ihnen befindet man sich nicht wie in einem umbauten Raum, sondern wie in der Kälte oder der Dunkelheit. Solche spürbaren Umgebungen werden als flüchtige und nicht »*ding*«-fest zu machende »Herumwirklichkeiten«[30] erlebt – als etwas »am eigenen Leibe, aber nicht als etwas vom eigenen Leib«[31]. Gefühlsmäßige Wirklichkeiten kann man folglich nicht *haben* wie einen Gegenstand oder einen ihm anhaftenden (z.B. ökonomischen) Wert. Das Wahrnehmen von Atmosphären vollzieht sich in leiblicher Kommunikation mit einer Gegebenheit oder einem Sich-Präsentieren.[32] Atmosphäre bezeichnet »etwas in gewissem Sinne Unbestimmtes, Diffuses, aber gerade nicht unbestimmt in bezug auf das, was es ist, seinen Charakter. [...] Unbestimmt sind Atmosphären vor allem in bezug auf ihren ontologischen Status. Man weiß nicht recht, soll man sie den Objekten oder Umgebungen, von denen sie ausgehen, zuschreiben oder den Subjekten, die sie erfahren. Man weiß auch nicht so recht wo sie sind. Sie scheinen gewissermaßen nebelhaft den Raum mit einem Gefühlston zu erfüllen.«[33]

Im atmosphärisch herumräumlichen Erleben einer Wohnung zeigt sich die stimmende Macht der »eigenen vier Wände«. Dabei kommt es weniger auf die Art und Erscheinungsweise der tatsächlich mit Glas, Stein oder Holz errichteten Wände an, als auf die durch solche Baustoffe bewirkte Umfriedung. Mit Konrad Köstlin merkt Hermann Schmitz zum Erleben offener, das heißt hier nicht-umbauter Räume an: »Der Raum muß wirken als ob er Wände hätte, so fühlt sich der Mensch

30 Dürckheim: Untersuchungen zum gelebten Raum, S. 36.

31 Schmitz: System der Philosophie, Band III/Teil 5, S. 118.

32 Vgl. ebd., S. 36.

33 Böhme: Atmosphäre, S. 22.

vom Raum getragen, wird ein Teil seiner selbst.«[34] Es sind in besonderer Weise die ästhetischen Gestaltungsmittel der Innenarchitektur, die nach atmosphärischen Effekten streben, ohne tatsächliche Mauern zu errichten. Tatsächliche und atmosphärisch »umwölkende«[35] Räume vermischen sich mitunter zu überwältigenden Gesamteindrücken. Die Erlebnisqualität solchen Getragen-Werdens von den Atmosphären einer Wohnung verdichtet sich »in einem ganzheitlichen ›Klima‹ des Lebens«[36], denn die Wohnung ist nicht nur eine Stätte des dauernden Aufenthalts, sie ist vor allen Dingen eine Lebensstätte. Meistens eine dauerhafte, in mobilen Zeiten oft aber auch eine, die neben einer oder vielleicht mehreren anderen genutzt wird.

So sehr sich die behagende Wirkung einer Wohnung ihrer Abgeschlossenheit gegenüber einer umgebenden »Außen«-Welt verdankt, so sind Öffnungen in Gestalt von Fenstern und Türen für ein soziales Leben mit anderen unverzichtbar. Sie haben in aller Regel – vom weltabgewandten Einsiedler abgesehen – sogar einen maßgeblichen Einfluss auf das atmosphärische Ergehen in einer Wohnung. Vor allem die Wohnungstür, die »elastisch(er) zwischen dem Bedürfnis des Wohnens nach Abgeschlossenheit und dem Interesse an Zugänglichkeit von außen vermitteln kann«[37], funktioniert wie ein Gelenk zwischen einer bewohnten Eigenwelt und einer zumindest partiellen Fremdwelt im Draußen.

Auch andere scheinbar allein »trennende« Medien der Umfriedung schotten weniger ab, als dass sie Innen- und Außen-Beziehungen *regulieren*. So ist der als spießbürgerliches Symbol ins Zwielicht geratene Jägerzaun in seiner Durchsichtigkeit relativ offen im Vergleich mit der hochgemauerten Steinwand, die besonders als Umkreisung teurer und sich vom Rest des Siedlungsraumes absetzender Villen auch noch mit Glasscherben bewehrt ist. Noch die den Wohnort der *ganzen* (mittelalterlichen) Stadt umkreisende Stadtmauer war nie lediglich eine Scheidewand zur Fernhaltung feindlicher Mächte. Sie wehrte auch

34 Schmitz: System der Philosophie, Band III/Teil 4, S. 220.

35 Tellenbach: Geschmack und Atmosphäre, S. 111.

36 Schmitz: System der Philosophie, Band III/Teil 4, S. 220.

37 Ebd., S. 225.

symbolisch und im Medium spürbarer Gefühle abgründig drohende Erregungen ab. Sie hatte also neben ihrer militärisch sichernden Funktion ebenso eine Aufgabe als *atmosphärischer* Schutz.[38] Ohne die Öffnung des Stadttores wäre die Stadt als Ganzes nie lebensfähig gewesen. Die Öffnung ließ aber nicht nur (andere) Menschen und Waren ins Innere der umfriedeten Anlage hinein und wieder hinaus. Sie war auch eine Membran atmosphärisch anregender (wie aufregender) Impulse, die Einfluss auf das weitere Leben hatten.

Dass es im Erleben umfriedender Mächte nie allein um die nüchterne Verstandesbewertung geht, zeigen ethnologisch variantenreiche Beispiele zur Magie des Daches: »Dem Abgründigen ausgesetzt und ein Inneres dagegen abschließend, schirmt es schützend ab und ist unheimlich zugleich.«[39] Die Beherrschung von »außen« kommender, beunruhigender wie irritierender Mächte verdankt sich nicht zuletzt der umfriedenden Atmosphären einer Wohnung. »Beherrschung« bedeutet dabei weniger tatsächliche als symbolische »Abwehr«. Dabei dürfte das Spektrum dessen, was als hinreichende Umfriedung einer Wohnung empfunden wird, eine breite Vielfalt von Sachverhalten und Programmen aufweisen (subkulturell differenziert). Umfriedungen gibt es indes nicht nur auf dem mikrologischen Niveau der Wohnung, sondern auch auf der mittleren Maßstabsebene der Stadt. Mit *festen* Baustoffen können sie dort jedoch nur schwer unterschiedslos für *alle* Einwohner einer Stadt zugleich geschaffen werden. So konstituieren sich diffuse wie disperses Grenzen in Gestalt individueller Bewegungsbahnen und praktisch gelebter Ortspräferenzen im »hodologischen Raum«[40]. Das ist der Bewegungsraum der gegangenen Wege. Es sind nicht zuletzt Bewegungsroutinen der »Umkreisung«, die atmosphärische Umfriedungen bewirken und damit Gefühle des Vertrauten und Gewohnten schaffen.

Wo die Menschen über ihre gewohnheitsmäßigen Bewegungen im Raum der Stadt Routen der Vertrautheit bilden, fühlen sie sich zu Hause, wenn auch in einem anderen »Gefühlsmodus« als in ihrer Wohnung.

---

38 Vgl. ebd., S. 229.

39 Ebd.,, S. 231.

40 Vgl. Bollnow: Mensch und Raum, S. 191ff.

Die räumlichen Dimensionen des Wohnens greifen über die eigenen vier Wände auch hinaus. Der Mensch wohnt nicht nur in seinen Zimmern, sondern zugleich im vertrauten Milieu des eigenen Quartiers und noch in seiner »Heimatstadt«, die in wiederholt gegangenen und gefahrenen Wegen als *gewohntes* Milieu einverleibt worden ist. In jeder Wohnstadt gibt es aber im Unterschied zu den im engeren Sinne umfriedeten Räumen der eigenen Wohnung auch *gemiedene* Zonen, die sich dem Heimisch-Werden ebenso entgegenstellen wie das Ganz-Fremde der andersweltlichen Zonen einer unbekannten Stadt.

Otto Friedrich Bollnow spricht die atmosphärische Qualität einer Wohnung mit dem Begriff der »Wohnlichkeit«[41] an: »Wir sprechen in diesem Sinne von der Wohnlichkeit des Wohnraums, von der Gemütlichkeit oder Behaglichkeit, die von ihm ausgeht, von seinem anheimelnden Wesen.«[42] Im umfriedeten *Wohn*raum entsteht ein Gefühl der Geborgenheit. Atmosphären unterliegen jedoch auch gesellschaftlichen Vorstellungen, Ideen und ästhetischen Normen. Sie wandeln sich schließlich in relativ kurzer Zeit, so dass, was sich über eine wohnliche, gemütliche oder behagliche Atmosphäre sagen ließe, nie losgelöst von subkulturellen und historischen Haltungen gesellschaftlicher Kollektive verstanden werden darf. Überaus deutlich wird das in dem folgenden Zitat von Otto Friedrich Bollnows:

> »Dem einzelnen Menschen, dem Junggesellen, ist eine wirkliche Wohnlichkeit seiner Wohnung unerreichbar, und dem einzeln Zurückgebliebenen schwindet diese Wohnlichkeit wieder dahin. Es mag vielleicht einzelne Ausnahmen, vor allem alleinstehende Frauen, geben, denen die Wohnlichkeit ihrer Wohnung trotzdem gelingt, im Ganzen aber wird man sagen müssen, daß [...] also erst die Familie die Wohnlichkeit einer Wohnung hervorbringt.«

Für Bollnow gelingt das Wohnen keinem Individuum, das nicht vom Band einer Familie umschlossen wird: »Wohnen ist nur in Gemein-

41 Ebd., S. 149 – 154.

42 Ebd., S. 149.

schaft möglich, und das wahre Wohnhaus verlangt die Familie.«[43] Dieses Denken ist Spiegel seiner Zeit. An anderer Stelle äußert er sich zur Möglichkeit des Heimisch-Werdens in einer Wohnung: »Und dieses Heimischwerden wiederum geschieht allein im liebenden und vertrauenden Verhältnis zu den Mitmenschen.«[44]

Während Hermann Schmitz der »Gemütlichkeit« einer häuslichen Wohnung eine recht große Bedeutsamkeit für das Zustandekommen von Gefühlen des Zuhause-Seins zuschreibt[45], sind es in der Gegenwart vielleicht mehr die Entfaltungsspielräume des eigenen Lebens, die darüber entscheiden, ob und in welcher Weise sich jemand in der eigenen Wohnung wohl fühlt. Was dem einen als gänzlich chaotisch und unorganisiert, kalt und ungemütlich erscheint, bedient die ästhetischen Wohnbedürfnisse eines anderen vielleicht geradezu idealtypisch. In ähnlicher Weise entspinnen sich auch die von Möbeln und Dingen ausgehenden Beziehungen der Menschen zu ihrer Wohnwelt nach ästhetischen Kriterien, die in ihrem vermeintlich individuellen Maßstab doch oft nur in kulturindustriell zirkulierenden Normen wurzeln. Ehebett, Wohnzimmerschrank und Herd mögen beispielhaft für den Bedeutungswandel der Dinge des Wohnens in ihrer Symbolik wie atmosphärischen Gefühlsqualität stehen. Was sie einst für das Wohnen bedeuten haben, hat mitunter nur noch wenig mit dem zu tun, was sie den Menschen in der Gegenwart bedeuten.

Wer umzieht, verlässt eine Wohnung, um sich in einer anderen zu beheimaten. Kein Mensch gibt diesseits totaler Verzweiflung und tiefgreifender Depression den Anspruch atmosphärischen Wohlbefindens in einer Wohnung auf – nur weil er als Mann oder Frau alleine, oder aus welchen Gründen auch immer ohne familiäre Bindungen leben will. Ein wesentliches Motiv für einen Umzug dürfte für viele Menschen in dem Wunsch liegen, sich voller Erwartungen in eine neue und andere Umgebung einzuwohnen.

---

43 Ebd., S. 153.

44 Bollnow: Neue Geborgenheit, S. 244.

45 Vgl. Schmitz: System der Philosophie, Band III/Teil 4, S. 263-269.

Mit welchen Mitteln des Sich-Einrichtens in ihrem Wohnen sie diesem Ziel zustreben, wird von persönlichen Sinn- und Bedeutungshorizonten ebenso gestimmt wie von individuellen Geschmackspräferenzen. Dabei spielen die sozialen Knoten, die bereits bestehen oder noch geflochten werden müssen, eine richtungsgebende Rolle. Schon mit jedem Beginn eines Umzuges stellt sich auch die Aufgabe einer neuen zukunftsorientierten Ausrichtung des eigenen Lebens. Dabei werden persönliche Netze der Lebenswelt aufgespannt und mit weiteren sozialen Geweben verknüpft. Atmosphären begleiten die Noch- wie die Noch-nicht-Wohnenden in eindringlicher Weise. Eine Zug um Zug in Auflösung versetzte Wohnung, deren Gesicht sich in kürzester Zeit von Grund auf verändert, zeigt sich in schillernden Atmosphären ihres Zu-Ende-Gehens. Eine, die sich dagegen in der Situation eines Einzuges in ein temporäres Lager aus Kisten und Mobiliar verwandelt, erscheint in Atmosphären des Provisorischen und Unfertigen. Zugleich suggerieren solche szenischen Räume aber den Imperativ, einer neuen Ordnung zuzustreben. Man weiß, dass hier etwas *beginnt* und nicht zu Ende geht.

Das Mobiliar symbolisiert diesen Zustand gestisch wie performativ. In seinem *Noch*-Herumstehen thematisiert es sich als Vieles, das so lange einzeln ist, wie es noch nicht an eine Stelle im Raum gehört. Unter Möbel verstand man im 15. und 16. Jahrhundert die »fahrende Habe«, wenn nicht gar nur den »Hausplunder«. Mobiliar besteht im Sinne des Wortes aus Mobilien, im Unterschied zu Immobilien. Solange die Dinge eben nur herumstehen, weil sie nach einem Umzug auf ihre endgültige Platzierung warten, sind sie einzeln. Es gibt noch keine Ordnung der Dinge, in der sie in einem wohnungsspezifischen Bedeutungsgefüge aufgehen würden. Zum Mobiliar gehört alles was man mitnehmen kann, wenn man den Ort des Wohnens wechselt. Später (im 17. Jahrhundert) wurden die Dinge des »Hausrats« einem ästhetischen Programm unterstellt. Dann sollten sie die Zimmer wohnlich machen oder sogar »verschönen«[46]. Kulturhistorisch ändert sich das zu einem Haushalt gehörende Mobiliar seiner Art nach, wie in seiner Zusammensetzung an unterschiedlichstem Zeug, mehr aber noch in sei-

46 DWB, Band 12, Sp. 2433.

ner symbolischen Verwurzelung in Situationen seiner Wahrnehmung wie seines Gebrauchs. Zu allen Zeiten war, was den Bestand des Hausrats ausmachte, sozioökonomisch differenziert. Wer nichts oder wenig hatte, verfügte auch nur über nützliche Gegenstände; der Hausrat »erschien weder elegant noch kostbar«[47]. Wer dank seines Standes oder durch gewinnbringende Geschäfte in Wohlstand lebte, hatte Vieles, das übers nur Nützliche hinausging. In der Gegenwart ist das im Prinzip nicht anders, nur dass die Investition ins Ästhetische längst schichtübergreifend und ubiquitär geworden ist. Zu einem nicht zuletzt ökologischen Problem wird dabei die Akkumulation von insofern Nutzlosem und Überflüssigem, als es vor allem symbolische Funktionen zu erfüllen hat. Diese präsentative Ästhetik ist wiederum Ausdruck einer aufs Körperhafte fixierten Kultur, womit der tauschfähige Besitz im Unterschied zum immateriellen Wert die Bindung an den Handel verbürgt.

2.3. Wohnen – eine anthropologische Orientierung[48]

Jeder Umzug strebt eine Veränderung des Wohnens an. Schon deshalb reklamiert sich eine zumindest umrissartige Skizzierung dessen, was unter »wohnen« verstanden werden soll. Dies unabhängig von der Größe einer Wohnung, ihrem Grad an Luxus und Bequemlichkeit sowie ihrer Lage im Raum. Für alle Kulturen und Praktiken des Wohnens lässt sind sagen, dass sich der Mensch wohnend aus der Öffentlichkeit ins umwölkende Zuhause seiner *privaten* Wohnung zurückzieht. Eine Wohnung hat damit einen quasi-weltartigen Status von gleichsam territorialem Charakter. Auf den ersten Blick scheint das Wohnen etwas ganz und gar Privates zu sein. Gleichwohl sind im Wohnen *individuelle* Grenzen immer schon überschritten. Bereits seine Anbahnung erfordert die

47 DWB, Band 10, Sp. 686.

48 Das folgende Kapitel baut auf einem Beitrag auf, der unter dem Titel *Wohnen – eine existenzielle Herausforderung* in der Zeitschrift Bürger & Staat (hgg. von der Landeszentrale für Politische Bildung Baden Württemberg) erschienen und für dieses Buches überarbeitet worden ist (vgl. auch Hasse: Was bedeutete es, zu wohnen?).

ökonomische, technische wie bauliche Planung. Es ist Sache der Politik, den Entfaltungsspielräumen des Lebens und damit auch des Wohnens eine gute Fassung zu geben. Das gelingt realpolitisch und praktisch nur auf einem eher kläglichen Niveau. Wo die Menschen mehr als die Hälfte ihres Einkommens für die Miete oder die Finanzierung einer Eigentumswohnung ausgeben müssen, steht der dauerhafte soziale Frieden auf dem Spiel.

Politisch ist die Thematisierung der Wohnungsfrage heute in anderer Weise als nach dem Zweiten Weltkrieg wichtig und ihre breite gesellschaftliche Diskussion unverzichtbar. In der Gegenwart rückt in besonderer Weise die Aufgabe in den Fokus, einen sich dystopisch zuspitzenden Kapitalismus zu bändigen, der danach strebt, alles scheinbar Nicht-Monetäre zur Größe einer ökonomischen Gleichung zu machen: nicht »nur« das Essen und Trinken, die Kleidung und die Gesundheit, sondern alle Facetten des Lebens und damit auch das Wohnen, in dem es sich nur ausdrückt. Was aber heißt es, wenn die Rede vom Wohnen der Menschen ist?

In einem Urteil des Bundesverwaltungsgerichts heißt es: »Der Begriff des Wohnens ist durch eine auf Dauer angelegte Häuslichkeit, Eigengestaltung der Haushaltsführung und des häuslichen Wirkungskreises sowie Freiwilligkeit des Aufenthalts gekennzeichnet.«[49] Damit wird es tief in bürgerliche Werteordnungen eingeschrieben und auf den Raum des Hauses fixiert. Lebensformen, die sich ortsfester Architekturen verweigern, rutschen damit in die soziale Auffälligkeit ab. Die Sicherung des bürgerlichen Lebens hat den Vorrang vor der Ermöglichung des Experiments.[50] Man kann aber auch in temporär errichteten Zelten wohnen, wie die Nomaden oder auf schwimmenden Schiffen wie die Seeleute. Die sprachliche und normative Simplifizierung

49 BVerwG, 25.03.1996 – BVerwG 4 B 302/95.

50 Wer sich in einem Wohnwagen dauerhaft auf einem Campingplatz niederlässt (als sog. Dauercamper) wird ordnungspolizeilich meistens geduldet – noch gegen das geltende Baurecht. Dagegen müssen die in prinzipiell ganz ähnlichen mobilen Unterkünften lebenden Wagenburgbewohner mit der Kompromisslosigkeit der Ordnungs- und Polizeibehörden rechnen.

des Wohnens zu einer Kultur der Festsetzung in Architekturen »dauerhafter Häuslichkeit« leistet vor allem eines: Die Abschaltung existenzphilosophischer Fragen nach dem Wesen des Wohnens. So wird es im Allgemeinen auch nicht als eine *Herausforderung* aufgefasst – nicht als eine individuelle und schon gar nicht als eine gesellschaftliche. Wer eine Wohnung mit Möbeln füllt, an zentraler Stelle des sogenannten »Wohnzimmers« ein Fernsehgerät aufstellt, über einen Internetanschluss verfügt und mit alle dem ein unaufgeregtes Leben führt, der wohnt.

Es war in pointierter Weise Martin Heidegger, der (vor dem Hintergrund der Wohnungsnot nach dem Zweiten Weltkrieg) das Wohnen mit einer einfachen Bemerkung in die Denkwürdigkeit geradezu hineingetrieben hat: »Als ob wir das Wohnen je bedacht hätten«[51]. Dabei wollte er nicht über das Wohnen sprechen wie es heute Makler, Immobilienmanager oder Wohnmöbelhändler tun, aber auch nicht wie Soziologen, die das Wohnen pragmatisch auf das verengen, was man vordergründig *tut*, wenn man wohnt.[52] Heidegger verstand das Wohnen in einem existenziellen Sinne als eine Verräumlichung des Lebens in einer Gegend.[53] Die an einem Ort geführte *Existenz* geht über das biologisch-naturwissenschaftliche Verständnis von *Leben* hinaus. Wer wohnt, richtet sich auch nicht nur ein paar Zimmer ein, sondern lebt sich vielmehr performativ in sozial komplexe Beziehungsnetze ein – zu sich selber, seinen Zeitgenossen und seinen herumwirklichen Milieus. All diese Beziehungen haben den Charakter eines »Akkordes«[54], klingen also in einem guten Sinne zusammen.

Mit dem Wohnen stellen sich nicht nur *rationale* Aufgaben. Wer wohnt, ist – ob er will oder nicht – tatsächlich und *emotional* in sein Herum verstrickt. Darauf macht schon der Gebrauch von Dingen des Wohnens aufmerksam, denn nicht alle sind nur einem praktischen Zweck unterworfen. Viele sind ausschließlich Medien der Ästhetisierung und dienen allein der Erzeugung von Atmosphären (Bilder,

---

51 Heidegger: Was heißt denken?, S. 59.

52 Vgl. i.d.S. etwa Häußermann/Siebel: Soziologie des Wohnens, S. 15.

53 Zum Heidegger'schen Begriff der »Gegend« s. auch Fußnote 1.

54 Vgl. Hellpach: Sinne und Seele, S. 61.

Kerzen, Teppiche etc.). Auch scheinbar bloß *nützliche* Dinge sollen »schön« aussehen und gefallen (Eierbecher, Möbel, Kochtöpfe etc.). An Dingen spinnen sich Fäden des Gebrauchs wie der Ästhetik hervor. Sie machen »die Vernetzungen und Gewebe, die Texturen des Wohnens«[55] aus. Man kann Gefühle an ihnen unterbringen. Das berührt auch die Frage des Wohnens in der Stadt.

Als eine immer wiederkehrende und sich dabei variierende Aufgabe stellt sich die Verknüpfung räumlicher Inseln eigenen Lebens. Diese sind in keinem Irgendwo, geschweige denn etwas Abstraktes. Auf ihnen sind – wie im *eingerichteten* Wohnraum – die Dinge und Wege zwischen Orten verknüpft, rein praktisch, aber auch emotional. *Existenziell* ist das Wohnen zunächst darin, dass Menschen einer Unterkunft bedürfen, in der sie ihr Leben führen können, allein oder mit anderen. Existenziell in einem weiteren Sinne ist es aber auch darin, dass sich das wohnende Individuum mit den Dingen und Orten, deren Gerüchen, den Klangbildern von Plätzen u.v.a.m. nicht nur auskennt, sondern all dies wortlos im Gefühl beheimateten Mit-Seins erlebt. Jeder Wohnungswechsel gilt auch dem Wechsel solcher Umgebungen, zumindest hat er ihn zur Folge.

Im Streben nach einem guten Leben ist der Mensch in der Art und Weise seines Wohnens *anderen* etwas schuldig, denn jedes Wohnen »nimmt« etwas von den Mitmenschen sowie den natürlichen Ressourcen, und damit zugleich von den Lebens- und Entfaltungsmöglichkeiten derer, die in Zukunft erst geboren werden. Wie wir beim Wohnen zunächst an die gelingende *Ver*-sorgung denken und nicht an die Last der *Ent*-sorgung, so in erster Line an das Nehmen von Gütern und Dienstleistungen und nicht an eine (zumindest) symbolisch ausgleichende (Rück-)Gabe an Natur und Gesellschaft. Hier verdienen die Tiere eine respektvoll würdigende Aufmerksamkeit, *nehmen* wir sie doch zur Ermöglichung eines kommoden Lebens in einem radikalen Sinne *in Gänze* und nicht nur etwas »von« ihnen, wie die Milch von der Kuh oder die Wolle vom Schaf. Wenn Tiere auch keine Dinge sind,

---

55 Guzzoni: Wohnen und Wandern, S. 30.

so werden sie von der Nahrungsmittelindustrie doch praktisch dazu gemacht.

Schon zu seiner Zeit (das war in den 1950er Jahren) sah Romano Guardini die Beziehung der Menschen zu den Dingen kritisch und forderte eine Umkehr der Handlungsrichtung: »Nicht mit dem Zugehen auf die Dinge, sondern mit dem Zurücktreten von ihnen beginnt die Kultur.«[56] In der Art und Weise, wie die Menschen Vieles (und oft zu viel) aus den Kreisläufen der Natur entnehmen, zeigen sie sich im Zerrspiegel prekären Wohnens. Wo das Umziehen in seinem umfassenden Bewegungscharakter das Wohnen in die Denkwürdigkeit treibt, vermittelt es – zumindest der Möglichkeit nach – die Steigerung *bewussten* Wohnens, damit zugleich ein bewussteres Leben und die Einsicht in die Legitimationsbedürftigkeit eines bis in die Gegenwart für große Teile der Industriegesellschaften so selbstverständlichen Nehmens.

Nicht zuletzt in der Art und Weise ihres Wohnens entscheidet sich, ob die Menschen *nur* auf die Dinge zugehen oder von ihnen auch zurücktreten wollen. *Zugehen* korrespondiert unter anderem mit der Steigerung der Wohnflächengröße einer Wohnung, der Erhöhung ihres energiezehrenden Komforts und der exzessiven Aufblähung von Ästhetisierungen. *Zurücktreten* bedeutet dagegen nicht die Rückkehr zur Urhütte, vielmehr zunächst ein Innehalten in der Beschleunigung von vermeintlichem Fortschritt. Im interkulturellen Vergleich der Stile des Wohnens werden Selbstverständlichkeiten schnell fragwürdig und das Denken für Alternativen sensibilisiert. In den Blick kommen damit nicht nur bauliche, technische oder ästhetische Kriterien des Sich-Einrichtens in einer Wohnung. Die Infragestellung dessen, was wir *unbedacht* nur haben wollen, weil es andere schon vor uns hatten, mündet in eine Übung existentiellen Denkens: Was bedeuten uns die Dinge und Verhältnisse, in denen wir leben wollen und die letztlich die Kultur unseres Wohnens disponieren? Das Wohnen wird so zum Anlass der kritischen Reflexion des Lebens und dieses zu einem existenziellen Denkstück des Wohnens.

---

56 Guardini: Der unvollständige Mensch und die Macht, S. 22.

Wohnen, das performativ einfach nur geschieht, führt in den Nebel besinnungslosen Immer-so-Weiter. Es sind nicht zuletzt die Umzüge, in denen der Keim seiner beginnenden Denkwürdigkeit liegt. Die Mobilisierung von allem, was einem ortsfesten Leben dient, macht es in seinen Gründen und Folgen in einem existenziellen Sinne fragwürdig. Kritikwürdig wird angesichts exzessiv *nehmender* Gesten spätmodernen Wohnens vor allem die Praxis mangelhafter Nachhaltigkeit. Die Idee der Nachhaltigkeit sprach schon Martin Heidegger in seiner Philosophie des Wohnens mit dem Begriff der »Schonung« an. Diese war ihm so wichtig, dass er sie als ein *normatives* Gelenk aller das Wohnen betreffenden Fragen ansah. Schonung gelingt nur als ein facettenreiches Mitdenken des Vielen, Heterogenen und Widersprüchlichen. In einem ganzheitlichen Sinne sagte er daher: »Das Wohnen ist die Weise, wie die Sterblichen auf der Erde sind. […] Der Bezug des Menschen zu Orten und durch Orte zu Räumen beruht im Wohnen. Das Verhältnis von Mensch und Raum ist nichts anderes als das wesentlich gedachte Wohnen.«[57] Heidegger sprach von Ort*en* und Räum*en* und nicht vom Ort und Raum der Wohnung, denn das Wohnen ist in seiner Verräumlichung offen. Das ist es auch in seiner wesensmäßigen Bestimmung, weshalb es nachdenkend immer wieder neu »vermessen« werden muss. Nachdenkliches Redigieren wird im Alltag besinnungslosen Wohnens im Allgemeinen unterlassen, zumindest so lange, wie sich die Menschen nicht in der Situation eines Umzuges befinden, der auf die Aufhebung aller Selbstverständlichkeiten hinausläuft. Zum wohnenden Dahinleben merkte Heidegger an: »Genug wäre gewonnen, wenn Wohnen und Bauen in das *Fragwürdige* gelangten und so etwas *Denkwürdiges* blieben. […] Die eigene Not des Wohnens beruht darin, dass die Sterblichen das Wesen des Wohnens immer erst wieder suchen, dass sie das *Wohnen erst lernen* müssen.«[58] Jeder Wohnungswechsel zwingt *im Prinzip* in das bewusste Üben des Wohnens und in die Reflexion der Wege, auf denen sich das eigene Leben wohnend ausdrückt. Dagegen drängen die

57 Heidegger: Bauen Wohnen Denken, S. 35 und 45.

58 Ebd., S. 48.

Gebote der Eile und die Zwänge des logistisch Nötigen zur Umgehung unbequemer Reflexion.

Wie Martin Heidegger, so sah auch Karl Jaspers in der Philosophie die Aufgabe, »das Selbstdenken und dadurch das Selbstsein des Einzelnen [...] wachzuhalten«[59]. Indes bedarf das Leben besonderer an der Aufmerksamkeit gleichsam zerrender Situationen, deren Irritationspotentiale die »nur« philosophische Aufgabe auch in eine gelebte Praxis überführen können. Umzüge sind auch in dieser Hinsicht charakteristische Situationen des Umbruchs wie der Transformation. Sie machen grundlegende Lebensbedingungen fragwürdig, weil die Auflösung gelebter Ordnungen fundamentale Selbstverständlichen in Frage stellt. Wenn es rein lebenspraktisch auch als nutzlos angesehen werden mag, das Wohnen über die Lösung aktueller Probleme der Einrichtung von Wohnräumen wie der Organisation des Wohnens hinaus in einem *existenzphilosophischen* Sinne zu bedenken, so stellt sich doch angesichts seines Charakters als integraler Knoten aller Belange des Lebens genau diese Herausforderung. Auch Bollnow argumentiert (mit Martin Heidegger und Merleau Ponty) für ein existenzphilosophisches Verständnis des Wohnens. In der Beziehung zum (Wohn-)Haus wie zur Wohnung geht es auch ihm »um das Verhältnis des Menschen zur Welt im ganzen. [...] Darum müssen wir fragen: Welches ist dieses neue Verhältnis zur Welt, zu dessen Bezeichnung sich der Begriff des Wohnens aufdrängt.«[60] Um sich willentlich und an Zielen orientiert in die Welt ausdehnen zu können, bedarf es eines Raumes, der jenseits der Wohnung *weitergeht*. Wo sollte auch all das geschehen und herkommen, was die Menschen für ein zufriedenstellendes Wohnen verlangen – Nahrung, Wärme, Wasser, Kleidung und alles übrige, womit sie sich *gemeinsam* ein gutes Leben machen. Bollnow sagt: »Der Mensch wohnt in seinem Hause. Er wohnt in einem allgemeineren Sinne auch in der Stadt.«[61] Deshalb führt ein Umzug auch nie allein in eine neue oder andere Woh-

59 Jaspers: Die Aufgabe der Philosophie in der Gegenwart, S. 20.

60 Bollnow: Mensch und Raum, S. 127.

61 Ebd., S. 125.

nung, sondern zugleich in ein anderes Wohnumfeld und einen potentiell global vernetzten Lebensraum.

Gutes Wohnen ist daher auch etwas anderes als »schönes« Wohnen; es verdankt sich der Arbeit seiner Reflexion, nicht aber ästhetizistischer Bemühungen. Wie es kein Leben ohne Mangel, Beschränkung und immer wiederkehrende Enttäuschung gibt, so kein Wohnen, das sich durchgehend nach der ästhetischen Norm hochglänzender Wohnmagazine als »schönes Wohnen« – obendrein ein Leben lang – behaupten könnte. Jedem euphemistischen Begriff des Schönen liegt ein oberflächenorientiertes Verständnis zugrunde. Es folgt dem Schein glamouröser Szenen, glänzender Screens und bezieht sich nicht zuletzt auf ein Leben, das zwischen ekstatischen Events oszilliert. Was Jianping Gao (Präsident der Chinesischen Gesellschaft für Ästhetik) über die Schönheit einer Stadt ausführt[62], lässt sich geradewegs auf die Schönheit einer (neu gebauten oder »abgewohnten« alten) Wohnung übertragen. Schön ist sie nicht, wenn sie repräsentativ und prächtig ist, sondern wenn sie dem sich in ihrem Inneren entfaltenden Leben in einem erfüllenden Sinne dienlich ist. Schön ist sie, wenn sie ihre Bewohner in einem einstimmenden Modus affiziert, auf dass sie sich darin beheimaten können und wollen. Wer sich einer Wohnung zugehörig fühlt, hat sich in sie eingewurzelt, darin eingenistet, temporär sogar eingekapselt. Solche atmosphärisch-räumliche Verschmelzung geht nicht schnell. Sie braucht Zeit; weniger die reine Lagezeit bzw. die genormte Uhrenzeit, als die in der Dauer spürbare gelebte Zeit. Subjektiv gelebt wird nie die *reine* Lagezeit (die Zeit der Physik und Astronomie), sondern – im affektlogischen Strom raumzeitlichen Erlebens – die *modale* Lagezeit.[63] Schön ist eine Wohnung letztlich, wenn sich die sie bewohnende Person mit dem von Vielem gestimmten Vitalton ihrer Räume im Einklang befindet. Dann, wenn ein Individuum mit den Dingen,

---

62 Vgl. Gao: Die Schönheit einer Stadt. Gedanken aus ökologischer Perspektive, S. 66ff.

63 Vgl. auch Schmitz: Phänomenologie der Zeit, besonders Kap. 3.4 sowie Schmitz: Wie der Mensch zur Welt kommt, Kapitel 6.

die die Routinen des Alltags gleichsam ölen, in einem homöostatischen Ausgleich lebt.

»Schönes Wohnen« im Sinne von Jianping Gao zielt nicht auf gefälligen Geschmack und hohen Genuss des Konsumierten. Es strebt nach Lebensformen, die sich in ihrer existenziellen Bedeutsamkeit durch sich selbst legitimieren. Es baut daher auf die Aktivierung *aller* Vermögen der Reflexion. Allein arriviertes Können im Bereich spezieller Verstandesleistungen reicht dabei nicht aus. In den Dimensionen des Existenziellen ist die Vernunft gefordert. Sie kann mehr als der Verstand, der sich aus je speziellen Wissensfeldern speist. Vernunft bewährt sich als *übergreifendes* Vermögen abwägender wie vorausschauender Synchronisierung *vieler* Verstandes-Kompetenzen. Ohne Vernunft kein verantwortliches Bauen, keine gute Stadtplanung und kein rücksichtsvolles Wohnen. Zur Praxis schonenden Wohnens gehört aber ebenso das justierende Moment der Ethik. In Situationen des Wohnungswechsels wird es wachgerufen.

Der scheinbar simple An- und Umbau einer Wohnung verlangt ebenso das Innehalten der Vernunft, wie die Vorbereitung und Durchführung eines Umzuges. Jedes Umbauen oder Neugestalten vermittelt eine Wandlung von Zukunftsperspektiven aller, die mit dem werden leben müssen, was sich ändert. Das Neu- und Anders-Machen stellt sich deshalb weit über die Grenzen fachlicher Abwägungen hinaus als eine *existenzielle* Aufgabe. Am Beispiel des tagtäglichen Essens und Trinkens, das wir üblicherweise gar nicht mit dem Wohnen in Beziehung setzen, wird die Abgründigkeit der Aufgabe schnell deutlich, das Wohnen in einem *existenziellen* Sinne zu bedenken. Insbesondere das Essen von Tieren ist ein Nehmen, dem die ausgleichende Gabe fehlt. Dabei repräsentiert das Essen in einem paradigmatischen Sinne einen konsumistischen Habitus spätmoderner Zivilisationen in ihrem Verhältnis zur Natur wie zu allem, das sich der Kommerzialisierung anbietet. Der bei weitem größte Teil der Gesellschaft (nicht nur der Bundesrepublik Deutschland) erkauft sich ein *scheinbar* gutes (kulinarisches) Leben durch den rabiaten Umgang mit anderen Lebewesen. Je satter der »Normalverbraucher« ist, desto unbedachter und hemmungsloser nimmt er den massenhaften Tod von Tieren in Kauf –

von zoologisch »niederen« Arten wie Muscheln und Garnelen bis zu allen möglichen Säugetieren (vom Schwein über Rind und Pferd bis zum Hirschen und zum Hasen). Neben dem Essen gibt es eine Reihe anderer systemisch bedingter Prozesse im Stoffaustausch mit der Natur, die nur Ausdrucksformen einer sich in Orte, Städte und Regionen einwohnenden Kultur bequemen Dahinlebens sind.

Der kulturhistorische Bedeutungswandel des häuslichen Herdes pointiert anschaulich, in welcher Weise sich Zubereitung und Verzehr von (Speise-)Tieren im Wohnen ausdrücken. In der Antike war der Herd – heilig gehalten wie der Altar – Quelle der Nahrung und der Wärme; er garantierte in seiner Funktion etwas Unverzichtbares für das Wohnen. Als mythischer Ort bildete er ein Zentrum des Hauses, einen Ort der Götterverehrung, verschiedenster Orakel und kultischer Opferrituale.[64] In gewisser Weise war der Herd ein existenzielles Lebensmittel – nicht nur ernährungsphysiologisch, sondern auch mythisch. »Bereits Homer läßt seine Helden am Herd schwören.«[65] Noch in der Gegenwart ist der Herd ein mythischer Ankerplatz. Atmosphärisch ist er nun jedoch von *neuen* Bedeutungen umgeben. Wie einst beim Hochzeitsritus die Braut um den Herd herumgeführt wurde, so feiert sich der Alltagsmensch heute in der unaufhörlichen aber ganz und gar profanen Umkreisung der »Kochinsel« selbst – ohne Göttergedenken, im reinen Spaß am kulinarischen Zeitvertreib. Die Ordnung der Götter, über Herd und Rauchfang gleichsam schwebend, ist einer sozialen Hierarchie statusverheißender Symbole gewichen. Der Ort wurde von den Göttern emanzipiert und zu einer kulinarischen Stätte lustmaximierten Wohnens – hinter abschirmenden Mauern des scheinbar rein Privaten und jeder ethischen Legitimation entwunden. Mit Umzügen steigern sich in aller Regel die quasi-kultischen Ansprüche an die Ausstattung einer Küche, weit davon entfernt, komplementär dazu auch ein höheres Niveau des Bedenkens anzustreben. Am Integralcharakter des Wohnens zeigt sich die Dringlichkeit ethischer Revisionen des Lebens

64 Vgl. auch HWdAgl, Band 3, Sp. 1758-1776.

65 Link: Wörterbuch der Antike, S. 376.

sowie der Übung schonender Praktiken wohnenden Hier-, Dort- und Unterwegs-Seins.

Häuser, Wohnungen und Städte werden nicht nur *neu* errichtet; sie werden auch umgebaut. Umbauten im physischen Raum sind Ausdruck veränderter Lebensbedingungen. Architektonischer und technologischer Wandel gibt dem Leben eine neue Fassung. Dabei kommen in einem weiteren Sinne zunächst zivilisationshistorische Bewegungen in den Blick, die das individuelle wie gesellschaftliche Leben einer fortdauernden Veränderung aussetzen. Synchron mit dem Wandel der Bauten und Dinge ändern sich die Bedeutungen, die dem Existierenden zugeschrieben werden sowie die an diesen hängenden Gefühle. Die Welt des Wohnens ist stets ein Milieu der Transformationen: der Stofflichkeit der Dinge und der Atmosphären ihres Erscheinens, des tatsächlich Bestehenden und des von der Zukunft Erhofften. Situationen des Wohnungswechsels machen das besonders deutlich.

Was unter einem guten Wohnen verstanden wird, ist Ausdruck einer Zeit und Spiegel gesellschaftlicher Standards. Noch im 19. Jahrhundert wohnten die Menschen in kargen Moorlandschaften unter extrem rudimentären Verhältnissen, die heute als unzumutbar, prekär, wenn nicht als menschenunwürdig empfunden würden. Zur *selben* Zeit lebten Adelige und höhere Bürger an den Boulevards der großen Städte unter luxuriösen Bedingungen. Heute würden die Angehörigen ähnlich privilegierter Schichten jedoch weit höhere Ansprüche stellen. War der Besitz einer Musiktruhe in den 1950er Jahren Ausdruck modernen bürgerlichen Wohnens, gehört heute die via Smartphone aus der Pendlerferne steuerbare heimische Haustechnik (»Smart Home«) zum Standard zeitgemäßen Wohnens. Bis in die Gegenwart integrieren die Menschen technische Innovationen in ihr Leben, um *noch* bequemer zu wohnen. Es ist die gleichsam vertikale Bewegung in der Geschichte, die das Wohnen als Ausdruck des Lebens einem im Prinzip dauerhaften Wandel unterwirft.

Es gibt aber auch eine horizontale Bewegung im dreidimensionalen Abstandsraum, die das Wohnen situiert. Das Leben der Jäger und Sammler, wie später der Hirtenvölker, war überwiegend nomadisch geprägt. Um für sich und ihre Nächsten sorgen zu können, mussten sie wandern. Indem spätmoderne Zeitgenossen in ihrem Berufs- und Privatleben immer mobiler werden, wandeln sich auch ihre Lebensweisen zu Formen zählflüssiger Sesshaftigkeit hin, das plurale Wohnen an wechselnden Orten eingeschlossen. Darin wird der Wohnungswechsel zu einer oft wiederkehrenden Notwendigkeit.

Der sprichwörtliche Schiffbruch im Leben stellt auch das Wohnen in einen von Grund auf veränderten Rahmen, so dass der Mensch gezwungen ist (zumindest bis auf weiteres), *im Übergang* zu leben. Solche Schiffbrüche erinnern an den Verlust der Arbeit, den Kollaps des sozialen Lebens und den sich anschließenden Verlust der Wohnung. Damit »wird der Schiffbruch die Voraussetzung, sich auf den Weg hin zum eigenen Land zu machen [...], im Unterwegssein zu wohnen, in einer relativen Weise heimisch in der Fremde zu sein, niemals stehen zu bleiben.«[66] Der Begriff des Wohnens löst sich nun von seiner selbstverständlichen Bindung an den Ort einer fixen Wohnung im festen Haus. Er kommt vielmehr als Sorge um das eigene Selbst als eine Suche nach *möglichen* Bahnen des Lebens in den Blick und pointiert, dass sich das Wohnen in einer Wohnung, in einem Zelt oder auf einem Schiff nur als eine verräumlichende Praxis *existentiellen* Wohnens im eigenen Selbst zu verstehen gibt. Wenn ein Wohnungswechsel auch kein Schiffbruch des Lebens ist, so stellt er sich in seinem mikrologischen Situationscharakter doch als »reines« Unterwegs-Sein dar, in dem das wohnende So-Leben fragwürdig wird.

2.4. Häutungen – Verwandlungen – Übergänge

Ein bevorstehender Wohnungswechsel kündigt den Übertritt einer Schwelle an und mit ihm mehrdimensionale Veränderungen. Metaphern erfassen diesen Wechsel als Verwandlung, Häutung oder Übergang. Es sind Narrative der Transformation, die mehr eine *existenzielle* als nur allokative Veränderung in spezifischen Perspektiven beleuchten und verständlich machen. Der *existenzielle* Charakter eines

66 Joisten: Heimisch in der Fremde – Fremdsein im Heimischen?, S. 97.

Wohnungswechsels lässt sich allein in der *theoretischen* Durchdringung und Reflexion nicht erfassen. Er gibt sich, hat er erst einmal praktisch begonnen, vor allem *leiblich* darin zu spüren, dass alle gewohnten und verinnerlichten Objektbeziehungen gewissermaßen Zug um Zug als eingefroren erlebt werden. Das Gefühl für den eigenen Wohnraum wird sukzessive fremd und fremder, die atmosphärische Umfriedung mit vertrauten Dingen, die ihren je eigenen Platz hatten, wird brüchig, weil die auratisierenden Medien verpackt sind und behagliche Gefühle der Weite im bergenden Nahraum sich an die einschnürend kühle Enge verlieren, die sich in der Nüchternheit der Zimmer ausbreitet.

Mit dem Vollzug eines Aus- bzw. Wegzuges fallen die gewohnten Bewegungsroutinen am Ort des Wohnens langsam ins Vergessen. Sie werden allein in der Erinnerung weiterleben. Alle mit den Orten und Räumen einer emotionalen Kartographie der Hingehörigkeit verbundenen Bedeutungen und symbolischen Ortsbeziehungen büßen ihre hodologische Referenzwelt ein. Die Veränderungen, die ein Wohnungswechsel mit sich bringt, sind schon deshalb umfassend, weil sie das So-Leben an einem Ort und in einem Raum betreffen. Am Ort des Einzugs verlangen sie das Üben bewussten Hinsehens, das Bedenken des Wahrgenommenen und die Einübung neuer Routinen alltäglicher Bewegungen. Aber nicht erst der Außenraum einer vielleicht noch fremden Stadt muss aufs Neue angeeignet werden, nicht allein die Welt vor dem Haus und in den verschiedenen Stadtquartieren. Schon im persönlichen Nahraum müssen neue »Trails« gefunden und einverleibt werden, unter anderem Bewegungspfade in der Dunkelheit der nächtlichen Wohnung.

In dieser tentativen Annäherung an einen einstweilen noch distanziert erlebten Raum zeigt sich, welche prinzipiellen Herausforderungen ein Wohnungswechsel als komplexer Übergang mit sich bringt. Als Transversale ist er nicht nur ein Ortswechsel, sondern mehr noch ein Übergang von einer Lebensform in eine andere. So bedeutet ein Wohnungswechsel auch die Überquerung einer *existenziellen* Schwelle. Die damit eingeleiteten Veränderungen lassen an einen Prozess der Häutung denken, ähnlich wie sie manche Tiere durchmachen, bevor sie nach Erneuerung ihrer äußerlichen Haut oder Schale ihr Leben fortsetzen. Letztlich ist die Metapher der Häutung trotz aller Radikalität des mit ihr verbundenen Gesichtswechsels[67] aber nur bedingt treffend, das heißt dann, wenn Fragen nach dem Wandel eines »Inneren« ausgespart bleiben.

Ein Umzug fordert schon deshalb Metaphern der Verwandlung heraus, weil er nicht nur allzu evidente Ortsveränderungen mit sich bringt, sondern – als Prozess – selbst eine Veränderung ist. Diese löst Ordnungen auf und bewegt die Dinge von ihren Plätzen weg in vorübergehende Latenzzustände, die an ein »eigenartiges« Warten erinnern. Zwar können Dinge im engeren Sinne des Wortes nicht warten, weil sie kein Zeiterleben kennen. Aber sie sind, indem sie als etwas Eigenes empfunden werden, in gewisser Weise »beseelte« Objekte, denen Wesensmerkmale von Lebenden zugeschrieben werden. Umzugsbedingte Transformationen spiegeln sich gestaltreich in der Verpackung der Dinge wider. Die sich damit ankündigenden Verwandlungen hängen zunächst an der Mobilisierung eben dieser dem Wohnen dienenden materiellen Gegenstände. Was am Beginn eines Umzuges verpackt werden muss, wird an dessen Ende wieder entpackt und in eine neue Szenographie des Weiter-Wohnens eingefädelt.

Die frühneuhochdeutsche Bedeutung von »Verwandlung« weicht von unserem heutigen Verständnis des Wortes ab. Sie weist ursprünglich auf eine Verschiebung, Versetzung oder Verlegung vom Charakter einer *Ortsveränderung* hin. Danach wäre auch ein nur im *räumlichen* Sinne allokativ verstandener Umzug eine Verwandlung. Diese ist zugleich aber auch eine durchgreifende Veränderung[68], ein transversales Hinübergehen, also nicht lediglich ein äußerlicher, sondern ein durchgreifender und umwälzender Prozess. Ein solcher Vorgang

---

67 Hermann Schmitz bezieht den Begriff des Gesichts nicht nur auf das personale *Gesicht* im Sinne des Wortes, sondern auch auf das wiederkehrende Erscheinen einer Situation. »Das Gesicht kann bis zur Unvergleichlichkeit wechseln, während der Charakter beharrt, z.B. wenn ein Vogel vorbeifliegt oder eine Lokomotive heranbraust.« (Schmitz: Neue Grundlagen der Erkenntnistheorie, S. 80).

68 Vgl. DWB, Band 25, Sp. 2111.

basiert nur selten auf *geringfügigen*, viel eher dagegen auf umwälzenden Veränderungen.[69]

Umzüge führen allzu offensichtlich zunächst zu einer äußeren Orts-Veränderung, sodann aber ebenso zu einer »inneren« Wandlung von Lebens-Verhältnissen. Die äußeren sind allokativ begründet – im technisch-praktischen Weg- und Hin-Ziehen von einem Ort zum anderen. Die »inneren« Reichweiten, die das eigene Leben in einem unmittelbaren Sinne betreffen, sind mehrdimensional. Sie tangieren über den Ort des Wohnens hinaus das an ihm geführte Leben. Deshalb verändert ein Prozess des Umziehens auch mentale und affektive Koordinaten der Selbstvergewisserung; bestenfalls mündet er dann in die kritische Revision des Wohnens und die Übung einer bewusst gewordenen Lebensform.

Scheinbar allein oberflächliche Gesichts-Verwandlungen schließen in aller Regel Veränderungen von Tiefenstrukturen ein, die in irgendeiner Weise mit ihnen korrespondieren. Das Beispiel der Kleidung kann das paradigmatisch illustrieren. Der wärmende und windfeste Wintermantel bietet nie ausschließlich Schutz vor widrigem Wetter, und das leichte Sommerhemd hat nie allein angenehm klimatisierende Effekte. Kleidung verwandelt auch das Erscheinen einer Person. Insbesondere *Ver*kleidungen und Maskierungen dienen einem (Versteck-)Spiel des Gesichtswechsels. Auch ein Wohnungswechsel zeigt sich *zunächst* in der Bewegung materieller Dinge. Wie aber ein chirurgisch-ästhetischer Gesichtswechsel nie lediglich die Haut verändert, sondern ebenso die Präsenz eines Menschen gegenüber einem sozialen Milieu (auf der Objektseite) *und* das Gefühl für das eigene Selbst (auf der Subjektseite), so erfasst auch ein jeder Wohnungswechsel Tiefenschichten der Resonanz: Auf der Objektseite die Fremdwahrnehmung durch Dritte und auf der Subjektseite das Gefühl der Wohnenden. Ein Wohnungswechsel ist mehr als ein Ortswechsel; metaphorisch gesprochen ist er eine mehrschichtige »Häutung«. Sie betrifft die materielle Haut der Wände einer Wohnung, auf einer mitweltlichen Tiefenschicht darüber hinaus die immaterielle Haut eines mentalen Entfaltungsrahmens.

69 Vgl. ebd.

Wie ein Kleid, so kann auch eine Wohnung schon *für sich* die Aufmerksamkeit auf sich ziehen. Zwar sehen wir die meisten Wohnungen anderer, ohne auch nur eine Ahnung zu haben, wer in welcher Weise darin lebt. Dennoch sagen uns diese Raumgesichter etwas über die darin Lebenden, weil wir gelernt haben, Menschentypen mit bestimmten Orten zu verbinden, sie an ihnen zu erwarten. Diese zunächst diffusen Vorstellungen werden *konkret*, sobald sich der räumlich-dingliche Ausdruck einer Wohnung mit einer darin wohnenden individuellen Person verbindet. Diese wahrnehmungspraktische Synthese der Ästhetik eines Wohnortes und des Bildes der sich darin einnistenden Person wird auf der Schwelle des Einzuges in eine Wohnung sichtbar. Wer in eine Wohnung einzieht, wird mit ihr identifiziert – auf dem Hintergrund von Vorurteilen, seltener von halbwegs sicherem Wissen.

Wer dagegen als Folge unglücklicher Umstände umziehen *muss*, findet sich schnell in einem asymmetrischen Verhältnis zum Gesicht der neuen Wohnung. Aber auch, wer mit einem Wohnungswechsel nur einem langersehnten Wunsch folgt, gibt nicht *eindeutig* zu erkennen, wer er ist, nur weil er hier oder dort wohnt. Wünsche sind Programme, zu deren Umsetzung spätmoderne Dienstleistungsgesellschaften eine reiche Auswahl an Mitteln der Erfüllung anbieten. Mit dem Charakter einer Person haben sie allesamt nicht viel zu tun.[70] Auch die soziale Zuschreibung von Identität folgt nur einem psychologischen Programm, das sich einer Reihe von Protentionen verdankt. Diese sagen indes mehr über den, der etwas zu erkennen glaubt, als über den, der sodann als

---

70 Charakter wird hier im Schmitz'schen Sinne als das relativ beharrende Grundmuster einer (persönlichen) Situation (mit Sachverhalten, Programmen und Problemen) aufgefasst. »Der Charakter ist eine Situation, geladen mit Sachverhalten (namentlich Protentionen, d.h. Sachverhalten, auf die man unwillkürlich erwartend gefaßt ist, während sie im Allgemeinen erst bei Überraschung und Enttäuschung aus chaotischer Mannigfaltigkeit einzeln hervortreten), Programmen (der Zuhandenheit für einen Gebrauch, der Sozialadäquatheit, der Anziehung und Abstoßung, der Verführung und Warnung usw.) und (oft) Problemen, eingebettet in den relativ chaotisch-mannigfaltigen Hintergrund der Bedeutsamkeit, der zu einer Situation gehört.« (Schmitz: Neue Grundlagen der Erkenntnistheorie, S. 80f.).

dieser oder jener erkannt werden soll. Umzüge lassen sich zwar trefflich als Wandlungen und Häutungen auffassen; aber was solche Transformationen zu erkennen geben, liegt letztlich doch meistens im dichten Nebel unsicheren Ahnens. Die Tiefenmorphologie einer logistischen Weichenstellung ist hinter der Fülle des umziehenden Materials kaum zu erkennen; sie ist kryptisch verschlüsselt und nicht so leicht zu sehen wie ein Schrank, der gerade in einen Lastwagen geschoben wird.

Wenn die Umfriedung einer Wohnung durch Mauern, Wände, feste oder auch nur relativ feste Stoffe eine Welt des Drinnen von einer Welt des Draußen trennt, so sind dies letztlich stofflich-*körperliche* Häute des Wohnens. Die in sozialwissenschaftlichen Diskursen auffallend ubiquitäre *Körper*-Metaphorik kommt hier aber schnell an ihr Ende, denn alles, was körperlich ist, gerät in seiner Wirkung schnell unter die Macht von Atmosphären des Immateriellen und gerade *nicht* Körperlichen. Die meisten Räume der inneren Wohnwelt gehören zum *proxemischen Raum*, werden also ganz anders als städtische Außenräume über den taktilen und olfaktorischen Sinn erschlossen und eingewohnt. Deshalb haben nicht nur die den physischen Raum des Wohnens ausstaffierenden materiellen Stoffe – die Häute des Wohnens im engeren Sinne – auratische Präsenz-Qualitäten, sondern mit mindestens ebenso großer Bedeutung atmosphärische Raumqualitäten vom Charakter dunstartiger Wolken. Die mit einem jeden Umzug gewechselten Haut-»Schichten« des Wohnens sind auf je eigene Weise materiell *und* immateriell. Mehr noch: Die materiell-stofflichen Wände des Wohnens erhalten ihre spürbare »Farbe« erst durch das, was sie dem Individuum in seinem emotionalen Herum leiblich bedeuten. Damit entspricht auch ein Wohnungswechsel in gewisser Weise der Verwandlung einer Wohn-»Umkleidung«, in der man sich im Modus behagender Gefühle selbst erlebt, aber auch von anderen als ein *diesem* Ort Zugehöriger wahrgenommen wird, vielleicht auch wahrgenommen werden will.

Jeder Wohnungswechsel berührt existenzielle Dimensionen subjektiven In-der-Welt-Seins. Märchengestalten, die durch einen düsteren Zauber zu Raben verwandelt werden, verlieren sich auf dem Wege dieser Transversale selbst, wenn auch nur im Bild der Metapher. Dennoch spitzt das Beispiel die mögliche Radikalität existenzieller Reichweiten einer Verwandlung zu. Zwar macht kein Umzug aus einem Menschen einen Fisch; aber er macht ihn optional zu einem anderen, ohne dass sich sein menschliches Wesen verliert. Menschen verwandeln sich im biographischen Verlauf ihres Lebens mehr oder weniger häufig und mehr oder weniger umfassend.[71] Potentiell großen Einfluss haben dabei aber nicht nur individuell ganz unterschiedliche Lebenspraktiken, sondern auch persönlich nicht zu verantwortende Impulse aus sozialen und ökonomischen Systemumwelten.

Wandel geschieht – wenn auch in ganz anderer Weise – ebenso in der kathartischen Verarbeitung aktueller bis zuständlicher Lebenssituationen. Selbstbesinnungen sind wie *befindliche* Umzüge, durch einen materialreichen tatsächlichen Umzug vielleicht nur ausgelöst. In einem solchen imaginären Umzug gerät eine Person in ihren Gefühlen für das eigene Sein in Bewegung. Zwar macht das Umziehen von einer Wohnung in eine andere schon in der Masse des bewegten Materials darauf aufmerksam, dass sich der wandernd wohnende Mensch[72] im Prinzip *dauernd* in Situationen des Umziehens befindet. Den zahllosen kleinen »Umzügen« im übertragenen Sinne mangelt es indes an der eindrucksmächtigen Mobilisierung von *gegenständlich* Sichtbarem, wie es bei einem Wohnungswechsel in großen Mengen von hier nach dort transportiert wird. Die meisten im indirekten Sinne »umziehenden« Wandlungen einer Person bleiben ortsneutral; Plätze des Lebens und Wohnens werden darin nicht verändert. Damit dreht sich die etymologisch tradierte Bedeutung der Verwandlung als allokative Verschiebung im tatsächlichen Raum herum; es kommt nun weniger auf die Mobilisierung von einem Ort zum anderen an, als auf die mentale und affektive Umformung des Gewohnten in etwas Neues. Verwandlung versteht sich nun als affektiv bewegendes Ereignis, als (Selbst-)Begegnung, in deren Folge sich die gefühlsmäßige und kognitiv reflektierende Selbstverortung in ihren Fixierungen aufzulösen beginnt.

---

71 Solcher Wandel vollzieht sich im Umkleiden, in der kosmetischen Übermalung der Haut, im Aufsetzen einer Maske und der Verbergung des Gesichts, im Einüben einer neuen habituellen Präsenz u.v.a.m.

72 Vgl. Guzzoni: Wohnen und Wandern.

Die existenziell angreifende Macht der Wirkungen, die von einem Umzug ausgehen, weist metaphorisch auf die »Häutung« als eine *tiefgreifende* Veränderung hin. Ein Umzug erscheint in diesem Wortspiel zugleich als eine spezifische Form des »Abstreifens« einer gewohnten Lebensform. Zugunsten eines neuen dem Wohnen dienenden Raumgebildes wird ein anderes aufgegeben, zurückgelassen und »abgestreift« – ähnlich wie die Strandkrabbe, die nach einem Wachstumsschub ihren Chitinpanzer zurücklässt, um in einen größeren hineinzuwachsen. Es muss kein *festes* Haus sein, das zurückgelassen wird. Schon mobile Unterkünfte können – wie die Zelte der Nomaden – dem Wohnen dienen und somit zugunsten anderer aufgegeben werden. Vielleicht bieten sich sogar leichte und luftige Bauten eher der Häutungsmetapher an, als fest errichtete architektonische Gebäude. Wie auch immer »Häutung« verstanden wird, sie bleibt eine Metapher mit begrenzt erklärender Reichweite. Schon wegen ihres Bedeutungsüberschusses kann sie nur *Ähnliches* abdecken.

Unter einem *tatsächlichen* Häuten versteht man das Abziehen der Haut toter Tiere (wie beim gefangenen Hering oder geschossenen Hasen), weil die äußere *materielle* Haut- oder Fellschicht ungenießbar ist. Dieses Verständnis kommt insofern der Bedeutung eines Wohnungswechsels nahe, als mit dem Wegzug aus einem Haus eine äußerliche Haut (die mit Wänden umfriedete Wohnung) auch ganz real zurückgelassen und mit dem Einzug in ein anderes räumliches Gebilde eine neue angenommen und ins eigene Leben eingewohnt wird. Dass die neue Wohnung nicht größer sein muss, sondern auch kleiner sein kann, macht die Metapher nicht unbrauchbar, solange es allein um den Wechsel einer umfriedenden Umhüllung geht und deren Größe dabei eine nachrangige Rolle spielt.[73]

Das Bild der Häutung trifft die Wirkungsmacht des Umziehens aber auch in einem existenziellen Sinne. Im 16. Jahrhundert meinte »Häu-

73 Die umfriedende Haut einer Wohnung sprechen Psychologen und Psychoanalytiker auch mit der Metapher der »Dritte Haut« des Wohnens an (vgl. z.B. Funke: Die dritte Haut).

ten« nämlich eine »zu Leibe gehende«[74] soziale Umgehensweise mit einem anderen. Dabei kommt es in der metaphorischen Übertragung nicht auf das *angreifende* Moment an, sondern auf die soziale Seite des Häutens. Auch die auszugsbedingte Aufgabe einer *ein*gewohnten wie *ge*wohnten Wohnung ist nicht nur eine Sache der logistischen Abwicklung von Transporten; sie geht emotional nahe. Wie die Dinge bei einem Umzug bewegt werden müssen, so bewegt der Umzug als Ortswechsel den Umziehenden in seinem Gefühl für den Ort seiner bisherigen Hingehörigkeit; schon weil einverleibte Gewohnheiten zurücklassen bzw. aufgegeben werden müssen und die Arbeit noch bevorsteht, einen neuen Wohnort erst wieder einzuwohnen und zu einem *Heim* (im Sinne einer Heimat) wieder zu machen.

Mit diesem scheinbar herstellenden Akt suggerieren sich handlungstheoretische Menschenbilder intelligibler Akteure und damit die konstruktivistische Vorstellung, Gefühle des Sich-wohl-Fühlens in einer Wohnung, an einem Ort und in einer Gegend lägen in der Hand der Wohnenden. Jedoch wird Heimat viel weniger in einem produzierenden Sinne *gemacht*, als dass sie sich in Prozessen des Dahinlebens und der Teilhabe am Leben anderer konstituiert.[75] Gefühle heimatlicher Hingehörigkeit sind nur sehr begrenzt das Produkt subjektiver Raumaneignung, in die jeder Wohnende verwickelt ist. Es gibt zweifellos mannigfaltige um- und mitweltliche Prozesse, Ereignisse, Widerfahrnisse und Handlungen Dritter, die auf den Verlauf von Beheimatung einwirken. Emotionale Ortsbeziehungen sind insgesamt jedoch Nebenprodukt der Art und Weise, wie die Einwohnung in eine Wohnung verläuft, sowie der Wege, auf denen sich ein Gefühl auf ein räumlich und örtlich verändertes Hier-Leben einstellt.

Menschen verlassen ihre alte »Wohn-Haut« längst nicht nur, weil sie nicht mehr passt. Sie geben sie auch auf, weil sie ihnen nicht mehr gefällt. Sie fahren dann beinahe in einem direkten Verständnis aus der Haut, wenn auch ohne den sprichwörtlich aufgeregten Affekt, der zum menschlichen Aus-der-Haut-Fahren charakteristischerweise gehört.

74 Vgl. DWB, Band 10, Sp. 711.

75 Vgl. in diesem Sinne auch Hasse: Heimat – ambivalente Gefühle.

Die verschiedenen etymologischen Arten und Weisen des Häutens haben eine mal nähere, mal fernere Beziehung zum Umziehen der Menschen von einer Wohnung in eine andere. Von zentraler Bedeutung dürfte die Körper *und* Leib tangierende Macht der häutenden Transversale sein. Mit jedem »neuen« Wohnen stellt sich die Aufgabe, ein anfangs noch gewöhnungsbedürftiges Netz Sicherheit stiftender und existenziell tragender Bedeutungen zu knüpfen und aufzuspannen. Darin müssen Dinge, Menschen, Tiere und was auch immer zur Lebenswelt eines Individuums gehört, ihren passenden Platz erst finden.

Schon mit jedem nur *geplanten* Wohnungswechsel bahnen sich Veränderungen des Lebens an. Wunschprogramme und Erwartungen sind stark genug, um ein projektives Licht in eine noch ausstehende Entwicklung vorauszuwerfen. Eine neue Wohnung ist in solchen Entwürfen zweierlei zugleich: einerseits hülsenartiger Behälter, andererseits ermöglichende Lebenssphäre. Als Hülse ist sie immaterielle Gestalt *und* ästhetisches Milieu. Sie ist Stoff im doppelten Sinne: materielle Substanz und immaterielles Milieu. Die Funktion einer Umhüllung liegt in der Schaffung und Sicherung der Umfriedung eines gesonderten Lebensbereiches, der im Falle der Wohnung sogar verfassungsrechtlich geschützt ist. Die körperlich-bauliche und die leiblich-spürbare Gestalt einer Wohnung sind zwei Seiten einer Medaille. Das Wechselwirkungsverhältnis ist komplex. Was sich in der Situation eines (bevorstehenden) Umzuges in Imaginationen, Erwartungen und Wünschen, aber auch in Ängsten und Befürchtungen zeigt, oszilliert von Anfang an zwischen Oberflächen und Tiefenschichten. Die Spannung zwischen Hülse und dem was sie birgt, kennzeichnet das Wesen von Hülsen ebenso wie das ihrer Inhalte.

Zwar bringt das Gesicht einer Wohnung etwas von dem darin geführten Leben zum Ausdruck. Aber situativ und performativ *gelebte* Bedeutungen sind in keinem einfachen Sinne deutbar. Auch (Wohn-)Gesichter sind auratische Hülsen, die sich – nicht zuletzt in ihrem Wechsel – dafür anbieten, mit ihnen zu *blenden,* um eine erwünschte Wahrnehmungsweise zu bewirken. Ebenso dienen sie dazu, unerwünschte Sichtweisen zu vereiteln. Unter der Bedingung kulturindustriell imprägnierter Inszenierungen des Bluffs bietet sich die Haut des Wohnens – wie deren Wechsel – als Medium chimärenhafter Verrätselung an.

Aber schon weit diesseits der Affektlogik des Erscheinens, der Repräsentation und des Bluffs disponiert das tatsächliche Raumgebilde einer Wohnung das in ihr *mögliche* Leben. In beengten, von Schimmel befallenen und schlecht belichteten Wohnräumen lässt sich kein gutes Leben führen und noch weniger ein repräsentativer Lebensstil zur Schau stellen. Das Fürstenschloss bietet einen anderen Bewegungsraum als die Ein-Zimmer-Wohnung. Die zum Park hin sich in eine weite Gartenlandschaft öffnenden Räume einer Villa haben einen ästhetisch geradezu erhaben wirkenden Gesamtausdruck, während die Absteige neben dem in verpesteter Luft daliegenden Gewerbehof allen, die hier wohnen, eine beengend-unerträgliche Atmosphäre zumutet. Ein Umzug führt schon rein faktisch und sachverhaltlich in je unterschiedliche Räume, in denen sich auch unterschiedliche wenn nicht gegensätzliche Lebensweisen entfalten. Die beiden Pole des Wohnens – das Gesicht der Wohnung und die Wirklichkeit des darin geführten Lebens – generieren ein komplexes Wechselspiel. Leben und Leben-Können sind durch bauliche und materielle Einflüsse restriktiv bis expansiv disponiert. Beschränkte Formen des Wohnens müssen sich mit Schwundstufen des Lebens arrangieren; wo sie dagegen ekstatisch ins Kraut schießen, dehnt sich das Leben über alle ethischen Grenzen hinweg in eine blasenhafte Welt des Luxus aus.

3. Dinge

Ob Menschen in kleinen oder großen Gemeinschaften oder auf individualistischen Inseln wohnen; sie alle bedürfen der verschiedensten Dinge. Indem diese das tagtägliche Leben schon rein praktisch erleichtern, tragen sie auch zum Wohnen bei. Vom Herd über das Mobiliar, Objekte der Kunst bis hin zu technischen Artefakten aller Art bewähren sich Dinge als das Salz in der Suppe des Wohnens. Gewissermaßen »oberhalb« ihrer banalen Nützlichkeit haben sie eine atmosphärisch beträchtliche *Macht*[1] über das Gefühl *beheimateten* Wohnens. Jede noch so rudimentäre Wohnkultur baut in spätmodernen und hoch komplexen Gesellschaften auf eine eher große als kleine Zahl von Gegenständen. Selbst der nur *kurzeitige* Aufenthalt in einer Wohnung setzt zur reibungslosen Gewährleistung einfachster alltäglicher Abläufe die Verfügbarkeit aller möglichen Dinge voraus. Mit der umzugsbedingten Bewegung von allem, was sich überhaupt bewegen lässt, bringen sich

---

1 Unter Macht wird hier *nicht* im Sinne von Max Weber die Chance verstanden, »innerhalb einer sozialen Beziehung den eigenen Willen auch gegen Widerstreben durchzusetzen, gleichviel worauf diese Chance beruht.« (Weber: Wirtschaft und Gesellschaft, S. 38). Im Unterschied zu diesem politikwissenschaftlichen und soziologischen Machtbegriff steht ein philosophisches Begriffsverständnis, wonach Macht als Vermögen aufgefasst wird, auf etwas einzuwirken. Schmitz definiert Macht als »das Vermögen, einen Vorrat beweglicher Etwasse in gerichtete Bewegungen zu versetzen, dieses im Verlauf zu führen oder Bewegungen anzuhalten.« (Schmitz: Die Legitimierbarkeit von Macht, S. 5). Macht geht auch von Blicken oder Gesten aus, die der Intentionalität eines durchsetzungsinteressierten Willens gar nicht bedürfen.

die Wohn-Mobilien in ihrer allgegenwärtigen Massenhaftigkeit zu Bewusstsein. Voraussetzung des Wohnens sind aber auch immobile Gegenstände, die zur baulichen Grundausstattung einer Wohnung gehören wie zum Beispiel Zimmertüren, Fenster und Wasserhähne. Ohne zu den Dingen zu gehören, die mit persönlichen Bedeutungen besetzt sind, stellen sie die Bewohnbarkeit einer Wohnung sicher. Sie müssen aber nicht (wie die Unmenge aller beweglichen Sachen) erst angeschafft und platziert werden zu.

Mit dem Erwerb der den Wohnenden schließlich gehörenden Dinge bilden sich nicht nur Materialbestände aus, sondern auf einem immateriellen Niveau zugleich Knoten in einem symbolischen Koordinatennetz, das sich im sozialen Gebrauch schließlich festigt. *Subkulturell* signifikante Objekte suggerieren schon in ihrem Besitz, und mehr noch in ihrer Präsentation gegenüber anderen, als wer man wahrgenommen werden will. Dagegen verläuft die immer wieder nötig werdende Entsorgung von allem, was materiell oder symbolisch verbraucht ist, weitgehend außerhalb reputationssensibler Zonen. Werden die Dinge nicht zerschlissen oder verbraucht, bleiben sie weitgehend wie sie mal waren – bis sie von sich aus verfallen.[2] In ihrer atmosphärischen Ausstrahlung sind sie jedoch hoch dynamisch, mitunter sogar (wie die Kunstwerke) kurzwellig schwankenden Wertwechseln ausgesetzt, ähnlich wie die Aktien an den Börsen. Alle Gegenstände und Dinge des Wohnens schwimmen in einem Strom des Zeitgeistes und der Moden. Sie verändern ihre Symbolkraft, bis sie eines Tages aus der Zeit fallen und nur noch anachronistische Zeugnisse einer zurückliegenden Vergangenheit sind. Auch darin liegt dann oft genug ein Grund für ihre Entsorgung.

Wenn der Begriff der Dinge[3] in seiner lebensweltlichen Selbstverständlichkeit auch keiner näheren Erklärung zu bedürfen scheint,

---

2 »Die Dinge werden von der Erkenntnis nicht ›berührt‹ und beharren in ihrem ein für allemal gesättigten Sein unabhängig vom Bewußtsein.« (Plessner: Grenzen der Gemeinschaft, S. 63).

3 Hermann Schmitz differenziert zudem zwischen dem in seinem Charakter beharrenden Ding und dem in seinem Erscheinen wechselhaften *Halbding* (vgl. Schmitz: Neue Grundlagen der Erkenntnistheorie, S. 81). Zum Begriff des Halbdings s. auch weiter oben (S. 61f in Kapitel 2).

so haben im Blick auf das Wohnen wie den Wohnungswechsel einige Differenzierungen doch den Nutzen einer besseren Unterscheidbarkeit nach Situationen des Gebrauchs. Daher werde ich im Folgenden nicht nur von *Gegenständen, Dingen* und *Zeug* sprechen, sondern in einer alltagssprachlichen Bedeutungsgleichheit auch von *Sachen* und *Objekten*.

Dinge spielen im Fokus des Wohnens insofern eine herausragende Rolle, als sie immer schon mit Bedeutungen verzahnt sind. Im Vergleich dazu stehen die Gegenstände auf einem beinahe subjektfernen und wenig affizierenden Niveau – sie repräsentieren lediglich das objekthaft Gegebene. Im nützlichen Gebrauch gewinnen sie dagegen eine persönliche Dimension an Bedeutung hinzu. Gegenstände werden zu Dingen, wenn sie Menschen etwas bedeuten. Die Mannigfaltigkeit von allem was es gibt, ist deshalb auch in einem weiten Netz hoch affizierender bis gänzlich neutraler Beziehungen aufgespannt. Und so gibt es in der Erkenntnis auch keinen »authentischen« Widerhall der realen Gegenstands-Welt. Auch die Vielzahl aller im engeren Sinne nicht den Dingen zuzurechnenden Objekte des Wohnens ist persönlichen Bedeutungen gegenüber nicht völlig neutral. Gegenstände – ob Dinge oder ganz distanziert betrachtete Objekte – werden, indem sich schon in ihrer Gestalt eine spezifische Brauchbarkeit vorzeichnet, im Fokus ihrer Nützlichkeit für das Wohnen gesehen. Mit anderen Worten: Von *offensichtlich* brauchbaren Dingen weiß man wozu sie gut sind, weshalb sie sich viele Menschen auch wünschen. Was dagegen nur Befremden auslöst, rätselhaft bleibt oder ehemals vitale Bedeutung verloren hat, wird schnell aus den Räumen der Wohnung entfernt. Bevorzugte Sonderzonen solcher Ausräumung sind die Kellerräume. Sie sind wie Zwischenlager, in die verfrachtet wird, was vielleicht irgendwann einmal weg soll, einstweilen aber *noch* nicht mit letzter Sicherheit als Abfall angesehen wird. Gegenstände, die nur *potentiell* nützlich sind, stehen den Dingen ferner als alles, was sich bereits im tagtäglichen Gebrauch bewährt hat. Zu Dingen wird, was vor dem Horizont nützlicher Verwendungspraktiken einen Wert hat und den Menschen persönlich etwas bedeutet. Daher sieht Hermann Schmitz die Wahrnehmung von Dingen auch von vornherein in einen situativen Rahmen gestellt.[4] Dinge können nicht *für sich* betrachtet werden, weil charakteristische Verwendungszusammenhänge sie erst zu Dingen machen. Ute Guzzoni sagt in diesem Sinne: »Dinge, selbständige, unbegrenzte Dinge kristallisieren sich erst heraus, wenn wir eigens auf sie reflektieren.«[5]

Zeug ist dadurch vom bloßen Ding unterschieden, dass es etwas für ein menschliches Gebrauchsinteresse *Hergestelltes* ist (wie das Schuhzeug, Nähzeug, Schreibzeug, Spielzeug usw.). Bei Martin Heidegger ist es das Nächstbegegnende, das heißt vor allen Dingen das *räumlich* Nahe. Weniger in seiner Vorhandenheit als in seiner Zuhandenheit[6] »erscheint das Zeug als eingebunden in praktische Vollzüge und menschengesetzte Zwecke.«[7] Martin Heidegger sagt über die zeughaften Dinge: »Zeug ist wesenhaft ›etwas, um zu ..‹. Die verschiedenen Weisen des ›Um-zu‹ wie Dienlichkeit, Beiträglichkeit, Verwendbarkeit, Handlichkeit konstituieren eine Zeugganzheit.«[8] Das Zeug ist insofern weltgebunden, als es in einem Bedeutungszusammenhang steht, der »ständig im vorhinein schon gesichtetes Ganzes«[9] ist. Entscheidend ist für das Zeug, dass es sich in der *kinästhetischen* Nähe des Menschen befindet. »Die *nächsten Dinge*, die uns umgeben, nennen wir das *Zeug*. Darin liegt immer schon eine Mannigfaltigkeit«[10] – wie im Kochzeug, das aus Töpfen, Pfannen und Deckeln besteht, oder dem Sitzzeug, wozu Stühle, ein Sofa und vielleicht ein Hocker gehören. Zeug verdankt sich in seiner »Dienlichkeit«[11] der Zugehörigkeit zu anderem Zeug.[12] Zur Bürste des Schuhputzzeugs gehört die Schuhcreme und vielleicht noch eine zweite Bürste zum Polieren des Leders. Das Nähzeug besteht aus Nadeln, Fäden, Schere, Fingerhut etc. Eine andere Beziehung zum Wohnen haben

---

4 Vgl. Schmitz: Der unerschöpfliche Gegenstand, S. 216.

5 Guzzoni: Unter anderem: die Dinge, S. 28.

6 Zur Polarität von *Zuhandenheit* und *Vorhandenheit* vgl. auch Vetter: Grundriss Heidegger, S. 187.

7 Henning: Zeug, in: HWPh, Band 12, Sp. 1316.

8 Heidegger: Sein und Zeit, S. 68.

9 Ebd., S. 75.

10 Heidegger: Die Grundprobleme der Phänomenologie, S. 232.

11 Heidegger: Holzwege, S. 22.

12 Vgl. Vetter: Grundriss Heidegger, S. 382.

ästhetische Wohndinge wie eine Skulptur, die nicht im engeren Sinne *nützlich* ist, sondern wegen ihrer Aura einen zentralen Platz im Raum des Wohnens einnimmt. Die Dinge müssen dagegen in dem, was sie *bedeuten*, nicht auch im Raum nahe sein. »Dass Dinge jemanden angehen, heißt, dass sie ihm nahe gehen (und nicht wie das Zeug bloß in der Nähe)«[13] liegen. Das Wohnzeug ist dem Menschen nützlich; deshalb muss es ihm aber nicht auch emotional viel bedeuten. Im Vergleich mit dem Zeug, das stets zu anderem gehört, kann ein Ding auch für sich, also einzeln sein. »Das bloße Ding ist eine Art von Zeug, nur eben das seines Zeugseins entkleidete Zeug. Das Dingsein besteht in dem, was dann noch übrigbleibt.«[14] In den Dingen liegt deshalb auch das Potential zum Zeug. Mit ihrer Verstrickung in Gebrauchspraktiken kann es dazu werden.

Die Dinge stehen im Unterschied zum Zeug weniger in praktischen und zur Routine gewordenen Verwendungssituationen, als in »Bewandtniszusammenhängen«; Heidegger unterscheidet engere und weitere Bewandtnisganzheiten[15], aus denen heraus die Dinge ihre Bedeutung beziehen. »Zimmer, Wohnung, Siedlung, Dorf, Stadt – ist das Primäre, innerhalb dessen bestimmtes Seiendes als dieses so und so Seiende ist, wie es ist, und dementsprechend sich zeigt.«[16] Bedeutungen schöpfen sich aus der performativen Dynamik des Lebens. Darin wachsen Gegenstände zu Dingen des Wohnens heran. In jeder Wohnung gibt es neben Zeug, Dingen und Gegenstände auch etwas, das man »Substanzen« nennen könnte. Sie »funktionieren« nicht wie die mit persönlichen Bedeutungen besetzten Objekte. »*Dinge* können begegnen, während *Substanzen* einfach da oder vorhanden sind, *bloß vorkommen*.«[17] So das Trinkwasser und die (halbdinghafte) Elektrizität.

13 Ebd., S. 189.

14 Heidegger: Holzwege, S. 19.

15 »Bewandt« steht im 16. Jahrhundert der Bedeutung des gegenwärtigen »verwandt« nahe (DWB, Band 1, Sp. 1767). Es weist in seiner etymologischen Herkunft also auf einen inneren Zusammenhang hin, der auch mit dem Begriff der *Bewandtnis* gemeint ist.

16 Heidegger: Die Grundprobleme der Phänomenologie, S. 233.

17 Guzzoni: Unter anderem: die Dinge, S. 21.

Selbstverständlich sind auch diese Stoffe nicht *ohne* Bedeutung; für die Ermöglichung gelingenden Wohnens sind sie sogar unverzichtbar und beziehen daraus ihre »Funktion« im engeren Sinne, und noch eine emotionale Wirkungsmacht. Die Substanzen heben sich aber schon dadurch von mobilen Dingen ab, dass sie zur Gruppe jener »Immobilien« gehören, die man bei einem Wohnungswechsel nicht mitnehmen kann. Man mag sie Objekte oder Gegenstände nennen (wie Türen, Fenster und Fußböden) oder auch essentielle »Stoffe« einer Wohnung bzw. eines Wohnhauses. In ihrer architekturspezifischen Zweckhaftigkeit gehören sie zum Baubestand der Wohnung und stehen dem (Wohn-)Zeug näher als den Dingen. Sie gehören zum Haus wie die Schuhbürste zum Schuhputzzeug. Ohne Fenster und Türen wird kein Raumgebilde zu einer Wohnung, setzt diese doch *bewohnbare* Zimmer voraus. Zum Umzugsgut kann das Leitungswasser jedoch ebenso wenig werden wie der Strom. Wenn beides den Wohnenden auch weit unverzichtbarer sein mag als Putz- und Nähzeug, so lassen sich doch nur mobilisierbare »Stoffe« mitnehmen.

In der Materialität der Umzugsgüter heben sich die Wohndinge nicht vom Wohnzeug ab. Aber in der Art und Weise, in der alles bewegt, eingepackt, wieder ausgepackt und in einer neuen Wohnung wieder platziert (und *situiert*) wird, drückt sich aus, dass es neben nützlichem Zeug auch Dinge gibt, an denen das Gewicht biographisch geprägter Bedeutungen hängt. Sie kommen aus einer Welt des Wohnens und sie werden in eine neue wieder implantiert. »Welt« verweist hier mit Ute Guzzoni auf »etwas Umfassendes, Einheitliches, Vertrautes« und nicht auf etwas »Weites, Offenes, Fremdbleibendes«[18]. *Schon-verstandene* Welt ist biographisch wie gesellschaftlich Voraussetzung allen künftigen *Noch*-Verstehens. »Die Welt ist nicht das Nachherige, sondern das Vorherige im strengen Wortsinne. […] Welt ist dasjenige, was vorgängig schon enthüllt ist und wovon her wir auf das Seiende, mit dem wir es zu tun haben und wobei wir uns aufhalten, zurückkommen.«[19]

18 Ebd., S. 29.

19 Heidegger: Die Grundprobleme der Phänomenologie, S. 235.

Aus der gelebten Welt des Wohnens können sich Gegenstände deshalb auch zu Dingen auswachsen.

Die Gegenstände, die es in einer Wohnung gibt, teilen sich in unbestimmte Mengen von Dingen, Zeug und allen möglichen anderen mobilen Objekten auf. All diese »Güter« des Wohnens decken ein breites Spektrum von viel oder wenig Bedeutendem ab. Neben den subjektnah verknüpften Dingen gibt es in jeder Wohnung eine Vielzahl von subjektfernen Gegenständen mit »kalten« Bedeutungen. Schon indem die Dinge in *intensionale* wie *extensionale* Gebrauchskulturen eingespannt sind, »hängen« sie in hierarchisch differenzierten Bedeutungsordnungen (Dinge die man mag und tagtäglich benutzt, wie solche, die man nur besitzt, aber selten oder nie *benötigt*). Viele Dinge sind über ihren habitualisierten Gebrauch als Zeug eingewohnt (z.B. Bett, Schreibtisch oder eine bestimmte Lampe), und zahllose Dinge werden darüber hinaus zu einer Art Semi-Zeug. Zwar haben sie keine utilitäre Funktion, aber sie dienen den behagenden Atmosphären des Wohnens. Letztlich wird gerade die umzugsbedingte Bewegung »besonderer« Dinge (s. folgendes Kapitel) zeigen, in welcher Weise eine scharfe Trennung zwischen den mit Bedeutungen geladenen *Dingen* und *Zeug* schwierig ist. Deutlich wird das an den Dingen, die nicht nur nützlich und gut im Gebrauch sind, sondern zugleich geliebt werden. Sie stehen zwischen Zeug und Ding auf dem Grat. Als Dinge gehören sie sogleich zum Wohnzeug. Unter jenen Dingen, die den Wohn-Räumen in »Augenblicksstätten« des Daseins[20] zu einem atmosphärischen Ausdruck verhelfen, gehören in besonderer Weise die Gegenstände der Kunst. Weit über irgendeine nüchterne Zweckmäßigkeit hinaus haben sie eine ästhetische »Funktion«: die emotionale Umfriedung und Umwölkung des Wohnraumes, auf dass er in *Vitalqualitäten* (Dürckheim) der Behaglichkeit erlebt werden möge.

Im logistischen Fenster eines umzugsbedingt notwendigen Transports tauchen nur bewegliche Gegenstände auf. In ihnen geht alles in mehr oder weniger sperrigem Transportgut auf. Aber indem sie aus

---

20 Vgl. Heidegger: Gesamtausgabe, Band 65, dazu auch Rimpler: Prozessualität und Performativität in Heideggers »Beiträgen zur Philosophie«, S. 107.

Räumen und Sphären des Wohnens kommen und an anderer Stelle bald schon wieder platziert werden, besteht die Herausforderung eines jeden Wohnungswechsels darin, die aus der Dynamik des Lebens emporgesponnenen Beziehungsnetze am Ende des Raumwechsels nicht nur funktionalistisch, sondern auch atmosphärisch zu revitalisieren.

3.1. Die Schatten der Dinge

Die sich durch Gebrauch, aber auch schon durch die ästhetische Betrachtung zwischen Dingen und ihren Benutzern konstituierenden Beziehungen haben in ihrer Bedeutung ein je spezifisches Gewicht. Bestimmte Dinge unterstehen im engeren Sinne gar keinem Zweck; sie sind vielmehr Träger von Gefühlen. Was ein Gegenstand seinem Besitzer *bedeutet*, verdankt sich nämlich lange nicht an erster Stelle seiner Zweckdienlichkeit. Neben den im engeren Sinne nützlichen Dingen gibt es in jeder Wohnung auch Gegenstände, die in einem weiteren Sinne darin »nützlich« sind, dass sie den Wohnraum emotional behaglich und atmosphärisch wärmend umfrieden. Diese sind (allein in ihrer sinnlichen Präsenz) in anderer Weise lebensförderlich als zum Beispiel ein technisches Haushaltsgerät. Dinge speichern mit biographisch signifikanten Erinnerungen Gefühle. Größe und Gewicht spielen dabei eine ebenso untergeordnete Rolle wie monetäre oder andere objektivierbare Merkmale. Dinge, die emotional herausragende Augenblicke, Krisen- oder Glücksmomente eines Lebens für die Erinnerung festgehalten haben, können auf den ersten Blick ganz unauffällig sein. Vor allem von außen betrachtet, lassen sie ihr besonderes emotionales Gewicht kaum erkennen. Sobald sich in der Situation der Vorbereitung eines Umzugs jedoch eine sinnlich lebendige, leibliche Kommunikation mit den Dingen entspinnt, werden solche subjektiven Bedeutungen »aufgetaut« und in die Gegenwart aktuellen So-Seins zurückgeworfen (s. auch Fußnote 29 in Kapitel 2).

Affizierende Dinge sind kein totes Material. Die ihnen anhaftenden Lebensspuren, die sie in sich aufgenommen haben, sprechen vielmehr lebendig an. Als »biographische Tätowierungen« sind sie in zahllosen

Fällen aber nicht Niederschlag von Handlungen und rationalen Entscheidungen, sondern flüchtige Abdrücke von Begegnungen, Ereignisverläufen, affektgeladenen Konflikten, signifikanten oder auch nur arbiträren Momenten. Wie Schwämme, die mit Geschichten vollgesogen sind, bergen sie lebensgeschichtliche Schatten, die so lange latent bleiben, bis das Dinghafte an den Gegenständen als Folge einer Berührung als etwas Begegnendes lebendig wird. Ein Wohnungswechsel ist dafür prädestiniert, sedimentierte Spuren aus solcher Latenz aufbrechen zu lassen, die in sie eingelagerten Affekte zu reanimieren und schlummernde Fetzen von Geschichten wieder lebendig zu machen. Die taktile Berührung und Bewegung von allem, was sich in einer Wohnung angesammelt hat, fungiert dabei wie die Hand eines Quasi-Archäologen, der Bedeutungsschicht um Bedeutungsschicht freilegt und dem nach Antworten suchenden Blick präsentiert. Jedoch nicht als Resultat einer methodisch und systematisch vorangetriebenen Abtragung übereinander liegender Schichten, sondern als Nebeneffekt des Einpackens aller materiellen Dinge und Gegenstände. Was auf deren Haut vorscheint, gibt aber keine *zusammenhängenden* Bilder zu sehen, keine von Anfang bis Ende erzählten Geschichten. Sichtbar werden nur Fragmente und Sequenzen, die vom erscheinenden Material »vorspringen« wie ein Grat, der beim Glätten einer Metallkante stehengeblieben ist.

Die subjektiven Bedeutungen begegnender Dinge sind nach ihrem Auftauchen in anderer Weise präsent als die von jenem Zeug, das in alltäglich virulente Gebrauchspraktiken eingebunden ist. Das zuhandene Zeug ist flüssig wie selbstverständlich in die Verlaufssequenzen des täglichen Lebens eingespannt. Das ist bei jenen Dingen nicht der Fall, die nur umzugsbedingt berührt werden (müssen) und dem Blick als Folge ihres langen »Ruhens« in einem schwer zugänglichen Schrankfach eher fremd geworden sind. Naheliegende logistische Zwänge der Eile aller Umzugsvorbereitungen kommen der Erinnerungsarbeit insofern nicht entgegen, als sie eher dazu verleiten, die sich meldende Erinnerung einzuklammern, das Bedenken dem Tempo zu opfern und die den Dingen anhaftenden Bedeutungen über ihr luzides Vorscheinen hinaus im Zustand epistemischen Permafrostes zu belassen. Gleichwohl flackern die Assoziationen schon im Moment flüchtiger Berührung auf, affizieren und durchbrechen den nüchternen Habitus des Ein- und Wegräumens, so dass sich die Erinnerung zu Wort melden kann, um das Nachdenken des Übergangenen zumindest zu reklamieren.

Die Dinge spiegeln mit dem Vorscheinen schemenhafter Geschichten zugleich das »Umhafte«[21] jener Wohnungs-Gegenden wider, in die sie hineingelebt waren. Solche versteckten Hinweise aufs Umhafte können so situations- bis raumbestimmend sein, dass sie einen spürbaren Hauch des genius loci freisetzen und über die Dinge hinaus auch deren Ort zu bedenken geben. In der affizierenden Macht der plötzlich aus einem lange nicht wahrgenommenen Meer des schon fast Vergessenen auftauchenden Dinge löst sich der Unterschied zum Zeug tendenziell auf, denn Zeug kann über seine Zuhandenheit hinaus auch persönlich sehr bedeutsam sein.

Vor dem Hintergrund vitaler Beziehungen zum eigenen Leben affizieren die Dinge und zerren an der Erinnerung. Sie wecken fast vergessenes Wissen um Orte, Menschen und Tiere oder auch Schnittstellen zwischen Mensch und Maschine. Wie alle archäologischen Funde ihren Ort haben, so verbindet sich auch das einem Ding anhaftende Gefühl mit einem Fund-»Ort« im weiteren Sinne. Seiner jeweiligen Eigenart zufolge »liegt« dieser letztlich zwar immer im tatsächlichen Raum – entweder hier *oder* dort. Bei einem emotionalisierenden Medium kommt es aber auf die Perspektiven an, in denen ein Ding affiziert. Solche »Fundstellen« sind dann nicht nur topographische Orte. Ihre Atmosphäre vermischt sich mit dem auratischen Erscheinen der Dinge. So sind es schließlich Gefühlskonglomerate, die dazu herausfordern, in der Art und Weise ihrer Affizierung der Aufmerksamkeit selbst durchforscht zu werden. Die ent-deckten Dinge haben ihren Ort nicht nur als materielle Gegenstände *hier* am Fenster oder *dort* neben der Treppe, also im (a) *mathematischen Raum*. Die *wirklichen* (das heißt sinnlich erscheinenden) Dinge strahlen von ihrem Ort im tatsächlichen Raum in einer bestimmten wie situativ wechselhaften Aura in einen (b) *atmosphärischen Raum* aus. Als emotionalisierte Dinge bekommt man sie in ihrer Gegenwärtigkeit im (c)

21 Heidegger: Sein und Zeit, S. 103.

leiblichen Raum zu spüren, und in engenden oder weitenden Gefühlen nehmen sie auf persönliche Stimmungen Einfluss. Als etwas, das wir in ansprechenden oder aversiv abschreckenden Farben, Tönen und Gerüchen erleben, stehen sie in der Art, in der sie uns gefallen oder schrecken im (d) *ästhetischen Raum* einer Wohnung. Dinge, die ihren angestammten Platz in unmittelbarer Greifnähe haben (zum Beispiel neben dem Bett), befinden sich in der persönlichen Eigenwelt des (e) *proxemischen Raumes*. Erfahren wir die Dinge schließlich aus der Bewegung heraus, werden wir ihrer im (f) *hodologischen Raum* gewahr, dem Raum der eigenleiblich gegangenen Wege. Die zufällig aus erinnerungsnahen oder -fernen Schichten gleichsam emporsteigenden Dinge haben potentielle Nähe oder auch Ferne zum Bedenken der an ihnen ausstrahlenden Bedeutungen und Gefühle. Im Unterschied zu omnipräsentem Zeug tangieren viele von ihnen nur gelegentlich die Bahnen des tagtäglichen Lebens, während andere die längste Zeit des Jahres gar nicht in den Blick kommen. Vielleicht sind es gerade die *raren* Dinge, die in ihrem unerwarteten Sichtbar-Werden deshalb so immersiv beeindrucken und den Fortgang der Routinen zumindest für ein paar Momente verlangsamen.

Es folgen einige Beispiele, die illustrieren werden, in welcher Weise Dinge gleichsam plötzlich wie aus dem Nichts auftauchen und als beredtsame Medien an Erinnerungen zerren können. Letztlich wird sich auch in diesen Konkretisierungen zeigen, dass die Trennung zwischen Dingen und Zeug fragil ist. Dinge sind nicht nur potentielles Zeug. Dieses kann mit dem Wechsel der Situationen und Bewandtniszusammenhänge schnell zu diesem oder jenem Ding werden.

- In einer Zimmerecke liegen zwei (seinerzeit aus Holz gemachten) Rollen von der Baumkurre eines Garnelenkutters. In frühen Jugendzeiten fuhr ich des öfteren, meistens in den beinahe noch nächtlichen Morgenstunden (als ein gewisser »Junggehilfe«) mit dem Schiff samt zwei Mann Besatzung in eine Nordseebucht zum Fischen hinaus. Dabei wurde ich ganz beiläufig mit Methoden der Garnelenfischerei sowie allem möglichen Seegetier vertraut, das samt einer Unzahl zappelnder grauer Zehnfüßler mit den Netzen an Bord gehievt wurde. Was sich mir damals (ohne mich in einer besonderen Denkwürdigkeit anzusprechen) als Auf- bis Anregendes zeigte, hat sich in der retrospektiven Sicht der Gegenwart in einen ökologischen und tierethischen Rahmen verschoben: Die routinierte Handwerklichkeit, mit der massenhaftes aber doch *individuelles* marines Leben der sogenannten niederen Art der Dekapoden in siedendem Wasser zu Ende gebracht wurde, blitzt nun, da die hölzernen Teile vor mir liegen, in plötzlich problemgeladenen Bildfragmenten wieder auf.

Die fischereiwirtschaftlichen Relikte setzen in kurzen aber nicht im mindesten steuerbaren Assoziationen die verschiedensten Erinnerungen frei: Szenen ruhigen und sodann plötzlich heftiger werdenden Seegangs, Geräusche aneinanderschlagender Holz- und Eisenteile beim Absetzen der Kurre auf dem Schiffsdeck, die Enge auf einem kleinen Schiff, das sommerlich-sonnige Wetter auf See, die Widrigkeit eines kalten und schneidenden Sturms, das Hantieren mit nasskalten, glitschigen und noch zappelnden Tieren und verfrorenen Fingern. Wenn die Rollen der Baumkurre in eine Umzugskiste gepackt und *nicht* als Abfall aussortiert werden, so hat das mehr mit dem zu tun, was sie an Erinnerungen bei sich aufgehoben haben, als mit dem, was an ihnen schön, antiquarisch oder in der Sache bemerkenswert sein mag. *Alte* Dinge können sich über die ihnen anhaftenden biographischen Fußnoten hinaus als Medien der Aufspannung im Prinzip theoretische Fragehorizonte entpuppen. So provozieren diese Teile eines Fanggeschirrs über ihre sinnliche Präsenz zum Beispiel die Frage nach der zivilisationshistorischen Umwertung der fünf Sinne.

- Ein dickes achtkantigen Dübelholz von der Länge eines halben Meters taucht in einem Regal hinter einer Reihe von Büchern zum Postmodernismus (aus den 1980er/90er Jahren) auf. Es ist bei einer länger zurückliegenden Reparatur eines mächtigen Balkens übriggeblieben. An diesem ungewöhnlichen Stück Hartholz, das den meisten Menschen nichts bedeuten dürfte, scheint die Geschichte einer teilweise bewohnten dreistöckigen holländischen Gallerie-Windmühle vor. Das Dübelholz erinnert unmittelbar an den Ersatz eines Balkenkopfes, indirekt aber vielleicht mehr noch an ein Gefühl der Unsicherheit, ob hundertfünfzig Jahre alte Balkenköpfe noch hinreichend tragfähig sind oder doch schon angemodert sein könnten. Das eigenartige Stück Holz erzählt jedoch nicht nur die Geschichte einer *möglicherweise* prekären Statik, sondern mit weit größerer Nachhaltigkeit die von einer über lange Jahre gewachsenen Wohnbeziehung zu einem Gebäude, das ein existenzielles Futteral war und wegen seiner besonderen Architektur wie seines Alters als geradezu verletzlich erlebt wurde. Was ein Zimmermann als Rest *seines* Zeugs zurückgelassen hat, wird nun in der Perspektive des scheidenden Bewohners zu einem nahegehenden Ding, fern davon, etwas auch nur halbwegs Nützliches zu sein.

- Eine verbeulte bleierne Orgelpfeife! Sie ist bei der Sanierung einer in die Jahre gekommenen Kirchenorgel abgefallen und lag zum Verkauf auf einem Tisch neben dem Taufbecken einer protestantischen Kirche. Das Stück Metall lässt nicht an barocke Musik denken, noch an liturgische oder sakrale Szenen. Es weckt Gedanken an eine Reise, bzw. einen auf dem Rückweg gemachten Abstecher in eine Kirche in der Nähe der Ostsee. Die kaputte Orgelpfeile weckt Erinnerungen an eine Autofahrt, an das vorzeitige Verlassen eines (langweilig gewordenen) Symposiums und die gelebte Zeit eines genossenen »Zeitgewinns« durch die Verzögerung einer Heimfahrt. Das Ding ist zu einem Anker höchst persönlicher Erinnerungen geworden, zu denen es keine gesprochene Variante gibt. Das Kaputte der Pfeife steht dabei zugleich für ein Scheitern. Es gibt viele Dinge, die zu nichts im engeren Sinne (mehr) gut sind, aber an nie erzählte oder sogar unaussprechliche Geschichten denken lassen. Sprache ist nicht alles.
- Auf einem großen Regalfach steht neben einem alten Tellurium ein antiquierter Globus mit rätselhaften Namen afrikanischer Kolonialgebiete. An solchen aus der Zeit herausgefallenen Objekten blitzt nicht nur die Medien- und die Weltgeschichte in denkwürdigen bis irritierenden Wandlungen hervor. In der Gesamtwirkung solcher Eindrücke hebt sich die digitale Zeit mit ihren simulakrenhaften Schimären in Gestalt eines geradezu schreienden Anachronismus

von allem ab, das zu »analogen Zeiten« die sinnlich unmittelbare Anschauung verlangte. Ein Globus ist nur ein kugelförmiges Kartenbild und auf einem Screen zeigen sich nur flache Bilder hinter einem Glas. Doch beide haben ihre je eigenen »Tiefen«. Dabei ist die ikonographische Tiefe von (Karten-)Bildern nicht vergleichbar mit der imaginären Tiefe der Bilder eines technischen Apparates. Denkwürdig wird die Schwelle, auf der sich etwas Archaisches ins nur noch Befremdende und Erstaunende entzieht. Tellurium und Globus sind nicht nur biographische Relikte, sondern auch zivilisations- und kulturhistorische Medien, deren gesellschaftlicher Gebrauch die Zukunft von Materialität und Dreidimensionalität fragend umkreist. Wenn sich das Auge auch bis heute als anthropologischer Zentralsinn behauptet hat (beim Tellurium wie beim Screen), so weisen die neuen (digitalen) Dinge doch in der sich an ihnen reifizierenden Technikgeschichte auf eine beginnende Abwertung des Taktilen, der Bewegung sowie insgesamt der menschlichen Muskelkraft hin.

- An der offenen Vorderseite des Zwischenbodens meiner lange Jahre in einem Teilbereich bewohnten Windmühle ragt ein handgearbeiteter Frauenholzschuh mit einem verhärteten Lederriemchen ins Tageslicht. Er drängt sich (trotz allen Platzmangels am neuen Ort des Wohnens) als erhaltenswürdiges bzw. rettungsbedürftiges Objekt auf – nicht nur wegen seiner exotischen Antiquiertheit. Das wäre nur ein formaler Grund, wonach ein Gegenstand allein wegen einer nicht-alltäglichen Ästhetik als etwas Erhaltenswertes angesehen würde. Doch die von dem Schuh ausgehende Anziehungskraft hat auch eine soziale Dimension, in der eine andere Zeit vorscheint. So hat das heute so anachronistisch erscheinende »Kleidungstück« nämlich eine anonyme, aber doch auch *persönliche* Bedeutung, wenn in der mehr als hundert Jahre dahingeronnenen Zeit jeder biographische Faden auch gerissen ist. Dennoch hält sich die Aufmerksamkeit beharrlich daran fest, so dass ein affizierendes Ding daraus wird. Dieser ontologische Wechsel verdankt sich einer Doppelstruktur des Gegenstandes: zum einen ist er unbestreitbar konkret und in der simplen Art seiner Ausfertigung ein Schuh (von ehemals zweien); zum anderen entzieht er sich trotz aller Einfachheit seiner Gestalt aber doch in eine Sphäre des Rätselhaften. Die Zeit treibt sich – in der Spannung von abstrakter Lagezeit und spürbar verstreichender Dauer – durch die Präsenz des Schuhs in die Denkwürdigkeit. Der Kurzschluss zwischen definitiv personaler Abwesenheit und untrüglicher Gegenwart des Schuhs repräsentiert aber auch eine *jede* sich letztlich gleichsam in nichts auflösende menschliche Lebensgeschichte. In der narrativen Leere, durch die das Ding gerade so nachhaltig seine so gewichtige Bedeutung gewinnt, baut sich ein Vakuum des Nicht-Verstehbaren und rätselhaft Bleibenden auf. Die aus der Anonymität nicht herauskommende Erinnerung an eine eben *unbekannte* (eher jüngere als ältere) Frau aus der Mitte des 19. Jahrhunderts mündet in einen Impuls der Erhaltung und Einfügung des Holzschuhs ins Umzugsgut.

In einer Ecke liegt eine kreisrunde Uhr aus einem englischen Pub des frühen 20. Jahrhunderts. Sie ging nie wirklich reibungslos, war mehr kaputt als dass ihr Schlag zur halben wie zur vollen Stunde je zu hören gewesen wäre. Sie war nur »schön« anzusehen. Mit einer persönlichen Geschichte war sie nie verbunden. Ihre Herkunft hat sich in der Erinnerung verloren. Sie repräsentiert jene Vielzahl von Dingen, die die Entschlossenheit zur Entsorgung herausfordern. Es sind die bedeutungsarmen Gegenstände, die – ohne je zu Dingen im engeren Sinne aufgestiegen zu sein – tendenziell als »unwichtig« angesehen werden. Sie repräsentieren nur *allgemeine* kulturelle Bedeutungen ohne ein berührendes Moment.

An der Heizung steht eine Torpedo-Reiseschreibmaschine im Stahlkoffer. Voraussichtlich werden ihre Dienste nie wieder in Anspruch genommen werden. Dennoch erscheint sie aus einem spontanen Affekt heraus gänzlich unverzichtbar. Heute würde man sie nur mit einem gewissen Zynismus als ein (den Maschinen bestenfalls nahekommendes) »Gerät« bezeichnen. Eine *mechanische* Schreibmaschine kann (ohne eigenes Antriebssystem) nichts *von sich aus*, wie später die elektrische Schreibmaschine. In ihrer Antiquiertheit ist sie allerdings ein technikzivilisatorisches Schlüsselmedium. Ihre Nutzung setzt eine *vitale* Mensch-Maschine-Schnittstelle voraus:

die performativ-funktionale Anbindung des Menschen an ein technisches Artefakt, mag dies nun eine Maschine im engeren Sinne sein, ein relativ einfacher Apparat oder ein High-Tech-Konstrukt wie ein Smartphone, das in seiner Funktionsweise im Unterschied zu einem »analogen« Apparat aus alten Zeiten gänzlich intransparent ist. Vielleicht hat der selbstverständlich gewordene tagtägliche Umgang mit Maschinen eine anthropologische Kränkung nach sich gezogen, in deren Verwindung die Macht komplexer Artefakte über den Menschen (anstelle der des Menschen über die Maschine) maskiert worden ist. Nicht selten wird der Begriff der Maschine gerade dann *vermieden*, wenn das Maschinistische konkret wird. Weder das libidinös besetzte Automobil wird (allzumal in seiner selbstfahrenden Variante) als Maschine bezeichnet, noch die täglich ganz selbstverständlich benutzte elektrische Zahnbürste. Die Schreibmaschine wirkt – ohne dass diese oder ähnliche Assoziationen *im Einzelnen* im Blick auf den grauen Kasten bewusst würden – wie ein »pathisches Mal«, kein Denkmal im eigentlichen Sinne des Wortes, aber ein Ding, an dem sich die ins Persönliche durchschlagende Geschichte der Unauflöslichkeit einer spätmodernen Abhängigkeit von ganzen Maschinenwelten zu spüren gibt.

Aber auch auf einem zweiten biographischen Niveau ist das Ding ein pathisches Mal, hat die Maschine doch eine Unzahl vitaler Selbstverwicklungen ins schreibende Denken gespeichert. An den Tasten hängt die leibliche – viel mehr als die nur körperliche – Verstrickung in mentale Aktivitäten, die allem Möglichen gegolten haben, was sich in die Schriftform bringen ließ. Imaginäre Oszillogramme geradezu wilder Fingerbewegungen, die dem Programm des Hebel- und Tastensystems folgten, liegen wie eine unsichtbare Choreographie über dem schweren Metallkoffer. Es ist diese nicht quantifizierbare Lebendigkeit, die über viele Jahre (*vor* der Zeit des Schreibcomputers) in das Gerät investiert worden ist, die schließlich dazu führt, dass es von der Überlegung seiner Aussonderung aus allem Umzugswürdigen ganz selbstverständlich ausgenommen bleibt.

- Zu den Objekten, die sich als »andere« Dinge (komplementär zu Foucaults »anderen Räumen«) aus einfachen Zeug-Zusammenhängen herausheben und in einer diffusen Mannigfaltigkeit beliebiger anderer Dinge geradezu inselhafte Sonderzonen bilden, gehören die Bücher, sofern sie, in langen Jahren zusammengetragen, im eigenen Leben zu sozialen Partnern besonderer Art geworden sind. Als emotionalisierte Sonderobjekte sind sie mit anderen im Prinzip ebenso banalen Dingen nicht vergleichbar. Sie haben ihr eigenes »Leben«, wenn das auch nur in sie hineinprojiziert wird. Als Denk- und Lebens-Zeug haben sie eine biographisch weitaus mächtigere Rolle gespielt als andere nur in einem einfachen Sinne nützliche Gegenstände. Bücher sind, soweit sie als Medien subjektiven Zur-Welt-Kommens in einer produktiven Beziehung zum eigenen Leben stehen, das Andere der Konsumgüter im engeren Sinne.
  Rein stofflich bleibt ein Buch ein und dasselbe, ganz gleich ob es wertschätzend gelesen wurde oder nur dekorativ auf einem Regalbett steht wie die Buch-Attrappe eines Möbelhändlers. »Wirkliche« Bücher stehen in einer innigen Beziehung zur eigenen Denk- und Gefühlswelt und verkörpern Knoten eigenen reflexiven Zur-Welt-Kommens. Mitunter verweisen sie weniger auf die sich in ihnen repräsentierenden Ideenwelten, als auf soziale Anlässe ihrer Platzierung. So steht da (irgendwo am Rand) ein Exemplar, das einmal ein (formales) Geschenk war, zu dem keine in der Sache seines Gegenstandes begründete Beziehung aufkommen wollte. Es ist Platzhalter einer ganzen Gruppe von Druckwerken (aber auch anderen Gegenständen), die im atmosphärischen Milieu des Wohnens einen peripheren Ring des minder Bedeutsamen bilden. Unter den Büchern sind es all jene, die nie ins produktive Denken integriert waren. Sie bilden auch keine Verknüpfungen in einem dichten Netz an Gedanken und Gefühlen, und ebensowenig sind sie je in einer biographisch bemerkenswerten Situation aufgetaucht. Bei »vitalen Büchern« kann schon der über einen Buchrücken hinwegstreichende *Blick* genügen, um eine ganze Lawine von Erinnerungen mit großer Psychodynamik in Bewegung zu setzen. Sogar ganze Regalbretter können als Katalysatoren in diesem Sinne die Gefühle ansprechen.

- Unter den Büchern bilden Atlanten eine Sonderkategorie – hier eine ganze Reihe von Exemplaren aus allen möglichen Ländern. Darunter sind alte abgegriffene Bände mit haarigen und runden Ecken: *Heimat und Welt* von 1950, der im eigenen Tornister ungezählte Kilometer herumgetragen worden ist. In der Mitte eines Stapels guckt ein leinengebundener *Diercke Weltatlas* von 1965 hervor und noch weiter unten dann (vom Großvater) der *Diercke Schul-Atlas für Höhere Lehranstalten* von 1909. Solange diese Kartenwerke ihrem ursprünglichen Zweck dienten, dürften ihre Benutzer eine eher pragmatische Beziehung zu ihnen gehabt haben. Sobald die sonst ruhig in ihrem Stapel liegenden Werke aber zu möglichen Objekten umzugsbedingter Aussonderung, Entlastung und Entsorgung werden, dreht sich der Blick. Die überwiegend nicht nur sperrigen, sondern außerdem schweren Stücke springen dann aus ihrem Schlummerzustand heraus und beginnen zu »sprechen«. Dabei ist die Beziehung zu ihrem Inhalt, also zu dem, wovon sie im engeren Sinne handeln, eher sekundär. Viel mehr werden nun Empfindungen von Rückenschmerzen durch das zu tragende Gewicht (im Tornister) ebenso wach wie Dialogfetzen aus Erdkunde-Stunden, die meistens in den Halbwach-Phasen vor Schulschluss stattfanden (Wichtigeres wurde in den vitalen Zeiten am frühen Morgen gelehrt). In der Sache stehen Atlanten für raumbezogene Informationen, von der Dichte der Bevölkerung in gänzlich unbekannten Ländern bis hin zur Reliefenergie eines entlegenen Himalaya-Tals. In der Situation der Wahl zwischen Entsorgung und Erhaltung kommen sie jedoch als Medien zweiter Ordnung in den Blick. Sie erzählen fragmentarische Geschichten ihrer Benutzung (etwa vom hässlichen Traktiert-Werden mit Stadt-Land-Fluss-Übungen), tauen aber auch Erinnerungen an ihre Beschaffung wieder auf: zum Beispiel an jenen Regentag auf einer Reise, an dem ein antiquarischer Schulatlas, der in einem Buchladen im norwegischen Bergen auf einem Verkaufstisch lag, wegen seiner faszinierend ungewohnten Kartenschnitte gekauft wurde, obwohl sich die fremdsprachlichen Legenden nur mit Mühe entziffern ließen.

- Eine ganz eigene Dynamik entfalten Bücher, die *schnell* zu Entsorgungsobjekten werden. Prinzipiell ist ihre Verwandlung zu Papiermüll etwas Delikates. Sie kommt eher unter Extrembedingungen infrage als nebenbei. Was letztlich weg kommt, ist allerdings nur zu Teilen Ausdruck einer inhaltlichen Bewertung. Ausschlaggebend können auch komplexe soziale Beziehungen werden, die sich über Inhalte repräsentieren.
  Was im Unterschied dazu seinen unbestreitbaren Nutzen auch in Zukunft haben wird, muss bleiben. Protosakral bis mythisch sind die mnemonischen Gründe des Festhaltens. Dann wird ein Buch zu einem Speicher *sozialer* Erinnerungen (an eine Begegnung, eine Kollision, einen Gewinn oder einen Verlust). In der Psychoanalyse ist hier von »Objektrepräsentanz«[22] die Rede. Voraussetzung ist ein zurückliegender Objektverlust; an die Stelle dessen, was nicht mehr da ist (eine Person oder ein Ereignis) tritt nun stellvertretend das Objekt. Es fungiert als Brücke der Einfühlung (oder leiblichen Kommunikation) ins zwar Spürbare aber doch nur Fiktionale. So wandeln sich manche Bücher von dem, was sie eigentlich sind und im Gebrauch auch einmal waren, in affektlogische Wachstafeln. Mit psychopathologischer Verfallenheit an ein Objekt hat das nichts zu tun. Sie bedeuten eben nur »mehr« als das, wofür sie als Objekte im engeren Sinne stehen. Das erklärt, weshalb Bücher bei einem Umzug mitgenommen werden, für die man vielleicht gar keine in ihrer Sache begründete Verwendung mehr hat.

3.2. Erweckende Begegnungen

Weil Dinge über ihre Verwurzelung in Situationen und die sich daraus ergebenden Bedeutsamkeiten mit Gefühlen verbunden sind, können sie im Sinne von Romano Guardini auch *begegnen*. Die erkenntnis- und bildungstheoretische Bedeutung des Begriffs der »Begegnung« er-

---

22 Vgl. Fenichel: Die Identifizierung.

örterte Guardini schon im Jahre 1928 ausführlich.[23] Er merkte in seinen Überlegungen, die er zunächst allein auf Begriff und Phänomen der Begegnung und noch nicht auf bildungstheoretische Fragen bezogen hat, an, dass man in der Situation einer Begegnung von einer Erscheinung *betroffen* werde, bzw. unter die Macht eines affektiven »Ergriffenwerdens« gerate. Begegnung vermittle etwas Neues, eine noch ungewohnte Sicht auf etwas, das bis dahin als vertraut und selbstverständlich galt. Daher stehen für ihn »Gewohnheit, Gleichgültigkeit, Blasiertheit«[24] im Widerspruch zu einer Begegnung. Zu Medien der Begegnung können nach seiner Auffassung neben Menschen auch Dinge der unterschiedlichsten Art werden, ebenso Tiere oder die Schmitz'schen »Halbdinge« wie ein Windhauch oder ein Schatten.[25] Entscheidend sei, dass durch das Zusammentreffen eines Menschen mit etwas Erweckendem oder in besonderer Weise eindrücklich Werdendem ein gewohntes Denken neu geordnet werden müsse: »In ihr [der Begegnung, JH] geschieht das erste Betreffen des Entgegentretenden, wodurch der Betroffene aus seinem unmittelbaren Selbersein herausgerufen und zum Weggehen von sich in das Anrufende hinein aufgefordert wird.«[26] Mit Ute Guzzoni können nicht nur Dinge begegnen, sondern darüber hinaus »ebenso Dingzusammenhänge, Dingbewegungen, Dingzustände, oder auch Farben, Düfte, Geschwindigkeiten«[27]. Tatsächlich stehen Dinge, die in sozialen Mitwelten eine lebendige Rolle spielen, in ebensolchen »lebendigen Bezügen und Bewandtnissen«[28]; sie sind nie nur da wie Substanzen; sie zeigen sich vielmehr »in einer jeweiligen Welt«[29].

In der Zeit *vor* einem Umzug setzen als Folge der physischen Bewegung aller Gegenstände des Wohnens manche von ihnen »erweckende« Eindrucksmomente vom Charakter einer Begegnung frei. Sie haben darin ein bewusstmachendes Potential, das zu einem Thema macht,

23 Guardini: Die Begegnung, S. 14.
24 Ebd., S. 15.
25 Vgl. ebd., S. 14.
26 Ebd., S. 24.
27 Guzzoni: Unter anderem: die Dinge, S. 14.
28 Ebd., S. 20.
29 Ebd., S. 21.

was im geordnet und selbstverständlich dahinlaufenden Alltag jeder Denkwürdigkeit entzogen ist. Wenn hier von »Erweckung« die Rede ist, so soll damit kein religiöses Programm adaptiert werden. Was *erweckt*, macht im Sinne der etymologischen Wurzeln des Wortes vielmehr auf die althochdeutsche Bedeutung »aufstehen lassen« und »erregen« aufmerksam.[30] Im Übrigen wird der Begriff der »Erweckung« erst im Pietismus zu einer Formel für die Erregung *geistlichen* Lebens. Wie sich solche Erweckung in der Glaubenswelt mimetisch-identitiver Beziehungen einer imaginativen Vereinigung mit Gott verdankt, so folgt sie im phänomenologischen Denken aus einem vitalen Kontakt zu weltlichen Situationen, in deren Kern sich das sinnlich *Wirkliche* der kritischen Reflexion anbietet. »Erweckung« steht – als »Ausdruck für das Wachwerden«[31] – nun in einem säkularen Bedeutungshof. Das Erweckende ist auf keine *geistliche* Bedeutung bezogen, viel mehr auf ein leibliches und geistiges Gewahr-Werden. Damit steht der Begriff in einem seit Ende des 18. Jahrhunderts verweltlichten Konnotationsfeld und büßt seine ausschließliche Kraft als Terminus der Frömmigkeit ein.

Erweckend in diesem Sinne ist vor dem Hintergrund eines bevorstehenden Wohnungswechsels die endgültige Vereinbarung eines Umzugstermins und die spätestens darauffolgende Intensivierung des Einpackens aller lebensdienlichen Dinge, die für eine kurze logistische Sondersituation nur noch Umzugsgüter sind. Erweckend ist dabei das beim Auf- und Zusammenräumen unerwartete und *plötzliche* Auftauchen im wörtlichen Sinne *verdrängter* Geschichten, die in der Aura der Dinge gefangen sind. Zu »geschichtenanfälligen« Objekten gehören unter anderem jene Geschenke der »dritten Art«, die einst förmlicher Ausdruck einer geschuldeten Geste waren und nie etwas im engeren Sinne »Persönliches« bedeutet haben. Eher kehrt mit ihnen eine prekäre soziale Situation in die Erinnerung zurück, als dass der Gegenstand nun selbst eine in seiner Sache begründete Aufmerksamkeit fände. Über die Schwelle der Entsorgung geraten solche »Objekte« relativ schnell und umstandslos hinweg. Das wirft umso mehr die

30 Eisenblätter: Erweckung, in: HWPh, Band 2, S. 732.

31 Ebd.

Frage auf, weshalb sie bis dahin so lange in Nullräumen verstaut, gelagert und in ihrem Bestand geschont worden sind. Das mag an der Scham gegenüber einem abwesenden Geber liegen, vor dem man sich in der stummen und bedeutungsneutralisierenden Lagerung eines Geschenkes in gewisser Weise verstecken kann. Darin scheint auch das zwischenmenschliche Dilemma einer sozialen Beziehung vor, die den Beschenkten durch die Gabe einer geradezu zwanghaften Situation aussetzt. Die moralische »Pflicht« zur Annahme versteckt sich in ihrem peinlichen Pflichtcharakter in der aussondernden Eingliederung des Geschenks in den Bestand anderer *weggeräumter* Dinge. Solches Wegräumen ist weniger Ausdruck der Herstellung einer guten und sicheren Ordnung der Dinge, als eine psychologisch begründete Sonderform der (einstweilen entsorgungsvermeidenden) Zwischenlagerung. Was man eigentlich nie haben wollte, wird in Stauräume verbannt und sicher nicht repräsentativ in Szene gesetzt. Es befindet sich in einer Art Sozialquarantäne, die dem Beschenkten zu Gute kommt, da ihm die Situation der Scham erspart bleibt, die ihn im Falle umstandsloser Entsorgung zumindest fiktiv ergreifen könnte.

So zollt die ausräumende Einlagerung moralisch prekärer Geschenke immerhin der Gabe Respekt und erst in hinterer Linie dem, *was* gegeben wurde. Vom Gegenstand selbst strahlt nichts Bindendes aus, indirekt aber ein Hauch der habituellen Geste einer Zuwendung. Während Praktiken der Auslagerung (nach dem Motto *aus den Augen aus dem Sinn*) für prinzipiell beliebig lange Dauer emotionale Ruhe gewähren, brechen alte Wunden auf, sobald das Versteck nicht mehr aufrechterhalten werden kann. Es sind gerade die einen Wohnungswechsel vorbereitenden Situationen, die erneut in die Hände spielen, was lange verbannt und vergessen war. Deshalb können affektiv berührende Begegnungen auch Wunden der Erinnerung aufreißen und das Vergessen-Gemachte ans Licht zurückholen. Ein Umzug zwingt zur Sichtung von allem, was man hat, bevor es entsorgt oder des Mit-Wanderns für würdig befunden wird. Um die nüchterne Prüfung von Gegenstandseigenschaften geht es bei der »Sichtung« kryptischer Ding- und Gefühlsspeicher nie. Auf diese Weise in einen mnemonischen Schlaf versetzte prekäre Dinge mögen *als Gegenstände* noch existieren; in einem weiter verstandenen Sinne sind sie nur noch mediale Träger, an denen Gefühle kleben geblieben sind. Manche Entsorgung eines aus der Latenz wieder aufgetauchten Gegenstandes ist somit auch mehr in der Vermeidung einer sich aufdrängenden Beziehungsarbeit begründet als in einer scheinbar einfachen Objektabwertung.

3.3. Staub – und die Ästhetik des Plötzlichen

Die »verdrängten« Sonderlinge des in hinteren Schrankfächern Verstauten machen mit besonderer Eindrücklichkeit darauf aufmerksam, dass an allen Gegenständen des Wohnens Spuren haften können, die im Moment ihrer sinnlichen Erfassung Gefühle ansprechen und Erinnerungen wachrufen. Darin meldet sich kein propositionales Faktenwissen, sondern pathisch einverleibtes, implizites Wissen. Es hängt an Biographieverläufen, subjektiv erlebten Ereignissen und an Beziehungen zu Situationen der Vergangenheit. Es sind imaginäre Spuren, die als Male leiblich affizierender Berührung im Moment ihrer sinnlichen Aktualisierung die Aufmerksamkeit wecken. Wenn das Wachwerden lebensgeschichtlich verzeichneter Gravuren auch Erinnerungen hervorruft, kommen diese doch nicht aus systematisch archivierten Wissensbeständen. Es sind vielmehr die chaotisch organisierten Archive des Halbbewussten und Vergessen-Gemachten, die sich im Moment affektiven Betroffen-Seins melden. Jede assoziativ in Geschichtenwelten mäandrierende Erinnerung »arbeitet« fetzenhaft und nicht wie ein intelligibler Denkprozess, der sachlogisch *»richtige«* Rekonstruktionen anstrebt. »Etwas« erinnert assoziativ an »etwas« anderes. Solche Verbindungen gründen weder auf rationaler Nachvollziehbarkeit, noch zeichnen sie sich durch irgendeine linear gedachte Kausalität aus. Dieses Erinnern ist ein anderes als jenes, das dem bewusst und kognitiv vorangetriebenen Antworten-Wollen oder -Müssen auf eine expressis verbis formulierte Frage vorausgeht. Erinnerung, die in ihrer antwortenden Resonanz einer *expliziten* Aufforderung folgt, geht andere Wege als jene, die wortlos von Sinneseindrücken angestoßen wird und auf kein Thema fixiert ist. Im Folgenden sollen (am Beispiel des Staubes) flüchtige wie luzide Spuren Beachtung finden, die im stofflichen Sinne festen Gegenständen anhaften und in bestimmter Weise auf sie zeigen.

Staub ist etwas höchst Alltägliches. In der Situation der Vorbereitung eines Umzuges tritt er mit der »Exhumierung« von allem Möglichen häufiger aus seiner Latenz als im unaufgeregt dahinlaufenden Alltag. Solcher Staub kommt nun aber nicht als Schmutz und Anlass dringend gebotener Reinigung in den Blick, sondern als »Signatur«. In deren Zeichnung erscheinen Symbole der Zeitlichkeit. Was im Laufe der objektivierbaren Uhrenzeit lange »gedauert« hat, um einzustauben, wird im Modus eigenleiblichen Erlebens als reifizierte, gleichsam Stoff gewordene Dauer erlebt. Es ist diese »historische« Qualität von Staub, die in der Situation eines Umzuges betroffen macht, denn der Lauf der Zeit repräsentiert in den eigenen vier Wänden zugleich das Dahingeronnen-Sein gelebter Lebenszeit.

Das Sich-Verlieren in changierende Bilder der Erinnerung führt zum einen in die Kontemplation; zum anderen torpediert es dadurch aber auch das allzu evidente Gebot der Eile, denn Kontemplation *dauert*, frisst sich gleichsam in die Zeit hinein. Dabei setzen assoziativ aufzuckende Blitze der Erinnerung kryptisch verdeckte Psychoenergie frei. Bevor sich ein im engeren Sinne kontemplatives Nachdenken im Modus der Dauer entspinnen und in Fragmenten von Geschichten unerwarteten Halt finden könnte, sind die potentiellen Objekte der Erinnerung auch schon in Papier gewickelt, weggeräumt und dem nachdenklichen Blick entzogen.

Die von allzu banalen Anlässen des weiterlaufenden Alltages immer wieder unterbrochenen Phasen des Packens und Verstauens bilden Inselsituationen, deren zeitlicher Rhythmus einem Dilemma aufsitzt. Auf der einen Seite drängt die Zeit, weil ein fixes Umzugsdatum als Zielmarke den Takt allen Vorwärts-Kommens bestimmt. Auf der anderen Seite wecken die am sinnlichen Material wieder lebendig werdenden Erinnerungen aber auch ein Bedürfnis des Innehaltens, der Besinnung und der Selbstversenkung in biographisch vergangene Schwellenereignisse. Die in der Dauer der Zeit gedehnte Situation der Vorbereitung eines Umzuges öffnet infolge des sinnlichen Auftauchens zahlloser Gegenstände und Dinge ein Zeitfenster der (Selbst-)Reflexion, das sich erst viel später, mit der Einbettung von allem Transportgut in eine neue Ordnung des Wohnens, wieder schließt.

Trotz aller nach Effizienz strebenden Eile setzen sich in Situationen der Demontage, des Komprimierens sowie anderer logistischer Vorbereitungen eines bald bevorstehenden Wohnungswechsels *ästhetische* Momente frei. Als »ästhetisch« berührt (im Sinne des Aisthetischen) aber nicht erst das *Schöne* und *Häßliche* oder *Angenehme* und *Unangenehme*, sondern bereits, was sinnlich erscheint und dabei Gefühle und Empfindungen weckt.[32] Es entzündet sich an Eindrücken, die *plötzlich* einfach »da« sind – als fielen sie aus heiterem Himmel – wie der Staub, der auf den Büchern geradezu atmet oder von den leergeräumten Regalböden gewischt wird. Auf der Oberseite zahlreicher Druckwerke (dem sogenannten Kopfschnitt) sind darunter mit der Zeit stockfleckige Muster entstanden. Der luftig aufliegende, scheinbar schwebende Staub lässt sich wegpusten oder -wischen. Die dagegen ins Papier schon eingesunkenen Flecken künden samt einer fest sedimentierten Schicht wie eine Tätowierung von einer bereits lange dahingeronnenen Zeit.

Jener Staub, der sich sichtbar über eine Oberfläche gelegt und diese in ihrem atmosphärischen Erscheinen zu etwas anderem gemacht hat, ist nicht nur ein sinnlich *wirklicher*, sondern zugleich ein mythischer Stoff. In seiner physischen Dimension ist er in der tastenden Berührung mit der Haut spürbar. Die nebelhaft auffliegenden Schleier legen sich auf die Atmung. Er ist aber auch ein auffliegendes auratisches Gewölk, das plötzlich zudringlich wird und sich ins Metaphysische erhebt. Das Trocken-Klebrige (die *anhaftende* Welt der Milben und Mikroben) verliert sich in dunstige Bilder des Rätselhaften. Dieser atmosphärisch-immaterielle Staub-Charakter verdankt sich natürlich keiner tatsächlichen Metamorphose. Er ist Produkt einer Beziehung.

Der ins Mythische aufsteigende Staub ist kein Dreck im trivialen Sinne! Deshalb meldet er sich trotz aller Gewöhnlichkeit als etwas Bemerkenswertes. Er spricht in seinem örtlichen Erscheinen an, ebenso aber auch als das, *was* er ist und *wie* er ist. Dies umso mehr noch,

---

32 Vgl. in diesem Sinne Zur Lippe: Sinnenbewußtsein.

wenn er sich hinter einer Bücherreihe mit dem Kot eines Singvogels vermischt hat, der in irgendeinem Sommer durch ein geöffnetes Fenster herein- und genauso unbemerkt wieder herausgeflogen ist. Stofflichkeit jeweils eigener Art zeigt sich in den dünnen Wolken, die nach dem Anpusten schnell wieder in nichts verfliegen oder in den schwarzen radiergummiartigen Staubwürmern, die vom Abreiben der Bücher mit einem feuchten Lappen zurückbleiben sowie den ausgetrockneten, luftartigen Rückständen zugrunde gegangener Spinnen, die unter und hinter Regalbrettern mumifiziert irgendwie in der Luft hängen und in gewisser Weise selbst zu Staub geworden sind.

Zum Objekt des Aufmerkens wird schließlich das Schmutz-*Wasser*, das aus dem Wischlappen unter fließendem Wasser in den Abfluss rinnt. Der darin gesättigte Staub von den Oberkanten der Buchblöcke hat nämlich eine andere Farbe als der von den Regalbrettern. Letzterer ist grau bis graubräunlich. Das Schmutzwasser vom Papier der Bücher ist dagegen gelbbräunlich, zudem satter und saftiger als das von den Brettern. Auskunft über das Zustandekommen solcher Unterschiede könnte eine Wissenschaft des Staubes geben – mehr eine »Staubosophie« als nur eine »Staubographie«. Es kann kein Zweifel daran bestehen, dass die Staubfarbe von (obendrein eigenartig *riechendem*) Schmutzwasser zu den allergewöhnlichsten Eindrücken unter dem Vielen gehört, das an Alltäglichkeit und Langweiligkeit kaum zu überbieten ist. Und doch ragen diese mehr zufällig als absichtlich gesuchten Staub-»Sensationen« wie die Spitzen eines Eisberges aus einem Meer des tagtäglich Übersehenen heraus. In dieser »normalen« Nichtbeachtung drückt sich keine Nachlässigkeit aus, die mit guter Übung leicht wettzumachen wäre. Vielmehr spiegelt sich in diesem Übersehen die Spätfolge einer tief eingeschliffenen Unachtsamkeit gegenüber allem, was man – nicht ohne Geringschätzung – als überaus gewöhnlich anzusehen gelernt hat. Und so ist es auch nicht die Farbe des Schmutzwassers vom Abwischen der Bücher, die mit ihrem Erscheinen denkwürdig wird, sondern die darüber hinweggehende Aufmerksamkeit. Die Farbe dieses schon in seiner örtlichen Herkunft ganz speziellen Schmutzwassers, das man nur zu Gesicht bekommt, weil man einen Wohnungswechsel vorbereitet, ist *in der Sache* völlig belanglos! Die Art und Weise, wie wir mit dem überraschend eindrücklich Werdenden umgehen, dagegen nicht. Die Beobachtung macht nämlich darauf aufmerksam, dass gesellschaftlich und (sub-)kulturell erlernte Seh-, Aufmerksamkeits- und Sprechvermögen gegenüber dem Arbiträren weitgehend blind sind. Problematisch darin ist der Umstand, dass das, was wir heute für arbiträr halten, vielleicht morgen schon als etwas essentiell Lebenswichtiges angesehen werden könnte.[33]

Es ist gerade die (taktile) Berührung des (affektiv) Begegnenden, die uns in einer doppelten Intensität der Gewahrwerdung daran erinnert, dass wir unser Wissen *nicht* allein als eine Ernte aktiven und intentionalen Wissens-*Erwerbs* ansehen dürfen. Wir lernen nicht erst, weil es Pädagogen gibt und mit ihnen systematisch angelegte Prozesse der Vermittlung von Wissen und Gefühlen, sondern viel eher, weil wir immer wieder *plötzlich* in einen Kontakt mit der Wirklichkeit geraten – situativ, spontan, zufällig sowie als Nebeneffekt ablaufender Ereignisketten, und aus solchen Situationen Schlüsse ziehen und agieren müssen. Wir lernen, weil wir in festigender Wiederholung das Gekonnte variieren und das so dazugewonnene Wissen an neue Situationen anpassen.

Dem Plötzlichen ist in der Besonderheit seiner Affizierung eine »Absage an die Kontinuität des Zeitbewußtseins«[34] eigen. Hermann Schmitz sagt: »Plötzlich ist etwas zunächst durch Aufzucken des Jetzt, der zeitlichen Gegenwart«[35]. Zur Macht der Eindrücklichkeit des Plötzlichen gehört also die von ihm ausgehende affektive Betroffenheit. Die »Ausweglosigkeit des Gestelltwerdens in der Enge des Plötzlichen«[36] führt zu einer (zumindest vorübergehenden) Auflösung der Bezugspunkte der Orientierung. Das Beispiel zeigt auch, dass

---

33 Man denke an die Abgaswolken der Kraftfahrzeuge, die in den 1960er und 70er Jahren die Luft ganzer Innenstädte einnebelten, jedoch keine sonderlich aufsehenerregenden, geschweige denn kritische Reflexionen zur Folge hatten. Sie galten als das Belanglose schlechthin. In der Gegenwart lösen dagegen die noch nicht einmal mehr sichtbaren Emissionen moderner High-Tech-Pkw und kaum messbare Schadstoffe geradezu hysterische Panikwellen aus.

34 Bohrer: Plötzlichkeit, S. 43.

35 Schmitz,:Neue Grundlagen der Erkenntnistheorie, S. 98.

36 Ebd.

die von banalem Staub ausgehenden taktilen, visuellen (insbesondere farblichen), feinstofflichen und olfaktorischen Eindrücke nicht »nach und nach« wie in einem schrittweise sich vortastenden Aufspüren wahrgenommen werden – nicht so, wie man ein unbekanntes Gebäude langsam und Schritt für Schritt erkundend durchstreifen würde. Die *plötzliche* Wahrnehmung sinnlicher Eindrücke vollzieht sich als ganzheitliches Erfassen. Schmitz spricht hier, wie vor ihm schon Karlfried Graf von Dürckheim, von »schlagartiger« Wahrnehmung.[37]

Nicht nur mit den Stoffen des Wirklichen machen wir also Erfahrungen, sondern auch mit den Modi ihres Erscheinens. Ernesto Grassi merkte 1945 an: »der Gegenstand des Fragens ist nicht das Sein, sondern das ›Erscheinen‹ des Seins.«[38] Deshalb umgreift das Wissen auch »jede Form des Sich-Zeigens, des Sich-Offenbarens.«[39] Und schon zu seiner Zeit ergänzte er zivilisationskritisch: »Heute allerdings ist das Wissen so sehr ein rationales Anliegen geworden, daß niemand mehr auf die Sinne hinweisen würde, um die Unmittelbarkeit des Wissensdranges einleuchten zu lassen.«[40]

Die sinnliche Begegnung mit dem Wirklichen infragewöhnlichen Staubes ist wider Erwarten von *allgemeiner* erkenntnistheoretischer Bedeutung. Etwas Feinstoffliches schwebt über den Dingen, das in seiner atmosphärischen Präsenz weit mehr beeindruckt als in seinem Schmutz-Charakter. Das *gegenständlich* Auf-uns-Zukommende vermischt sich mit einem prozessual erscheinenden und *ästhetischen* Auf-uns-Zukommen.[41] Der Weg, auf dem wir das eine wie das andere »wissen«, ist aber kein rationaler oder kognitiver, kein dialogischer

---

37 Dürckheim: Untersuchungen zum gelebten Raum, S. 29. Schmitz spricht von der Wahrnehmung »mit einem Schlage« (Schmitz: System der Philosophie, Band III/Teil 1, S. 21).

38 Grassi: Das Reale als Leidenschaft und die Erfahrung der Philosophie, S. 84f.

39 Ebd., S. 85.

40 Ebd., S. 86.

41 Waldenfels spricht hier von Aufforderung, die auf verschiedenen Wegen an uns herangeraten kann und in der die Grenzen zwischen dem, was affiziert und dem Affizierenden selbst verschwimmen (vgl. Waldenfels: Bruchlinien der Erfahrung, S. 105).

Austausch von Senden und Empfangen. Assoziation, Erinnerung und Phantasie folgen chaotischen Wegen des Denkens und Fühlens. Waldenfels weist darauf hin, dass sich Phantasie und Gedächtnis in die Wahrnehmung und die Generierung von Wissen einmischen.[42] Dass die Erinnerung in beinahe jeder Situations-, Objekt- und Dingbeziehung eine aufmerksamkeitslenkende Rolle spielt, hat sich schon in den oben skizzierten Beispielen illustrieren lassen. Was wir über etwas zu wissen glauben, ist a priori von Erinnerungen, Phantasien und Imaginationen durchtränkt. Das Beispiel zum Eindruckserleben von Staub bringt uns von dem Irrglauben ab, nur sehen zu können, was wir zuvor zu sehen gelernt haben. Es erinnert im Übrigen daran, dass es oft scheinbar ästhetische Marginalen sind, die unserem Verhältnis zu den Dingen einen gleichsam erweckenden Akzent verleihen und dass es schließlich das Ästhetische ist, das uns affizierend stärker zu etwas bewegen kann als die sachlich nüchterne Betrachtung objektivierbarer Gegenstandseigenschaften.

3.4. Die sich im Raum ausbreitende Leere

Eine ganz eigene physische *und* psychodynamische Phase intensiviert sich in der Vorbereitung eines Wohnungswechsels mit dem tatsächlichen Wegräumen all dessen, was die Spediteure als »Umzugsgut« bezeichnen und nach Kubikmetern berechnen. Mit dem voranschreitenden Ein- und Wegpacken werden die Lücken und leeren Stellen in den *noch* bewohnten Räumen größer, bis sich die davon ausgehenden Eindrücke in Atmosphären intensiver Fremdheit sammeln. Was man dabei dem allgemeinen Sprachgebrauch zufolge unter »leer« versteht, unterscheidet sich nur wenig von dem, was die Alltagssprache ein »Nichts« nennt. Beide Wörter liegen dicht beieinander, beschreibt man leergeräumte Zimmer doch auch als solche, in denen »nichts« mehr ist.

Kein Nichts kommt jedoch tatsächlich aus dem Nichts, denn aus dem Nichts kann nichts hervorgehen. Die übliche Rede von einem

42 Ebd.

»Nichts« spielt deshalb ja auch auf ein Etwas an, das mehr ist als ein radikales Nichts, das der menschlichen Vorstellung eines postmortalen Nicht-mehr-Seins nahesteht. In phänomenologischer Sicht kommt es nicht auf dieses thanatologische Nichts an, sondern auf die Füllung dessen, was die Wirklichkeit eines »Nichts« ausmacht. Indem ein atmosphärisch spürbar *gegenwärtiges* Nichts ja wahrgenommen werden kann, wird es auch als etwas mehr oder weniger Konkretes erfasst. So gibt es zahllose »Nichtse«, die im Leben ihre Bedeutung haben. Hermann Schmitz merkt an, dass der Anteil des »Nichtseienden an der Welt« ungeheuer groß sei.[43] Dabei zählt er zum Nichtseienden, was war oder sein wird und setzt es in einen Gegensatz zum »seienden Gegenwärtigen«[44]. Weil immer etwas entsteht und vergeht, gibt es auch einen »Übergang von Nichtsein in Sein« und »von Sein in Nichtsein«.[45] Jeder Wohnungswechsel steht auf der Grenze zwischen zwei in diesem Sinne vermeintlichen Nichtsen – dem Absinken aktuellen Noch-so-Wohnens in Vergangenheit und dem aus einer sich nähernden Zukunft vorscheinenden Bald-anders-Wohnen. Tatsächlich ist dieses Grenzgeschehen aber von einer dichten Gemengelage von Ereignissen gefüllt, deren Psychogravuren sich ins Unbewusste einschreiben und das Befinden verändern bzw. (um-)stimmen.

Entleerten Räumen mangelt es an der tatsächlichen wie atmosphärischen Gegenwärtigkeit *gewohnter* Dinge. Deren Entzug leitet eine sich Schritt für Schritt durchsetzende Transformation in Atmosphären des Verlassenen ein. Man kann aufzählen und in Listen erfassen, welche Dinge *nicht* mehr da sind. Die Veränderung raumbezogener Erlebnisqualitäten lässt sich aber in keiner vergleichbaren Weise »dokumentieren«. Das Einzelne ist quantifizierbar und objektivierbar. Über ganzheitliche Umgebungsgefühle lässt sich bestenfalls metaphorisch spre-

43 Schmitz: Phänomenologie der Zeit, S. 141.

44 Ebd., S. 147.

45 Vgl. ebd. Schmitz ergänzt, dass das Neue Seiendes nachschiebt, »so dass sich Vergehen und Entstehen die Waage halten« (ebd., S. 148). In der Welt übersteigt »die Einzelheit die Grenze des Seienden ins Nichtseiende hinein«, weil »Einzelnes phantasierend, planend, erinnernd usw. in dieses hineinprojiziert werden kann.« (ebd., S. 163f.).

chen oder mit den Ausdrucksmitteln der Kunst (im Medium der Bilder, der Musik oder anderer ästhetischer Mittel) etwas äußern.

Leer ist ein Raum, wenn keine er- bzw. ausfüllenden Stoffe in ihm sind. Im Denken von Martin Heidegger ist ein leerer Raum daher auch *frei* für das Einräumen.[46] »Frei« ist aber nicht gleichbedeutend mit »gehaltloser«[47] Leere. Ein leerer Raum spricht, indem er zum Einräumen einlädt, in einem *auffordernden* Sinne an. So erscheint aber nicht jeder leere Raum! Es kommt ganz wesentlich auf den perspektivischen Ausdruck eines brach liegenden Raumes an; ebenso aber auch auf das subjektive Verhältnis zu einer *situationsspezifischen* Leere. Die leeren Zimmer einer Wohnung zeigen sich für jemanden, der auszieht, vielleicht in einer atmosphärisch kalten bis beengenden Unwirtlichkeit. Von denselben *noch* leeren Zimmern geht für jemanden, der seinen Einzug unmittelbar vor sich hat, dagegen eher ein Eindruck der Weite und zukunftsweisenden Offenheit aus – sofern die leeren Räume in einem bewohnbaren Zustand sind. Räume, die dem *künftigen* Leben dienen sollen, sprechen in anderer Weise an als solche, die dem vergangenen Leben gedient haben. Der Entleerung einer zu verlassenden Wohnung steht die langsam wiederbelebende Füllung neuer bezugsfertiger Räume gegenüber.

Als Folge der Wegnahme von Dingen, die ihren Platz an einer vertrauten Stelle hatten, werden die Lücken und Leerräume bald so groß, dass sich das vertraute Gesicht eines Zimmers gänzlich aufzulösen beginnt. Vertrautheit stiftende Atmosphären des Gewohnten verschwinden scheinbar *schlagartig*. Vielmehr dürften sie sich dagegen eher kontinuierlich aber unbemerkt nur an Veränderungen im tatsächlichen Raum angepasst haben. Atmosphären sind höchst plastisch. Dennoch haben Dehnbarkeit und Flexibilität ihre Grenzen. Während spürbare Raumqualitäten noch beharren, nachdem die ersten Dinge schon entfernt worden sind, kommt es mit fortschreitender Entleerung der Räume bald zu unübersehbaren ästhetischen Brüchen. Atmosphären, die bislang in ihrem Nebeneinander gut synchronisiert

---

46 Vgl. Vetter: Grundriss Heidegger, S. 329.

47 Vgl. DWB, Band 12, Sp. 509f.

waren, beginnen in Folge krasser Ungleichzeitigkeiten zu kollidieren, in nur noch residuell bewohnten Räumen dagegen sogar in die finale Disharmonie zu kippen.

Sobald sich die atmosphärischen Wandlungen eines Raumes zugespitzt haben, lassen sie sich nicht mehr ignorieren oder wegreden. Das ist spätestens dann der Fall, wenn sie ein immersives Maß an suggestiver Eindrücklichkeit erreicht haben. Unterhalb situationsbedingt reduzierter Aufmerksamkeitsschwellen hat eine Umstimmung herumräumlicher Erlebnisqualitäten unmerklich aber bereits stattgefunden. Die mehr aktuelle als zuständliche Situation eines sich anbahnenden Auszuges aus einer Wohnung gewinnt an Fahrt, sobald das Dahinschwinden der Ordnung des tatsächlichen Raumes an Eindeutigkeit gewinnt – im Bild aufgetürmter Kisten und Kartons, abgebauter Lampen und anderer Eindrücke, die unmissverständlich eine schon fortgeschrittene Auflösung anzeigen. Zwar klingt darin ein Weg schon vor, wahrnehmbar wird davon aber zunächst nur die Schwelle im Sinne eines sich ankündigenden Übertritts. Ob der Weg auf lichte Höhen oder in sumpfiges Unland führen wird, bleibt vorläufig im Dunkeln und der *gelebten Zeit* einer Zukunft vorbehalten. Wüsste man nicht um den umzugsbedingten Grund der sich im beinahe schon hallenden Raum stapelnden Kisten, könnte das Raumbild auch als die große Demontage einer Wohnung anlässlich eines zu Ende gegangenen Lebens gedeutet werden. Wie fast alles was geschieht, eine Vorgeschichte hat, so mündet es in aller Regel auch in ein »Nachspiel«. Die Programmstruktur einer Situation synchronisiert ihr Davor und ihr Danach. Trotz allem setzt eine chaotische Dynamik Störungen, Irritationen und Fehlentwicklungen frei, die unerwartete Verläufe nach sich ziehen. Im Unterschied zu den meisten biographisch signifikanten Schwellengängen (Kindheit, Jugend, Alter) ist es für einen Wohnungswechsel charakteristisch, dass er sich in geographischer Sicht als ein Orts- und Raumwechsel darstellt. Das ist bei anderen großen Schwellengängen weniger oder gar nicht der Fall, wie beim Übergang von der Phase des liegenden Säuglings zum aufrecht stehenden und erste Schritte gehenden Kleinkind, vom mutterfixierten Kind zum Jugendlichen, vom Eintritt ins Arbeitsleben und schließlich beim ersehnten oder gefürchteten Übergang in den Ruhestand. Zwar sind auch diese Wandlungen insofern raumbezogen, als sie zur Veränderung von Bewegungsprofilen in Umgebungen führen, neue Beziehungen zu nahen und fernen Räumen eröffnen und alte absterben lassen. Aber sie gehen nur selten mit einem Ortswechsel einher, bei dem alle im engeren und weiteren Sinne persönlichen Dinge mitgenommen werden.

Umzüge können geradezu schicksalhaft und folgenreich in eine biographische Phase hereinbrechen, schon weil ihr Vollzug eine Massenbewegung von Gegenständen voraussetzt. Weil die Dinge Medien des Lebens und nicht nur des Wohnens sind, bedeutet ein Umzug letztlich auch eine Änderung des Lebens. Auf dieser Schwelle unterstreichen nichthafte Löcher in ausgeräumten Zimmern die Bedeutung der Dinge für das Wohnen. Leerstellen in einer Wohnung sind zugleich ein Sinnbild; sie weisen in ihrer synästhetischen Ausdrucksmacht auf eine Leerstelle im Leben hin. Beide verlangen eine neue Füllung.

Wer sich lebensweltlich in der Situation eines bevorstehenden Wohnungswechsels befindet, wird angesichts sich ausbreitender Leere kaum Neigungen verspüren, den atmosphärischen Wandel seiner in Auflösung befindlichen Wohnung in Worte zu fassen oder auf anderen Wegen der Kommunikation zugänglich zu machen. Die Zwänge des Fertig-Werdens mit dem Unvermeidlichen sind zu groß und der pragmatische Druck, das Nötige zu tun, ist zu mächtig, um noch Freiräume der Kontemplation entfalten zu können, in denen man Atmosphären und Stimmungen der Dynamik eines Wohnungswechsels auf den Grund gehen könnte. Es dennoch – wie in diesem Buch – zu tun, läuft auf den Versuch hinaus, etwas Nahegehendem in kleinen Schritten nachvollziehenden Verstehens auf die Spur zu kommen. Der darin schließlich in vielen Facetten erkennbar werdende Wandel zeigt sich dann weniger als ein alleiniger Wechsel des Wohnortes, als ein Übergang im Modus des Lebens. Der Versuch, *genauer* als im alltäglichen Leben eine Grenzsituation zu betrachten und sie zum Gegenstand einer nachdenkenden Durchquerung zu machen, kann letztlich Antworten auf die Frage geben, was dem eigenen Selbst geschieht, wenn es sich einem existenziell durchgreifenden Wandel aussetzt, der auf den ersten Blick den Eindruck macht, in seiner Banalität kaum denkwürdig zu sein.

3.5. Sich von Dingen trennen

Ein bevorstehender Wohnungswechsel setzt notwendigerweise ein umfassendes Räumungsprogramm voraus. Dessen alles mobilisierende Realisierung verlangt den unmittelbaren physischen Kontakt zu sämtlichen dem Wohnen dienenden Gegenständen. Wer sich dieser Herausforderung nicht selber stellen will, mag das Nötige von einem Dienstleister verrichten lassen – gewissermaßen aus zweiter Hand. Aber auch dann reklamiert sich in aller Regel die Prüfung des Vorhandenen im Hinblick auf seine Umzugswürdigkeit. Diese mündet eher in komplexe als einfache Folgesituationen, die sich in der Perspektive nicht nur *zweifach* gabeln. Wenn sich rein praktisch auch lediglich die Alterative anzubieten scheint, etwas entweder mitzunehmen oder auszusondern, so verstecken sich hinter beiden Optionen doch auch noch viel subtilere Wege der Bestandssicherung zum einen und Entsorgung zum anderen.

Schon das einstweilen vorsichtige Sondieren dessen, was entweder erhalten und mitgenommen oder entsorgt werden soll, mündet in unterschiedliche Wege möglichen Tuns. Alle sich anbietenden wie sich aufdrängenden Erwägungen gehen so lange recht flexibel in die Richtung der Sicherung wie der Aussonderung, wie sich keine umsetzungsorientierte *Praxis* reklamiert, alles Erwägen also *noch* »Theorie« bleibt. *Denken* lässt sich so manche endgültige Entsorgung wie auch die Unverzichtbarkeit des Festhaltens an etwas. Das Problem einer allzu oft *nicht*-kongruenten Folgepraxis liegt darin, dass sich das abwägende Prüfen nicht als reines und zwingend zielorientiertes Denken von der Art rational und sachlich nüchterner Bewertung vollzieht: Es ist vielmehr von Anfang an von nach-, vor- und mit*fühlenden* Impulsen durchdrungen. Die Beziehungen zu den Dingen des Wohnens sind so unauflöslich in zahllose Situationen des eigenen Lebens verstrickt, dass keiner all dieser Gegenstände lediglich in seiner Zweckdienlichkeit in den Blick kommt – ganz davon abgesehen, dass Vieles nie seiner evidenten oder auch lebensnotwendigen Nützlichkeit wegen angeschafft worden ist, sondern für die *ästhetische* Erbauung.

Auch wenn sich noch so triviale Haushaltsgegenstände (vom Korkenzieher bis zu einem billigen und obendrein angeschlagenen Kaffeebecher) scheinbar lediglich rein praktisch im täglichen Leben bewähren müssen, so sind sie doch tief in die Affektdynamik des Lebens verwickelt. Noch das banalste Zeug erfüllt nie *allein* zweckdienliche Aufgaben. Fern jeder Absicht sind auch diese Objekte zugleich biographische Speicher von Erinnerungen aller Art. Wie soll zum Beispiel mit einem aus dem Leim gegangenen und daher eigentlich unbrauchbar gewordenen alten Stuhl verfahren werden, wenn die Räume der zukünftigen Wohnung keinen hinreichenden Platz für alles haben, was es jetzt noch gibt, das Sitzmöbel aber wie ein Schwamm mit Spuren biographischer Augenblicke vollgesogen ist. Ein Stuhl – zudem ein kaputter – stünde damit nicht als *beliebiges* Umzugsgut zur Disposition, sondern als emotionalisiertes Medium der Lebensgeschichte. In der Frage des Ausgangs zahllos anstehender Entscheidungen dieser und ähnlicher Art kommt es nur am Rande leidglich auf Brauchbarkeit und Nützlichkeit an, viel mehr dagegen auf die persönliche Gewichtung subjektiver Beziehungsqualitäten, die diesen Dingen anhängen. Wenn abgewehrte und dunkle Spuren einer vielleicht schon lange zurückliegenden Begegnung affektiv *erdrückend* sind, mag die tatsächliche Entsorgung (das heißt die physische Vernichtung) näher liegen, als wäre derselbe Gegenstand von idealisierten und romantizistisch verklärten Erinnerungen umrankt. In der Frage der Erhaltung von allem Möglichen dürften vor allem verdeckte persönliche Beziehungen ausschlaggebend sein, so dass ein Umzug in einem Nebeneffekt auch auf eine psychologische Milieureinigung hinausläuft.

Es gibt nicht nur die kaputten, zerschlissenen, geradezu »objektiv« unbrauchbar gewordenen Gegenstände auf der einen Seite wie jene, die veraltetet sind und daher ganz selbstverständlich vor einem Umzug ausgesondert und weggeworfen oder zur Verwandlung in Geld verkauft werden. Mit vielen *Dingen* werden Spuren der Erinnerung entsorgt, die vor dem Hintergrund individueller Lebensgeschichten mit Gefühlen dicht besiedelt sind – mit finsteren und dunklen, hellen und leuchtenden, dystopischen wie utopischen, aktuellen wie zuständlichen, persönlichen wie gemeinsamen usw. Viele Entschlüsse zur finalen Entsorgung sind deshalb emotional weitreichend und beschränken sich keineswegs auf die umstandslose Entlastung von »objektiv« Überflüssigem. Entsorgung setzt *Trennung* voraus; neben der physischen auch die mentale, denn was getrennt wird, war zuvor mit einem Besitzer verbunden. Die Gebrüder Grimm weisen zum Wort »trennen« auf einen großen Gebrauchskreis, »in dem trennen ›aufheben, auflösen, entfremden, vernichten, zunichte machen‹ bedeutet«[48]. In jedem Falle läuft eine Trennung auf eine Entfernung hinaus, in Bezug auf die Materialität eines Gegentandes im tatsächlichen Raum, ebenso aber auch in Bezug auf die mit ihm verbundenen Gefühle im atmosphärischen Raum.

Dinge, die mit abgründigen Gefühlen beladen sind, werden trotz dunkler Schatten oft wider Erwarten *nicht* entsorgt. Gesten des Aussonderns und Abscheidens müssen nicht selbstverständlich in die Entsorgung führen. »Prekäre« Dinge können auch umgelagert und damit auf indirekte Weise behalten, das heißt an verdeckte oder gar versteckte Orte verlegt und damit sinnlich entfernt werden. So können allzumal als problematisch empfundene Gefühle wie in Konserven aufgehoben werden, ohne dass die von ihnen ausgehenden beengenden und belastenden Suggestionen zudringlich werden müssen. Was in gewisser Weise »versteckt« und nicht im unmittelbaren Sinne weggeworfen wird, entlastet vom Druck der moralischen Verarbeitung schwieriger, mit Schuldgefühlen verbundener Beziehungen, die mit der finalen Entsorgung atmosphärisch aus ihrer Latenz wieder ins Bewusstsein zurückgerufen und in ihrem vergangenen Konfliktcharakter aktualisiert würden. Wo dem Impuls zur finalen Entsorgung bestimmter Gegenstände dennoch eine entsprechende Praxis folgt, mag der Wunsch, eine in ihrem Problemgehalt dillematische Sozialbeziehung endgültig »loszuwerden«, ausschlaggebend gewesen sein. Die Aus- oder Umräumung dient dann auch dem Ziel der Unbewusst-Machung noch gärender psychosozialer Probleme.

48 DWB, Band 22, Sp. 119.

Ein tatsächlicher Zugewinn von Stellplatz für Neues in den Räumen der zum Einzug bereitstehenden Wohnung setzt am Ende die radikale Trennung von zahlreichen Gegenständen voraus. Am Schluss schafft nur die stoffliche Ausräumung aus den eigenen Lebenskreisen Raum – nicht nur Wohnraum, der sich nach Flächen- und Volumen-Quotienten quantifizieren ließe, sondern mehr noch *Lebens*raum. Otto Friedrich Bollnow spricht diesen geistigen Raum als den an, den man *hat*, im Unterschied zu einem (geographischen) Raum, »in dem man an einer bestimmten Stelle ›ist‹«[49]. Daraus folgert er: »Die ursprünglichen Bestimmungen des Lebens sind die des Habens und nicht des Seins.«[50] Damit ist kein eigentums- oder besitzrechtliches, sondern ein existenzphilosophisches Haben gemeint.

Die Polarisierung von Sein und Haben mag darüber hinwegtäuschen, dass es Formen befindlichen Mit-Seins in Situationen und Umgebungen gibt, für deren Charakterisierung das Haben weniger bedeutsam ist als das Sein (So- oder Anders-Sein etwa in Freude oder Angst, Lust oder Schrecken, Gefühlen der Weite oder der Enge). Das Wechselspiel von Sein und Haben macht im Hinblick auf einen Wohnungswechsel darauf aufmerksam, dass ein Mensch in seinem Sein und Haben von einem dialektischen Kreislauf in Bewegung gehalten wird, der sich in konkreten Lebenssituationen ausdrückt: »Der Raum, den der Mensch braucht und den er im konkreten Fall hat oder nicht hat, ist also das, was man im allgemeinen Sinn seinen Bewegungsraum oder vielleicht besser [...] seinen Lebensraum nennen kann.«[51]

Mit Friedrich Nietzsche weist Bollnow auch auf das »Gleichgewicht zwischen Schaffen und Zerstörern«[52] hin. Das Wegräumen von Dingen des Wohnens (im Sinne der Aussonderung, Entsorgung sowie der Verbzw. Weglegung) eröffnet in seinem produktiv-zerstörenden Verständnis Spielräume des Wohnens, die einer Erweiterung der Horizonte des Lebens entgegenkommen. Was die Menschen in der Situation ihres

49 Bollnow: Mensch und Raum, S. 283.

50 Ebd.

51 Ebd., S. 284.

52 Ebd., S. 38.

Wohnens *haben*, ergibt sich aber nicht allein aus ihrem Besitz. Indem sie die Gabe haben, sich wohnend so oder anders in ihrem Leben einzurichten, erwächst letztlich auch ihr Sein aus dem, was sie nicht nur an Gütern, sondern auch an sich selbst haben. Das sich in einem existenzphilosophischen (und nicht biologischen) Sinne selbst schaffende Leben bedarf seiner Ausdrucksmöglichkeiten und dafür auch räumlicher Sphären der Entfaltung.[53] Hierfür bietet der flächenhafte wie voluminose Raum der Wohnung nur bestenfalls Spielräume, die ins Offene gehen; schlimmstenfalls mangelt es dem viel zu kleinen tatsächlichen Raum an Spielräumen für die Entfaltung des gelebten Raumes. Unter prekären Bedingungen des Lebens kann auch die größte Gabe, sich wohnend auf gelingende Weise im eigenen Leben zu situieren, nicht aus sich heraus.

---

53 Vgl. Bollnow: Schriften, S. 38f.

4. Einwohnen und Auswohnen

Man kann als *Einwohner* und als *Anwohner* zu einer Stadt gehören. Das ist nicht dasselbe. Als Einwohner räumt man sich in die Stadt ein, macht sie sich zum subjektiv gelebten Raum und damit zum erweiterten Wohnraum. Ein Anwohner ist dagegen nur als melderechtlich registriertes Individuum relevant. Während der Einwohner – zumindest der Möglichkeit nach – an der Entwicklung »seiner« Stadt politisch und tatsächlich teilhat, kommt es beim Anwohner lediglich auf Rechte an, die sich aus einem formal angenommenen Wohnsitz ergeben (z.B. das Recht auf einen sogenannten »Anwohnerparkplatz«). In der Art und Weise ihres Ein-Wohnens schaffen die Menschen je eigene Verhältnisse zu sich und ihrer herumwirklichen Welt. Wer ein liederliches Verhältnis zur eigenen Wohnung hat, neigt dazu, sie zu ver-wohnen, nicht nur schlecht mit den Dingen in ihr umzugehen, sondern auch mit ihrem architektonischen Bestand. Ebenso kann man eine Stadt *ver*wohnen, wenn man ihr keine Aufmerksamkeit widmet und in einem *urbanistischen* Sinne schonungslos in ihr agiert. »Schonung« meint im Sinne von Martin Heidegger weit mehr als nur die Erhaltung einer sauberen und funktionierenden Stadt mit ihren Bauten, Brücken, Straßen und technischen Infrastrukturen. Schonung verlangt vor allen Dingen ihre Pflege als soziales, materielles und naturgegebenes bzw. ökologisches Großgebilde, denn nur dann kann sich die Stadt als zukunftstaugliches Milieu für viele und unterschiedliche Menschen bewähren.[1] Und so reklamiert sich insbesondere mit einem

1 Vgl. auch Hasse: Unbedachtes Wohnen, Kapitel 3.2.

Umzug ein vorausschauendes Moment der Schonung, die nicht nur die verantwortliche Inanspruchnahme von Material und Energie betrifft, mit anderen Worten nicht nur, was jemand für ein »gutes« (oder vielleicht auch nur »schönes«) Wohnen begehrt. Schonung verlangt darüber hinaus viel mehr noch das Bedenken des umzugsbedingt bevorstehenden *neuen* Wohnens. Damit werden alle Bedingungen zukünftigen Lebens zu einem »Denkstück«.

Kein Mensch kann einen vertraut gewordenen Wohnort umstandslos, gefühlsneutral und nüchtern wie eine höchst banale Sache des täglichen Lebens zurücklassen. Er muss sich *dieses* Wohnen, in dem er auch mit einer Gegend verwachsen ist, erst abgewöhnen. Vertrautheit muss Schritt für Schritt, mit einer gewissen Investition affektiver Anstrengung abgebaut werden. Das ist ein Prozess, der (je nach der biographischen Vorgeschichte des Wohnens) als eine Form des Abschieds emotionale Spuren hinterlässt. Der Wegzug aus einer Wohnung bedeutet mehr als nur die praktische Herauslösung aus einem Bauwerk. Umziehen verlangt nicht allein das Einwohnen in einen neuen Ort, es verlangt auch das Auswohnen aus einem bis dahin behagenden Lebensraum, eine Art Ausleitung im Sinne existenziellen Abschied-Nehmens, Weggehens und Sich-Entfernens.[2] Die Ereignisschwelle, auf der Auswohnen und Einwohnen eine zusammenhängende Situation bilden, lässt sich mit Karl Jaspers auch als eine »Grenzsituation«[3] verstehen, die das gewordene So-Leben über die Dekontextualisierung der Dinge ins Bewusstsein treibt. Aber nicht nur Dinge werden in ihrem Wert für das tagtägliche Leben bewusst, viel mehr noch, was einem im Leben (wie man es geführt hat und weiterführen will) etwas wert ist – soweit sich dies überhaupt in Dingen ausdrückt.

---

2 Vgl. auch DWB, Band 1, Sp. 651.

3 Vgl. Jaspers: Psychologie der Weltanschauungen, S. 229ff. Mit dem Begriff der Grenzsituationen spricht Jaspers nicht allein die im engeren Sinne existenziellen Situationen des bevorstehenden Todes, schwerster Krankheit oder anderer Ereignisse an, die den Fortbestand eines guten Lebens einschränken oder beenden, sondern schon jeden Übergang im eigenen Leben, an dessen Schwelle etwas Neues anbricht und überkommene Ordnungen des Gewohnten fragwürdig werden.

Es ist gerade die »massenhafte« Bewegung materieller Güter, die mit der Frage konfrontiert, was im Leben Wert hat. Auswohnen vollzieht sich also nicht nur in der räumlichen Distanzierung vom Ort bisherigen Wohnens, sondern zugleich als emotionale Entfernung von vertrauten Beziehungen zum und im Nahraum. Es stellt sich als ein bewältigungsbedürftiges Problem dar, das aus dem plötzlichen Wegfall orts- wie milieubezogener Affektqualitäten erwächst. So wird das *Auswohnen* zu einem kathartischen Projekt. Im hektischen Aufgehen in allzu pragmatischen und gehetzten Sachzwängen sowie in der gleichsam »zukunftsbesessenen« Vorfreude aufs Neue kann man sich diesem jedoch allzu leicht entziehen.

Dieses Kapitel widmet sich der zweipoligen Situation des Aus- und Einwohnens und damit der Frage, was daran nahegeht, einen gewohnten Ort des Lebens zu verlassen und sich einem neuen und noch nicht vertrauten, nicht nur logistisch, sondern auch emotional zuzuwenden. Jeder Wohnungswechsel ist eine bipolare Bewegung. Das *Hin* (zum neuen Ort des Wohnens) setzt ein *Weg* (vom alten Wohnort) voraus. Tatsächlich folgt aber nicht die eine Bewegung in einem linearen Sinne auf die andere; beide sind ineinander verzahnt. Dies nicht nur transporttechnisch, sondern auch atmosphärisch.

Einige Überlegungen zum Auswohnen werden im Folgenden den Anfang machen. Sodann wird sich schnell zeigen, dass sich individuelles wie gemeinschaftliches Einwohnen-Können über die Grenzen umzugsspezifischer Herausforderungen hinaus als eine *allgemeine* Lebensaufgabe stellt. Einwohnen soll dabei über das tendenziell nur faktisch bedeutsame Anwohnen hinaus als ein permanentes gleichsam anthropologisches Projekt verstanden werden, in dessen Bewältigung sich persönliche wie gemeinsame Formen des Wohnens konstituieren. Wohnen stellt sich a priori als Aufgabe immer wieder zu aktualisierender Praktiken der Einwohnung dar und damit als eine Herausforderung, in der die Programme des eigenen So-Lebens mit denen anderer Menschen und den Erfordernissen einer Zeit in Einklang gebracht werden müssen. Wer nicht als Einwohner lebt, fällt letztendlich entweder als Anwohner in einen allein wohnfunktionalistischen Anwesenheitsmodus oder ins quasi-autistische Eremitendasein, das sich gegenüber sozialen Welten verinselt und Ansprüchen gesellschaftlich *legitimierbarer* Kulturen des Wohnens und Lebens entzieht.

4.1. Auswohnen

Eine auszugsbedingt freizumachende Wohnung wird nicht schlagartig verlassen. Bevor man definitiv die Tür ein letztes Mal hinter sich verschließt, auf dass sich bald andere in diesen Ort einwohnen können, müssen die noch verbliebenen Gegenstände für den Abtransport zusammengestellt werden. Darin kündigt sich ein rein materieller Entleerungsprozess des tatsächlichen Raumes an. Die davon ausgehenden Wirkungen überschreiten ihre evidente Seite aber in einem regressiven Prozess von »Rücknahmen« verschiedener Art. Diese sollen im Folgenden mit dem Begriff des *Auswohnens* beschrieben werden. Im Auswohnen schwingen Bedeutungen des »Entwöhnens« (etymologisch von »entwohnen«[4]) mit, die auf eine Rücknahme von Vertrautheit ebenso verweisen wie auf ein »Vergessen«[5], in dessen Mitte nun alle möglichen Eindrücke des Wohnens an einem verlassenen Ort stehen.

Der Prozess des »Auswohnens« betrifft weniger die rein technische Organisation der Aus-*räumung* aller Gegenstände, als die emotionale Abstandnahme vom vertrauten Milieu. Wer sich auswohnt, zieht sich aus einem atmosphärisch umfriedeten und eingewohnten Raum zurück. Die Macht des in gewohnter Weise Umfriedenden büßt nach und nach ihren bergenden Einfluss auf das subjektive Befinden ein und verliert sich tendenziell in Gefühle sich ausbreitender Fremdheit. Die Wegnahme von allem, was als lebensweltlicher Stoff guter Gewöhnung über meistens lange Zeit die Beheimatung vermittelt hat, mündet mit dem Vorschreiten des Wegzuges in die Entfremdung.

Entfremdung ist aber auch ein Prozess, in dessen Essenz sich einverleibte Beziehungen abkühlen und in die Erinnerung verschieben.

---

4 »Sie müssen ihren sohn unter fremde leute thun, damit er die dorfluft entwohnt.«; DWB, Band 3, Sp. 661.

5 Vgl. ebd.

Abkühlung bedeutet dabei nicht nur die Änderung »warmer« also positiv konnotierter Erinnerungen, sondern auch die Distanzierung gegenüber »kalten« Erinnerungen, die mit beengenden, unangenehm-problematischen oder gar abgründig-grässlichen Gefühlen verbunden sind. Das Spektrum des in einem weiteren Sinne Aufzugebenden umfasst unter anderem die Vielzahl von Dingen (s. dazu auch Kapitel 3), Orts- und Raumbeziehungen, sozialen Welten und darin verflochtenen Beziehungsnetze, Gefühlen der Vertrautheit mit Orten, Räumen, Dingen und Situationen und noch so scheinbar Bedeutungsloses wie gewohnte Sichtbeziehungen (etwa vom Fenster auf die Straßenkreuzung oder in den Garten).

Spürbar wird diese mehrdimensionale Rücknahme faktisch wie befindlich. In einem fortgeschrittenen Stadium der Umzugsvorbereitungen ist nur noch ein »Not-Teller« da, der Locher ist verpackt und der Aktenordner mit den Bankauszügen nicht mehr zu finden. Die Menge der vor einem Umzug transportbedingt bereits aus dem alltäglichen Verkehr gezogenen Gegenstände wird unübersehbar, sorgt immer wieder für Überraschungen, mitunter aber auch für Verstimmung sorgende Verwirrung. Das wirft die Frage auf, an welchem Zeitpunkt (bzw. in welcher aktuellen Situation) sich das Auswohnen vom *Noch*-Wohnen schon gelöst hat. Dabei kommt es weniger auf gesellschaftliche Standards »richtigen« Wohnens an, als auf das dahinschwindende Gefühl der Beheimatung sowie den spürbar werdenden Verlust von Vertrautheit im persönlichen Milieu.

Dieser Prozess ist kein einfacher, wenn es auch so scheint, als gestalte sich die anstehende Regression in ganz ähnlicher Weise wie die Zusammenräumung aller Gegenstände und die damit vollzogene Auflösung gewachsener Ordnungen. Der Grad der affektiven Berührung zeigt sich auch daran, dass das vorschreitende Geschehen oft von »gemischten Gefühlen« überlagert wird. In ihnen drücken sich jene Spannungen aus, die sich zwischen der Situation des Auswohnens zum einen sowie der des bevorstehenden Einwohnens zum anderen aufbauen. Mit anderen Worten: Das Leben auf der Schwelle zwischen einer zu Ende gehenden und einer erst noch bevorstehenden Geschichte des Wohnens verlangt vom betroffenen Individuum nicht nur monetäre Mittel, organisatorischen Aufwand, physische Anstrengung und nervliche Ausdauer, sondern auch eine hohe emotionale Widerständigkeit. Zukunftsorientierte Erwartungen und rückwärtsgewandte Gefühle, in denen sich Sequenzen des Lebens mal an diesem, mal an jenem Gegenstand in Erinnerung rufen, bewirken (wie »aus heiterem Himmel«) euphorische bis niederdrückende Stimmungen und Umstimmungen. Als eine Situation des Übergangs stellt sich die Anstrengung des Auswohnens in einer gewissen Zwielichtigkeit dar. Ob helle Perspektiven oder diffus dunkel dräuende Mächte Einfluss auf das eigene Befinden nehmen, spiegelt weniger objektivierbare Bedingungen wider als die »innere« Einstellung zur bevorstehenden Wechselsituation. Was sich im nüchternen Blick und aus kühl-prüfender Distanz »eigentlich« als eine einfache Sache darstellt, erscheint (eingehüllt in einen Mantel subjektiven Betroffen-Seins) als trübe, ambivalent oder undeutlich.[6] Diffuse und mitunter schnell wechselnde raum- wie ortsbezogene Atmosphären gehen zum einen von objektbezogenen Eindrücken aus, zum anderen aber auch von Atmosphären, die gleichsam schwebend in der Ecke eines bereits ausgeräumten Zimmers in der Luft hängen.

Fortschritte beim Zusammenräumen des Umzugsgutes sind ambivalent. Zum einen repräsentiert das Verpackte – in Kisten und Kartons schon verschwunden – die Verringerung des Abstandes zur Überschreitung einer raumzeitlichen wie existenziellen Schwelle. Das Bild der »Leerung« einer Wohnung ist aber nur in einem eingeschränkten Sinne treffend, weil einstweilen ja alles in den Räumen der Wohnung bleibt, nur eben in komprimierter Form den Platz gewechselt hat. Diese eher scheinbaren Leerung mündet dennoch in eine Veränderung des Raumgefühls, in dem Eindrücke der Entfremdung ein großes Gewicht haben. Gleichsam zwischen dem sachverhaltlichen und atmosphärischen Wandel der Zimmer stellt sich im Fokus subjektiven Erlebens ein Gefühl des Mangels ein. Zugleich zeichnet sich auf gleichsam objektivem Niveau der beginnende Kollaps ganzer Funktionsbereiche ab. Anfangs sind diese Ausfälle noch punktuell; bald werden sie aber im

---

6 Vgl. dazu die Spannung der Differenz zwischen objektiven und subjektiven Tatsachen (Schmitz: Wie der Mensch zur Welt kommt, S. 18).

Sinne dessen, was man einen »Flächenbrand« nennt, immer durchgreifender und schränken die alltäglichen Wohnansprüche ein. Dinge, die verpackt sind, können ihre noch so simplen Aufgaben im dahinlebenden Wohnen nicht mehr erfüllen. Die Wohnung – die kleinste wie die denkbar größte – wird in gewisser Weise schließlich »insuffizient«. Die gewöhnlichen Abläufe des täglichen Lebens werden spröde und beginnen stehen zu bleiben, wo zu Zeiten der noch »intakten« Wohnung der dynamische Rundlauf stets erwartet werden konnte. Die Briefmarken und Umschläge werden schließlich gar nicht mehr gesucht, weil das Wissen um die aktuellen Plätze des banalen Zeugs allzu verschwommen ist. In solch infra-gewöhnlichen Momenten zeigt sich etwas Grundsätzliches im Erleben von Umbruchsituationen: Die selbstverständlichsten Erwartungen gehen ins Leere und die Orientierung in den eigenen vier Wänden ist aus dem Lot. Das vertraute herumwirkliche Milieu wird von einem Nebel der Verunsicherung umhüllt und verliert seine bergendstimmende Macht.

Wo nichts mehr am gewohnten Platz angetroffen wird, dehnen sich wüstenartige Zonen der Unübersichtlichkeit aus. In der Mitte dieser Sphären schießen wie aus dem Nichts mitunter bittere Überraschungen und Enttäuschungen empor. So wird das Fremde fremder, und ein Gefühl des Ungewohnt-Seins schleicht sich atmosphärisch voran. Ein ebenso mächtiges Verwirrungspotential haben die nicht mehr zuhandenen Dinge. Ausgehebelte Routinen arretieren den gewohnten Rundlauf des täglichen Lebens. Nur auf den ersten Blick ist es trivial und keines Gedankens wert, dass ultragewöhnliche Dinge wie das Schuhputzzeug oder eine Tube Zahnpasta abhanden gekommen zu sein scheinen. Tatsächlich geben sich kleine Auffälligkeiten wie diese zu Recht zu denken, denn an ihnen tritt der autopoietische Charakter eines jeden rundlaufenden Alltags ins Bewusstsein.

Das Zäh-Werden eingefleischter Routinen dehnt die Spielräume des Denkwürdigen aus – weit über das hinweg, was der Alltag verdeckt. Das hat zweierlei zur Folge: zum einen blitzt die Bedeutung der noch so banalen Dinge des täglichen Lebens aus ihrem unterbrochenen Gebrauch hervor. Gerade in der Ausnahmesituation einer Umzugsvorbereitung erweisen sie sich als nützliche und sogar unverzichtbare

Stoffe des täglichen Lebens. Erweckend ist bereits der aktuell noch so triviale Mangel, wenn auch »nur« der Locher, die Klebstofftube, das Bügeleisen, das Schuhputzzeug oder – im Zeitalter einer ubiquitären Computerisierung von nahezu allem – das USB-Ladegerät nicht zur Hand ist. In Situationen der Improvisation treten aber auch Bedeutungs-*Hierarchien* der Dinge zu Tage, wenn auch nicht in Gestalt objektivierbarer Ränge von »objektiv« mehr oder weniger Wichtigem. Meistens sind es höchst banale und praktische Bedeutungen, die den »Stoffen« ihren Platz in der Alltagswelt zuweisen. Auf ein und demselben Niveau der Unverzichtbarkeit liegen deshalb die unterschiedlichsten Dinge nebeneinander – die Wäscheklammern, der Müslinapf, ein Schnürsenkel und der Zollstock. Es zählt allein das Maß situativ-aktueller Bedürftigkeit und nicht irgendeine zivilisationshistorisch plausible Skala von objektiv Wichtigem oder ein systemrationales Verständnis von Nützlichkeit. In der aktuellen Situation des Mangels werden objektivierbare Werte zweitrangig. Zwar gibt es einen denkwürdigen Unterschied zwischen einem USB-Speicher und einem Bett, jedoch rückt in der Situation des zehrenden Mangels nur das gerade Fehlende in den Fokus, losgelöst von allgemeinen gegenstandsspezifischen Wert-Dimensionen. Während es bei manchen Dingen nur darauf ankommt, ob sie vorhanden sind oder nicht, spielen bei anderen ästhetische Erscheinungsweisen eine mitunter zentrale Rolle, gleichwohl erst oberhalb der Verfügbarkeit des Nötigsten. Wer *existenziell* ein Bett benötigt, weil er vor Müdigkeit nur noch mit Mühe stehen kann, wird kaum ästhetische Ansprüche stellen. Der Mangel der schon verpackten Dinge provoziert die sich unausweichlich stellende Frage, was wir eigentlich warum in unserem Leben benötigen. Noch der Entzug des Gewöhnlisten provoziert die Konfrontation mit dem eigenen Selbst.

Wenn das bis dato sichere und gute Gefühl im Hier und Jetzt auf »bessere Zeiten« vertagt wird, thematisieren sich fehlenden Dinge nur auf einer scheinevidenten Oberfläche. Viel mehr drückt sich darin eine rissig werdende Beheimatung im umfriedeten Milieu des Wohnens aus. Es ist das gewohnte Ergehen in bergenden Gefühlen der Aufgehobenheit, das sich nun zurückzuziehen beginnt. Ein darin sich meldendes Gefühl defizitärer Beheimatung gründet in keiner ideologisch verklärten oder politisch instrumentalisierten Weltbeziehung. Es hat anthropologische Wurzeln und weist darauf hin, dass es an einverleibten Gewohnheiten und sedimentierten Gefühlen behagten Zuhause-Seins mangelt. Räume, die ihre bergende Atmosphäre vermissen lassen, stürzen allzu schnell ins Öde, Enttäuschende, Lustlose und in den Verzicht des Hoffens auf nahe Besserung. Umzugsbedingte Ödnis einer Wohnung bietet dagegen keinen Anlass für die Verfestigung niederdrückender Stimmungen, ist das Jetzt doch zwischen einem Noch-Hier und einem Noch-nicht-Dort aufgespannt. Gleichwohl ist es vom »Noch« gefangen (s. auch Kapitel 5).

In die Organisation des Weg- wie Einräumens mischen sich, kaum bemerkbar, gesellschaftliche Normen, die uns sagen wollen, *wie* »man« mit Dingen in bestimmten Situationen umzugehen hat. Damit spielt sich die Macht des *Man* als »Subjekt« der Alltäglichkeit«[7] aus. Die Stromkabel umzugsbedingt abgebauter Lampen kann man zum Beispiel herunterhängen lassen (auf dass man beim weiteren Räumen darüber stolpert) oder akribisch aufwickeln und mit Kabelbindern stramm fixieren. Das eine oder das andere zu tun, ist nicht nur eine Sache praktischer Erwägungen. Es ist ebenso Ausdruck der Persönlichkeit, strukturierend mit etwas umzugehen, das in Bewegung und aus Ordnungskontexten geraten ist. Indem eine jede Person von der Macht des »Man« geleitet wird, das eine Gesellschaft immer wieder aufs Neue als fluiden Kern eines Gemeinsamen herausbildet, überschatten diffus dahintreibende Gebotsblasen des »Normalen« das scheinbar rein individuelle Tun. So werden gleichsam über den alltagspraktischen Habitus einer Gesellschaft an Banalität nicht zu übertreffende Praktiken wie das Einwickeln von Geschirr unter die Herrschaft des »Man« gestellt. Was die Menschen weitgehend abgeschottet von öffentlichen Handlungsfeldern tun, folgt aufgrund subtil wirksamer Stimmungs- wie Bestimmungskulturen auf diese Weise gelebten Normen. Dies geschieht diesseits der Diskurse und außerhalb sogenannter »Aushandelungsprozesse«, von denen in sozialwissenschaftlicher Phraseologie

7 Heidegger: Sein und Zeit, S. 114.

allzu schnell die Rede ist, wo praktisch und tatsächlich gar nichts ausgehandelt wird.

Wie wird ein über lange Jahre vertraut gewordener Raum fremd? Wie vollzieht sich Abstandnahme von Dingen und Orten und wie macht sich ein Gefühl des Auswohnens als eine Form des Abschieds spürbar? Ein jeder Abschied trennt etwas vom eigenen Selbst, scheidet also im engeren oder weiteren Sinne etwas ab.[8] Folge ist die Entfernung des Verabschiedeten. Die Dinge werden, sofern sie nicht entsorgt werden, im Sinne des Wortes nur eingewickelt, um an anderer Stelle in einem neuen Raum des Wohnens wieder einen Platz zu finden. Final abgeschieden werden sie nur, wenn sie zu Objekten der Entsorgung werden. Nicht nur das hinter dem Horizont verschwindende Schiff entfernt sich; auch ein Gegenstand, der nichts mehr bedeutet, beginnt zu verschwinden – selbst wenn er als Objekt noch da ist. Anders als Gegenstände werden in der Situation eines Wohnungswechsels Beziehungen zum Raum und Ort des Wohnens gekappt. Die emotionale Verabschiedung von einem vertrauten Wohnplatz setzt die allokative Distanzierung zwar voraus, aber mit größerer Intensität doch das pathische Überdenken der Beziehung des eigenen Selbst zur herumwirklichen Welt des sich an diesem Ort verlierenden Wohnens.

Verabschiedete Dinge werden im geodätischen wie im atmosphärischen Raum auf Distanz gebracht. Im Falle ihres Verbrauchs und Zerfalls bringen sie sich von selbst auf Abstand. Was nichts mehr taugt, lässt auch keine nutzenversprechende Zukunft mehr erwarten. Wovon man in der Vorbereitung eines Umzugs im Sinne praktischer Entsorgung Abstand nimmt, muss aber nicht alt und verschlissen oder kaputt und wertlos sein. Es ist nicht zuletzt die *neue* (räumliche, örtliche und mentale) Situation des Wohnens, die in ihrer Antizipation den Abstand zu Dingen erzeugt, die noch eben als bedeutsam empfundenen worden sind. Im weiteren Sinne ist es die *Beziehung* zu etwas, die durch Aussichten und Erwartungen als Folge durchgreifender Veränderungen in Raum und Zeit umgestimmt wird. Werte können nicht nur zu-, son-

8 Abschied kommt etymologisch von »abscheiden« (vgl. DWB, Band 1, Sp. 99).

dern auch aberkannt werden. Das ist bei Beziehungen, in denen Werte lebendig werden, kaum anders.

Mit dem rein praktischen Vorrücken des Ab- und Einräumens tun sich imaginäre Welten auf; der vertraute Raum des Wohnens verwandelt sich in eine ganz unbekannte Sphäre. Auf der Schwelle des Wanderns wirft der sich leerende Raum lange Schatten ins Imaginäre. Darin verzeichnet sich Wirkliches zu irrealen Gestalten. Die allokative Bewegung der Dinge und das Bedenken ihrer bewährten alten aber auch möglichen neuen Ordnungen zieht traumartige Wellen nach sich. Die tatsächliche Welt springt in eine imaginäre über. *Welthaft* sind jedoch beide Zustände des Wirklichen; sie konstituieren sich in je eigenen Bedeutungssphären. Was sich am lichten Tage und im nüchternen Blick aufs Reale als eine einfache Sache (oder ein leicht lösbares Problem) darstellt, verfängt sich im nächtlichen Schlaf in höchst problemaffinen Szenarien – als wäre der Schlaf ein hysterischer Beschleuniger, in dessen Bildern das Banalste ins Erschütternste schlechthin aufstiege.

In der verzerrten Wiederkehr nehmen einfache Sachverhalte chimärenhafte Gestalt an, wie der Stock im dichten Nebel zum Schafott wird. Das Altbekannte, das Einfache und Simple wechselt ins Seltsame, Beunruhigende und Ängstigende. Die unruhigen Umbruchzeiten eines bevorstehenden Wohnungswechsels sind Hochzeiten des Irrlichtigen: von alten und neuen Räumen, von gelingenden und katastrophal scheiternden Wegen. Bedrängende Trugbilder steigern sich ins Finstere und Zehrende und drücken unter der ohnehin schon dämonenhaften Kontaminierung der Nacht zu Boden wo schon keiner mehr ist. Auf der Schwelle vor dem »Sprung« in eine andere RaumZeit treiben die Imaginationen ein mächtiges Spiel der unaufhörlichen Verwirrung. Nützliches ist von ihnen nicht zu erwarten, außer der Verarbeitung all dessen, was widerfahren ist und emotional berührt hat – im guten wie im schlechten Sinne. Und so kommen sie auch ganz ungefragt, um im Zerrbild heftig oszillierender Psychogramme ein bestenfalls denkwürdiges Bild unserer selbst zu präsentieren, oder auch nur das schlechthin Wilde und Verrückte. Wenn sie vor dem Erwartungshintergrund eines lebensweltlich allzu vordergründigen Utilitarismus auch nur ein des Bedenkens unwürdiger psychischer »Abfall«[9] zu sein scheinen, so sind sie doch alarmierend. Sie warnen nicht – wie eine Sirene – vor konkreten Gefahren, aber sie setzen Zeichen, an denen wir erkennen können, dass uns etwas in Atem hält. Im Auswohnen wird neben den Dingen des täglichen Lebens eine Unzahl von Gefühlen bewegt, in deren Spiegel das Leben auf dem Grat eines mobilisierten Wohnens denkwürdig wird.

4.2. Einwohnen

Wie der logistische Auszug aus einer Wohnung einen Prozess des nicht nur umzugstechnischen, sondern auch emotionalen Auswohnens nach sich zieht, so beginnt mit dem rein organisatorischen Abschluss des Einzuges in eine neue Wohnung ein Prozess der Einwohnung. Einwohnen heißt, sich ansässig machen und Wurzeln schlagen. Schon der Sprachgebrauch unterscheidet zwischen dem »festangesessenen« Einwohner und »dem wechselnden wohner«. Letzterer ist der heute ein- und morgen wieder ausziehende *Be*wohner, welcher Behausung auch immer. »Wechselnder Wohner«[10] ist der tendenziell flottierende Anwohner, bei dem es allein aufs faktische Gemeldet-Sein in einer Kommune ankommt, weder auf eine *Kultur* des Wohnens noch ein vital gelebtes Verhältnis zum Raum der Wohnstadt. Einwohner machen sich mit ihrem Herum vertraut und bauen lebenspraktische Beziehungen zum neuen Herum auf, die über rein utilitäre Erwägungen hinausgehen. Der *Ein*-wohner lebt sich über das rein technisch und organisatorisch Nötige hinaus in seine Umwelt ein und macht sie sich zur Mitwelt. Das gelingt aber nur, wenn er darauf vertrauen kann, dass ihm dies auch möglich sein wird und sich nach einer gewissen Zeit das Gefühl zu spüren gibt, eine neue Heimat gefunden zu haben. Wer nur des Daches über dem Kopf wegen hier oder da wohnt und zu seinem Wohnsitz ein emotional eher neutrales Verhältnis hat, wird sich selbst

9 Vgl. Guzzoni: Von »Fall« zu »Fall«, S. 95ff.
10 DWB, Band 3, Sp. 345.

auch nur als Anwohner begreifen, nicht als Einwohner und erst Recht nicht als engagierter Bürger. Auch bei völligem Desinteresse am gesellschaftlichen und politischen Geschehen einer Stadt bietet sich diese noch als Stätte des Anwohnens an. Aber auch der sich mit seiner Wohnstadt identifizierende *Einwohner* ist in zahllosen Situationen einfachster Verrichtungen des täglichen Lebens seinerseits nur Anwohner. Ein- und Anwohner sind in ihrer personalen Identität nicht zwei *verschiedene* Personen. Die aktuelle Situation ein und desselben Individuums macht dieses mal zum Anwohner und dann wieder zum Einwohner.

Wer mit etwas vertraut ist, kennt was er vor sich hat, weil er es gewohnt ist. Es gibt dann wenig Rätsel, aber viel Bekanntes und Routiniertes. Die Macht der Gewohnheit im Umgang mit Vertrautem nährt die Erwartung, dass die bisherige Erfahrung auch das Maß der Zufriedenheit mit dem Zukünftigen eicht.[11] Vertrauen betrachtet Georg Simmel als gelebte »Hypothese«, wonach geschieht, wovon man ausgeht.[12] Vertrauen mündet schließlich in die *sichere* Erwartung. Sie ist kein *kognitives* Vermögen und keine intellektuelle Leistung, sondern ein *Gefühl*, auf etwas bauen zu können. Aber es sind nicht immer Menschen, von denen erhofft wird, dass sie einer Erwartung entsprechen mögen. Man vertraut auch darauf, dass »etwas« gut gehen und so kommen möge, wie es erwartet oder gewünscht wird. Worauf man vertraut, ist das Gute, Gelingende oder Zufriedenstellende. Das Bedrückende, Grauenvolle, Schlechte und Finstere wird befürchtet.

Im Vertrauen ist das Risiko des Scheiterns wie der Täuschung minimiert. Auf wen oder auf was man vertraut, erscheint in einem hoffnungsvollen Licht, so dass man sich *sicher bei* und mit etwas fühlt.[13] Es ist nicht Ausdruck von Vertrauen, geradewegs mit dem *Scheitern* des Erhofften zu rechnen; dennoch muss es, um nicht in »blindes Vertrauen« zu kippen, zumindest mit der *Gefahr* des Schiefgehens rechnen. Mit anderen Worten: Vertrauen gründet nicht in kindischer Gutgläubigkeit,

11 Vgl. Gloyna, Vertrauen, Sp. 986.

12 Vgl. ebd., S. 987.

13 Vgl. DWB, Band 25, Sp. 1957.

sondern in einer Grundhaltung der Kritik. Nur Arglose und Vertrauensselige bauen naiv und ungetrübt darauf, dass schon alles gut gehen werde. Achtsame Vorsicht und kritische Voraussicht, Haltungen, die mit dem Nicht-Erwünschten rechnen, ohne es heraufzubeschwören, haben nichts mit tiefsitzendem Misstrauen zu tun. Über das Gefühl des Vertrauens sagt Philipp Lersch: »In ihm erscheint der Horizont der Welt, in die wir mit unserem individuellen Selbst gestellt sind, der Lauf der Dinge und die Handlungen der Mitmenschen als etwas, von dem wir für die Belange unserer Selbstverhaltung Gutes oder jedenfalls nichts Abträgliches zu gewärtigen haben.«[14]

Jeder Wohnungswechsel verlangt ein großes Maß vielfältigen, in der Sache facettenreichen Vertrauens. In aller erster Linie gilt es etwas Existenziellem: dem gelingenden Einwohnen in eine neue Wohnung. Und es mündet in die Hoffnung, sich am neuen Ort auch beheimaten zu können. Dieses Vertrauen ist von existenzieller Bedeutung, weil es sich auf den räumlichen Rahmen des Lebens selbst bezieht. Jedes nur auf *spezielle* Sachverhalte oder Programme bezogene Vertrauen untersteht dennoch zugleich dem *übergeordneten* Wunschprogramm guten Lebens, das notwendigerweise eines Ortes im Raum bedarf.

Auf einem ganz elementaren Niveau des Praktischen vertrauen Umziehende auf den unversehrten Transport aller Dinge, die bei einem Wohnungswechsel von einem Ort zum anderen zu schaffen sind. Fragiler ist dagegen das Vertrauen auf die identitätsstiftende Macht einer erst noch etablierungsbedürftigen Ordnung der Dinge in den Zimmern der zukünftigen Wohnung. Solche sich gelingender Einwohnung verdankende Ordnung basiert nicht auf mathematischen Abstandsbeziehungen; sie konstituiert sich vielmehr als ein atmosphärisches Netz, das auf subtile Weise die Dinge im nahen und proxemischen Raum des persönlichen Lebens überspannt. Wo Gefühle eine Macht über das eigene Ergehen haben, gibt es keine *sicheren* Erwartungen, eher Hoffnungen und Wünsche. Wie die optisch schöne Aussicht aus dem Fenster in die Landschaft nicht von Dauer sein muss, so kann auch das Wohlergehen

14 Lersch: Aufbau der Person, S. 208f.

im Inneren einer Wohnung durch Einflüsse getrübt werden, die fern der Verfügungsgewalt Wohnender liegen.

Gelingendes Einwohnen verdankt sich weder *rationaler* Entwürfe noch ästhetizistischer Übungen »schönen« Wohnens. Vielmehr findet sich der Mensch in seiner Einwohnung im Prozess eines nur bedingt steuerbaren Geschehens. In dessen *performativem* Verlauf keimen die Spuren neuer Vertrautheit, die sich unter anderem in Ordnungen im Raum wie zwischen den Dingen ausprägen. Mit reflexiver und rekonstruierender Er-fahrung hat solches Sich-Einspielen in ein anfangs noch fremdes Milieu nichts gemeinsam. Es sind so banale Handlungsabläufe wie die des Kaffeekochens, die – wenn sich endlich das erste Mal alles wie in einem Akkord ineinanderfügt – die beginnende Beheimatung bekräftigen. Wenn der Kaffeefilter, die dazugehörigen Tüten, die elektrische Kaffeemühle und der Zuckertopf »zur Hand« sind, ohne dass erst alle möglichen Schrankfächer abgesucht werden müssen, zeigen sich erste Sedimente der erfolgreichen Einverleibung einer neuen Ordnung. Ein Ergebnis von *Handlungen* im Sinne einer bewussten Synchronisierung kleinteiliger Verhaltenssegmente kommt darin nicht zum Ausdruck. Einwohnende Beheimatung wird nicht lektionsweise gelernt. Sie *ereignet* sich in der intuitiven und sich immerzu wiederholenden Verkettung anfangs noch stolpernder Routinen, die sich allmählich ins habituelle Repertoir einschleifen.

Einwohnen ist – wie die Konstitution heimatlicher Gefühle der Hingehörigkeit – nichts, das »gemacht«, bewusst als Ziel angestrebt und systematisch aufgebaut werden kann; beides *wächst* vielmehr im Boden des Gewohnten und Vertrauten. Auch läuft keine Einwohnung a priori auf etwas Gutes, Schönes oder Harmonisches hinaus. Was durch Gewöhnung vertraut wird und sich schrittweise in eine gefühlte Eigenwelt einbettet, ist diesseits des Paradieses von Fehlfarben durchsetzt und widersprüchlich. In profanen Weltmilieus gibt es keine Stimmigkeit im rechnenden Sinne, keine Reinheit klar unterscheidbarer Farben und keinen Wohlklang ohne schräge Töne. Nur in verträumten Utopien gibt es nach einem Umzug die ins Gute, Reine wie Edle geradezu kitschig verklärte Wohnung als Refugium.

Am Anfang eines Einzuges beharren zumindest punktuelle Inseln des noch Unfertigen – fehlende Balkonverkleidungen, von der Decke herabhängende Stromkabel oder eine Ecke, in der ein Stück Fußleiste fehlt. Atmosphärisch wie situativ gibt sich darin ganzheitlich zu verstehen, über welche Reibungen und Brüche hinweg sich zwei raumzeitlich in eine Richtung verlaufende Prozesse synchronisieren: zum einen das Zu-Ende-»Bauen« einer bald beziehbaren Wohnung und zum anderen das daraufhin beginnende Einwohnen, das sich als eine Aufgabe des Hineinwachsens in eine noch ungewohnte »dritte Haut« stellt – als Herausforderung mimetischer Anverwandlung an eine gewöhnungsbedürftige Wohnwelt aus Zimmern, einem Quartier, einer Stadt und landschaftlichen Gegenden. Bewohnt werden nicht nur die Räume einer Wohnung, sondern auch das nachbarschaftliche Herum mit seinen Bauten und im Raum platzierten Gegenständen: Kirchturm, Bahnschranke, die Flagge auf einem Penthaus oder die Klappbrücke am Ende des Hafenbeckens. Bei alledem sind sich vortastende, Vertrautheit anstrebende Selbstverwicklungen in weitgehend noch fremde Umgebungen ebenso wichtig wie das Sich-Zurecht-Finden im topographisch noch unerschlossenen Quartier, denn solange dieses noch nicht über eigenleibliche Bewegungsroutinen mit dem hodologischen Raum verwachsen ist, beharrt es als etwas Fremdes.

Zur Einwohnung gehört die gefühlsmäßig pendelnde Aufmerksamkeit zwischen dem, was bereits zur Eigenwelt geworden ist und dem, was noch zur Fremdwelt gehört. Einwohnende Beheimatung beginnt nicht nachdenkend noch »intellektuell«, sondern unter anderem mit dem »neuen Blick« aus einem Fenster der Wohnung, auf dass in der häufigen Wiederholung nicht nur das Gesehene vertraut werde, sondern auch der Habitus des Hinsehens aus der Perspektive eines noch »einleibungsbedürftigen« Ortes. Allmählich bildet sich aus dem, was mehr und mehr in die Eigenwelt hineinragt, der Stoff beheimatender Kulissen. Mit fortschreitender Einwohnung bilden sich in einer gestaltreich empfundenen Stadtlandschaft ausdehnungsfähige atmosphärische Inseln der Zu- wie Hingehörigkeit.

5. Zeitrhythmen

Ein Wohnungswechsel unterliegt einem eigenen zeitlichen Erlebnisrhythmus. Es ist vor allem die hohe emotionale Aufladung der raumzeitlichen Schwellensituation, die dazu führt, dass das Erleben einem eigenen zeitlichen Takt folgt. Dieser spiegelt nicht »die« Zeit im lebensweltlichen Verständnis wider, sondern subjektiv und emotional nahegehende Rhythmen der *Dauer*. Darin vermittelt sich der Eindruck, die Zeit wäre im Modus umzugsbedingter Beschleunigung eine andere als man sie aus selbstverständlichen Situationen beruhigten Dahinlebens kannte. Bei der Unterscheidung verschiedener Zeitrhythmen, die das wechselhafte Befinden angesichts eines bevorstehenden Umzugs stimmen, sind einige Differenzierungen von Eugène Minkowski hilfreich.

Indem ein Wohnungswechsel immer auf die Zukunft gerichtet ist (er *soll* ja erst noch stattfinden), stellt sich die Frage, was die zwischen *Jetzt* und *Morgen* vermittelnden handlungsleitenden Energien bereitstellt. Nach Eugène Minkowski ist der Mensch, indem er Zielen zustrebt, in seinem Tun generell auf die Zukunft gerichtet. Die Zukunft gibt es aber nicht wie einen fernen Ort, zu dem man hingehen kann, wenn man sich nur auf den Weg macht. Die Zukunft gibt es nur in der Erwartung bzw. dank der imaginären Macht handlungsleitender Programme. Für Minkowski ist es der vitale Elan, dank dessen die Zukunft in den Lebenskreis eines Individuums kommt. »Der Elan vital schafft vor uns [...] die Zukunft.«[1] In der Art und Weise, wie die Menschen schon in der Gegenwart die Zukunft leben, kommt es ganz wesentlich

1 Minkowski: Die gelebte Zeit I, S. 86.

auf die emotionale Stimmung an, die eine situationsspezifische Spannung zwischen dem persönlichen Elan und dem »Kontakt zur Wirklichkeit« erst aufbaut.[2] Die verschiedenen Affektbeziehungen zu dem, was an Zukunft noch *nicht* ist, sich in der Voraussicht aber schon abzeichnet, sind weder auf einen fixen Punkt noch eine gerade Linie gerichtet. »Wir schauen die Zukunft und sehen sie in einer *breiten* und großartigen *Perspektive* sich in der Ferne verlieren.«[3]

Was unmittelbar bevorsteht, initiiert einen anderen Elan, als was in einer vagen und fernen Zukunft *möglicherweise* erwartet werden kann. In einer Reihe polar angeordneter »Lebensphänomene« sind hier vor allem die folgenden beiden thematisch relevant: die Spannung zwischen Aktivität und Erwartung sowie Wunsch und Hoffnung.[4] »In der Aktivität streben wir auf die Zukunft hin, in der Erwartung hingegen leben wir die Zeit sozusagen in umgekehrter Richtung; wir sehen die Zukunft auf uns zukommen und warten, daß diese (vorausgesehene) Zukunft Gegenwart werde.«[5] Der Elan – Hermann Schmitz spricht hier vom »vitalen Antrieb«[6] und Willy Hellpach vom »Lebensgefühl«[7] – empfängt aus der Beziehung zu dem was noch nicht ist, eine Impulsenergie, die entweder zum Tun antreibt oder das ausharrende Nichtstun erträglich macht. Eine ebenso große Rolle spielen in einer jeden Situation des Wohnungswechsels die »Lebensphänomene« (Minkowski) Wunsch und Hoffnung. Dabei strebt der Wunsch »in die Zukunft wie die Aktivität;

2 Vgl. ebd., S. 83.

3 Ebd., S. 86.

4 Daneben nennt er noch die Pole von *Gebet* und *ethischer Handlung*, die im gegebenen Rahmen von untergeordneter Bedeutung sein dürften, so dass hier keine weitere auf sie bezogenen Diskussion erfolgen soll; vgl. ebd., S. 108ff und 117ff.

5 Ebd., S. 93.

6 »Dieser Antrieb, der von sich aus kein zielgerichteter Trieb ist, sondern eher so etwas wie der Dampf, unter dem ein Mensch wie ein Kessel steht, kann Reize empfangen und sich zuwenden, aber auch bloß in sich schwingen, spürbar etwa am Geschehen der Atmung.« (vgl. Schmitz: Der Spielraum der Gegenwart, S. 32).

7 Hellpach: Sinne und Seele, S. 63.

[…] aber indem ich das tue, schaue ich ›weiter‹ in die Zukunft hinein«[8]. Die Aktivität hat in dem, was getan wird, die Zukunft gewissermaßen vor Augen, der Wunsch dagegen setzt *etwas* für ein Später an. Die Hoffnung »reicht weiter in die Zukunft als die Erwartung.«[9] In der Hoffnung ist die Zukunft eher fern als nahe. Die je besonderen Stimmungen in Bezug auf etwas, das zwischen Gegenwart und Zukunft existiert, haben einen spezifischen Rhythmus des Zeiterlebens zur Folge. Dieser hat Rückwirkungen auf die Art und Stärke des handlungsleitenden Impulses oder auch nur der Einstellung zur *noch* auszuhaltenden Zeit. Der Imperativ des *schnell* zu Erledigenden mündet in den Aktivitätsmodus der Eile. Die atmosphärisch spürbare Gewissheit, dass alles noch viel Zeit hat und daher dauern wird, führt dagegen in die Entspannung. Die eher durch Hoffnung als nahe Erwartung disponierte Beziehung zu etwas in der Zeit sehr ungenau Bevorstehendem schafft schließlich Spielräume der Kontemplation. Das *unmittelbar* Erwartete duldet kein Ausharren im Jetzt.

5.1. Zwischenzeitliches Erleben

An einem imaginären Punkt wird die Zeit vor einem Wohnungswechsel zu einem großen »Dazwischen«, das alle Beziehungen zur RaumZeit einfärbt. Davor liegt aber eine Grenze, die zum einen am persönlichen emotionalen Befinden spürbar wird, zum anderen aber auch von äußerlichen Gegebenheiten einer der beiden Wohnungen oder beider (der zu verlassenden oder der zu beziehenden) gesetzt wird. Zu den äußeren Einflüssen, die das Erreichen eines Korridors markieren, gehören situationsspezifische Fakten, die in einer nicht ignorierbaren Macht anzeigen, dass die aktuelle Situation des Auswohnens begonnen hat, die des Einwohnens aber noch nicht erreicht ist. Wenn überall das Umzugsgut umhersteht und aufgeklappte Kartons auf ihre abschließende Befüllung warten, ist das unwiderrufliche Ende atmosphärisch entspann-

8 Minkowski: Die gelebte Zeit I, S. 101.
9 Ebd., S. 105.

ten Wohnens nicht mehr zu bezweifeln. Es ist gerade diese Grenze des sich ankündigenden Wechsels, auf der die Qualität der aktuell gelebten Zeit bewusst wird.

Die aufkeimende Bedenklichkeit dieser sonderzeitlichen Situation verdankt sich einer *allgemeinen* Bewusstwerdung der Zeit. Dinge, die in ihrer Eigenart und Geschichte selbst denkwürdig werden, weil sie aus einer »anderen Zeit« kommen, können das Nachdenken über die Zeit unterstützen. Es sind dies aber nicht die üblichen Dingen des Wohnens, die in biographisch verzweigte Bedeutungsnetzte eingespannt sind, sondern solche, die in einer Fremdheit faszinieren, die in einer »verlassenen Vergangenheit« begründet ist. Das Beispiel eines Fundstückes, das nach einem Sturm im Spülsaum eines Nordseestrandes zwischen ein paar Steinen hängen geblieben ist, kann das illustrieren: Es ist ein beinahe ein Meter langer blauer Pfänder aus Kunststoff, der neben einem Schrank liegt. Der Blick auf den blauen Schwimmkörper weckt nun aber nicht endlose und facettenreiche Erinnerungen, er verliert sich vielmehr schnell ins Diffuse. Im Unterschied zu einem materiell noch so wertlosen aber mit persönlicher Geschichte und Geschichten angefüllten Gegenstand hat dieses Ding nur eine *kurze* Geschichte, die gewissermaßen erst »nach« seiner Geschichte anfängt. Als mitgenommenes Strandgut repräsentiert der Pfänder nämlich etwas ganz anderes als ein atmosphärisches Ding behagenden Wohnens. Wird es nur als Fundstück betrachtet, »fehlt« keine Geschichte, die über die Situation des Fundes zwischen ein paar Steinen an einem Strand hinausgeht. Nun provoziert die gewissermaßen artfremde Platzierung eines Pfänders neben einem Büroschrank – allzumal in der Situation seiner Bewegung – allerdings das Bedenken jener Zeit, in der er noch kein Strandgut war. Die Geschichte des Pfänders war zum Zeitpunkt seiner Auffindung schon zu Ende; ein Schiff hatte ihn wahrscheinlich in stürmischer See irgendwann und irgendwo verloren. Der narrative Faden, der die ganz eigene Geschichte dieses »herrenlosen« Gegenstandes in Gestalt von Geschehnissen, Augenblicken und konkreten Ereignissen hätte lebendig werden lassen können, schießt zwar nicht ganz »ins Blaue«, aber er flattert in einer rätselhaft bleibenden RaumZeit doch wild herum. Wie und was das Objekt *vor* seiner Auffindung war, bleibt irreversibel im Dunkeln. Darin wird der Pfänder zu einem Medium des Bedenkens der Zeit im Allgemeinen.

Dinge, die faszinieren und in dieser oder anderer Weise etwas Fremdes oder gar Exotisches bedeuten, drängen sich schon durch ihr Erscheinen auf dem Grat einer Zeit des *Nicht-mehr* auf. Was viele Gegenstände wesentlich ausmacht, ist in einer nicht aufschließbaren Geschichte verborgen. Präsent ist allein das Rätsel, und dieses stürzt geradewegs in ein zeitliches Vakuum. Das »Leben« eines Gegenstandes ist bereits vorüber und nicht mehr rekonstruierbar. Fragen zum vergangenen Sein solcher Dinge ließen sich nur aus der Perspektive der Vergangenheit beantworten, die aber nicht mehr ist. So macht die Rätselhaftigkeit der einem Gegenstand gegenüber verschlossenen Geschichte die Zeit *selbst* denkwürdig. Damit fädeln sich aus ihrer Geschichte entwurzelte Objekte in den Affektstrom des Zeiterlebens der Situation eines Umzuges in irritierender Weise ein. Die Künstlerin Sara F. Levin thematisiert diese Ambivalenz von Dingen in einer Bildserie zum Thema »Letzte Dinge«[10]. An dem, was von Verstorbenen zurückbleibt, haften zum einen Spuren einer individuell betroffen machenden Geschichte. Zum anderen verlieren sich diese Spuren aber auch sogleich wieder in einer mnemonischen Wüste.

Die Zwischen-Zeit eines Wohnungswechsels macht auf eine programmatische Atomisierung der Zeit aufmerksam, auf eine »Verunzeitigung« der Welt. Die Zeit scheint in Portionen kleinerer und größerer Erledigungen zu zerfallen, die *neben* dem weiterlaufenden Alltag bewältigt werden müssen. Die Aufhebung der gewohnten Rhythmen der gelebten Zeit unterbricht die Kontinuität mitweltlichen Erlebens. Damit stockt nicht nur der Fluss der dahinlaufenden Zeit; auch die atmosphärische Ordnung der Dinge wird verwirrt, verdankt auch sie sich doch einverleibter Muster einer »glatten« Wahrnehmung und keiner, die selbst fragwürdig wird. Indem in der Situation eines Umzuges Erfahrungen *kontinuierlich* vorschreitender Dauer auch weitgehend aufgehoben sind, so heißt dies doch, dass sich die Dauer selbst thematisiert.

10 Vgl. Hasse/Levin: Betäubte Orte, S. 178f.

Insofern beschleunigt die Vorbereitung eines Umzuges auch den Rhythmus des Lebens. Diese Beschleunigung führt aber nicht (wie eine technikzivilisatorisch *chronische* Beschleunigung) dazu, dass wir deshalb immer weniger sehen und im Sinne von Byung-Chul Han mit einer »semantischen Verarmung der Welt«[11] fertig werden müssen. Sie hat vielmehr eine anlassspezifische Verdichtung der gelebten Zeit zur Folge. Deshalb steht die Zeit zwischen *Nicht-mehr*-Wohnen und *Noch-nicht*-Wohnen (vor dem unmittelbar anstehenden Umzug) auch der Möglichkeit einer Intensivierung kontemplativer Exkurse ins zeitliche Erleben prinzipiell entgegen. Wer in seinem Tun durch Eile und emotionale Unruhe gestimmt ist, kann nur höchst eingeschränkt einer sensiblen Reflexion von Eindrücken und Befindlichkeiten gegenüber aufgeschlossen sein.

Alles was in der Zeit *vor* einem Umzug geschieht, ist auf die Zukunft gerichtet. Was geschieht, folgt den Imperativen eines geradezu universellen Mobilisierungs-Programms. Deshalb steht die Option des Eintauchens in die gedehnte Dauer existenzieller Nachdenklichkeit der Bewältigung der Anforderungen eines baldigen Wohnungswechsels auch entgegen. Darin spiegelt sich jedoch kein *persönlicher* Mangel an Fähigkeit zur Selbstbesinnung wider, sondern die Eigenart einer Situation, die ganz unter der Macht von Sach- und Terminzwängen steht. Der schnelle Rhythmus kontemplationsfeindlicher Eile drückt auch keine Pathologie der spätmodernen Kultur aus, die sich in beschleunigten Zyklen von Handlungsketten und Ereignisabfolgen selbst überschlägt.[12] Im temporären Rhythmus eines Wohnungswechsels ist der gewohnheitsmäßige (kulturelle und vom Zeitgeist eingestellte) Rhythmus der Zeit vielmehr eingeklammert.

Die Vorbereitung eines Umzuges und dieser selbst nehmen eine begrenzte Zeitspanne in Anspruch. In deren Dauer werden alle Dinge,

---

11 Han: Duft der Zeit, S. 42.

12 Hierauf weist Byung-Chul Han in kulturphilosophischer Hinsicht hin: »Die zunehmende Diskontinuität, die Atomisierung der Zeit zerstört die Erfahrung der Kontinuität. Die Welt wird dadurch *unzeitig*.« (ebd., S. 14).

die noch vor kurzer Zeit in gelebte Kontexte verwoben waren, zu logistischen Ojekten. Diese Verwandlung geschieht in einer sub-chronologischen Zeit, die einen situationsspezifischen Korridor im Hier und Jetzt bildet. Dieser hat den Charakter einer diskontinuierlich verinselten Zeit. Sie liegt quer zum weiterfließenden Strom alltäglicher und lebensnotwendiger Tätigkeiten. Das Umzugsprogramm schiebt sich in seinem außergewöhnlichen Bedeutungsrelief in den Vordergrund aller anderen Aktivitäten. Es wird von den Zielen und Zwecken pragmatischer Selbstmobilisierung vorangetrieben: Eile, Effizienz und Kompression. Was auf den situationsspezifisch raumzeitlichen Inseln geschieht, verlangt Konzentration des Tuns zugunsten der relativ schnellen Erreichung eines allzu evidenten Zieles.

Es gibt aber auch Umzüge, deren Ziel sich *nach* dem Einzug in eine neue Wohnung verliert. Dies ist dann der Fall, wenn sich seine auslaufende Phase mehr oder weniger mit dem normalen Leben vermischt. Dann gewöhnen sich die Menschen daran, mit und zwischen Kisten zu wohnen und im Provisorium zu leben. Für die meisten Personen, die einen Umzug als einen eher anstrengenden Ausnahmezustand ansehen, dürfte dagegen zumindest der Wunsch sehr stark sein, schnellstmöglich und auf einfachsten Wegen tatsächlich und atmosphärisch in einer eingeräumten und funktionierenden Wohnung wieder Halt zu finden. Ein intuitives Streben nach Effizienz folgt dabei vor allem praktischen Geboten.

Effizienz setzt im gegebenen Rahmen die Kompression voraus. Ihrer Erreichbarkeit dienen auf einem kleinen und mittleren Maßstab Container, auf einem größeren Umzugskartons und alle möglichen handlichen Behältnisse, die sich für den Transport des Wohnzeugs anbieten. Wer alle zu transportierenden Gegenstände dagegen mit respektablen Abständen nebeneinander stellt und nicht in- und übereinander, wird mit Verzögerung ebenso gestraft wie mit kostentreibender Vermehrung des Transportvolumens. Gefordert ist schon deshalb die Kompression von allem, was sich (zumindest vorübergehend) in kompakte Ordnungen einfügen lässt. Jede Kompression verlangt (wie schon das simple Packen) die Dekontextualisierung der Dinge und die Bereitschaft, bewährte Ordnungen vorübergehend aufzuheben.

Was der Mobilisierung wegen in Kisten, Schachteln, Kartons, Säcken, Tüten und allem Möglichen lagert, soll umstandslos von einem Ort zum anderen gelangen – nicht nur schnell, sondern auch unversehrt.

Das Programm eines Wohnungswechsels setzt nicht nur die Dinge unter einen Mobilisierungsdruck, es verlangt auch vom Subjekt eine Anpassung an einen Prozess, in dem alles in Bewegung gerät: die psychodynamische Flexibilisierung und Bereitschaft zur Punktualisierung des eigenen Selbst im Strom der gelebten Zeit. Wie ein Umzug auf einer Insel in der reinen Lagezeit stattfindet, in der zu bestimmten Daten und vielleicht sogar Uhrzeiten bestimmte Dinge erledigt sein müssen, so ereignet er sich zugleich auf einer Insel der gelebten Zeit, die schon darin die Stimmungen verwirrt, dass sich nichts mehr an seinem Platz befindet, gewohnte Ordnungen im Wohn- und Lebensraum also aufgehoben sind. Was in frühen Phasen selektierenden Aussortierens und Entsorgens wenigstens ab und an noch zur Verlangsamung des Tuns *und* zur Bewusstmachung emotionaler Beziehungen zu den Dingen geführt hat, wird nun in der Kompression der Abläufe im Keim erstickt: das sich ins Biografische verlierende Sinnieren über Dinge. Denn: Phasen der Besinnung brauchen Zeit in Gestalt lebbarer Dauer, die es in der aktuellen Situation eines *unmittelbar* bevorstehenden oder gar stattfindenden Umzuges nicht mehr gibt.

Inselhafte Zwischen-Zeiten geben sich in ganz eigenen Farben ungewohnten Ergehens immer wieder aufs Neue zu spüren – als könnte die Zeit in Segmente zerlegt werden, als könnten ihre »Stücke« wie die einzelnen Figuren einer russischen Puppe in einer analogen Reihe hintereinander aufgestellt werden. In solchen atmosphärischen Sonderzonen gehen je eigenartige Vitaltöne und -qualitäten[13] der gelebten Zeit ineinander über: das Warten *auf* etwas, das Ausharren *in* etwas und das Gefühl des Gezogen-Werdens *durch* etwas hindurch. Es sind dies Inseln

13 »Es schwingt im Zumutesein eines jeden Erlebens im besonderen Raum ein eigentümlicher sinnlicher Gesamtton; wir nennen ihn den »Vitalton« des jeweiligen Raumerlebens.« (Dürckheim: Untersuchungen zum gelebten Raum, S. 39f.).

einer gedehnten Gegenwart, die im Hier-und-Jetzt immer wieder in der Zeit still zu stehen scheinen.

Das Gefühl für das eigene Selbst im Hier-und-Jetzt ist zwischen Retentionen und Protentionen geradezu eingeklemmt. Zwar pendelt der reflexive Blick zum einen in die Vergangenheit (auf das zu Ende gehende Wohnen am »alten« Ort); zum anderen ist er nach vorne gerichtet – auf das Bevorstehende. Dabei wird die gelebte Zeit nicht *als Zeit* spürbar, sondern als stimmungsmäßiges Ergehen, nicht als Befinden in einer Leerlaufzeit und auch nicht als passives Starren in einen halb trübe, halb offen sich zeigenden Horizont. Sie wird vielmehr als eine mit Tätigkeiten gefüllte Zwischen-Zeit erlebt. Getan wird, was aus nüchtern-pragmatischen Erwägungen getan werden muss. Und so setzt sich fort, was sein Ende erst am allokativen Ziel der Umsiedlung findet: ein scheinbar unendliches Packen, Aufräumen, Saubermachen und vorbereitendes Organisieren einer »danach« schließlich und endlich bevorstehenden Wiedereingliederung aller Dinge in eine andere herumwirkliche Welt des Wohnens.

5.2. Zeit und Gefühl

Der besondere Rhythmus, in dem sich die Situation eines Wohnungswechsels in der Dauer der Zeit dehnt, thematisiert das Erleben der Zeit – der gelebten Zeit in ihrem Verhältnis zur technischen Uhrenzeit. Dinge, die vielleicht Jahrzehnte unbewegt an einer Stelle lagen, werden zu erweckenden Medien, sobald sie Erinnerungen wachrufen und damit den an ihnen sich reifizierenden Wandel vor Augen führen. Sie ragen nun aus einer anderen Zeit vor – als wäre diese selbst in den Dingen verschlossen gewesen. Die Ungleichzeitigkeit ihrer Unversehrtheit sowie des zugleich an ihnen sichtbar werdenden Wandels der Zeit macht sie in ihrem Erscheinen zu affizierenden Medien.

Im Prinzip *zwingt* kein Gegenstand zu einer emotional engagierten Aufmerksamkeit. Die meisten Dinge bieten sich sogar ihrer nüchtern distanzierten Betrachtung an. Auf die sich zwischen den beiden Polen von Engagement und Distanz entfaltenden Beziehungen hatte schon Norbert Elias hingewiesen. Zwischen Engagement und Distanzierung liegt »ein Kontinuum, und dieses Kontinuum bildet das eigentliche Problem.«[14] Im Allgemeinen werde dem »nicht-menschlichen Naturgeschehen ein höheres Maß an Distanzierung« entgegengebracht, im Unterschied dazu dem »menschlich-gesellschaftlichen Geschehen«[15] ein emotional ausgeprägtes Engagement. In seinen Studien zu methodologischen Strategien von Wissenschaftlerinnen und Wissenschaftlern zeigt sich im Umgang mit Erkenntnisgegenständen ebenso, dass sich die Distanzierung als eine Methode der perspektivischen Verschiebung der Aufmerksamkeit anbietet – weg von der Involviertheit in ein Geschehen und hin zur Einnahme einer Außensicht, in der eher sachliche Erwägungen und nicht persönliche Verwicklungen in den Vordergrund rücken. Es gehört so auch zu den psychologischen Herausforderungen eines Umzuges, die Grenzen zwischen dem, was aus Distanz angesehen werden kann und dem, was emotional nahegeht, immer wieder aufs Neue zu suchen. Während sachlich gebotene Zwänge die nüchterne Distanzierung leicht machen, scheinen in der praktischen Abwicklung von Umzugsvorbereitungen immer wieder affektiv verzeichnete Dinge samt assoziativ damit verbundenen biographischen Spuren vor. So heben sich eben noch eingenommene Abstände auf und eine Sache gerät in einen affizierenden Sog, und aus Distanz wird Engagement.

Die Bewegung von allem, was zum Wohnen gehört und es ermöglicht, bis hin zur Selbst-»Umpflanzung« an einen anderen Lebensort, ist keine Sache, gegenüber der man kühl und distanziert bleiben kann. Dennoch variieren die Grade emotionaler Involviertheit in die ganz unterschiedlichen Abläufe, Ereignisse, Augenblickssituationen bis hin zu geradezu schreckhaft aufblitzenden Eindrücken. Dem Abstransport eines Leihcontainers, in den man die letzten großen Gartenabfälle des für die Räumung schon vorbereiteten Hausgrundstücks hineingeworfen hat, mag man mit nüchterner Distanz gegenüberstehen. Dieselbe Haltung gelingt bei der Entsorgung eines mit biographisch virulenten

14 Elias: Engagement und Distanzierung, S. 11.

15 Ebd.

Erinnerungen belegten Gegenstandes (z.B. dem emotionalen Anzeiger eines krisenhaften Lebensabschnitts) aber nicht. An den Dingen hängen Situationen und an diesen Gefühle. Und die Gefühle sind es, die die Haltung zum bevorstehenden Umzug zwischen Distanz und Engagement einstellen. In besonderer Weise bauen biographische Bezüge zu Objekten entweder positiv affizierende Nähebeziehungen auf oder aversive Gefühle der Distanz.

Wenn Eugène Minkowski von der »gelebten Zeit« spricht, die sich in der vitalen Situation des eigenen Lebens unmittelbar mit dem »gelebten Raum« verwindet[16], so sind dabei mal mehr mal weniger ansprechende Objektbeziehungen impliziert. Die gelebte Zeit wird nicht *für sich* erlebt, sie verschwimmt mit dem gelebten Raum. Alles was (an Objekten reifiziert) aus übersehenen Stauräumen wie aus einer Tiefe des Vergessens sinnlich fassbar, konkret und anschaulich wird, erscheint an irgendeinem Ort im Raum. Die sich an Dingen aktualisierenden Erinnerungen sind Sedimente der gelebten RaumZeit.

Das Gefühl »gelebter Distanz«[17] hält in gewisser Weise die Spannung zwischen der Situation des »Noch« und einem einstweilen diffus bleibenden »Noch-*Nicht*« aufrecht. »Gelebte Distanz« verändert im Wissen um das an *diesem* Ort bald zu Ende gehende Wohnen die Farbe der RaumZeit des Hier und Jetzt. Mit dem Wissen um sein bevorstehendes Ende *an diesem Ort* fällt das Wohnen in eine vakuumartige Starre. Der Tonus der Aktivität geht (als »Grundmanifestation« eines Lebewesens[18]) zwar nicht schlagartig in Latenz über; jedoch drückt er sich in der Situation des baldigen *Nicht-Mehr* und aktuellen *Noch-Nicht* als widersprüchliches Gefühl zwischen Sein und Werden aus. Einerseits kann sich die menschliche Aktivität im Rahmen eines Wohnungswechsels nur in der Dimension des *Werdens* ausdrücken, denn was geschieht braucht Zeit. Andererseits kann sich diese spezifisch mobilitätsbezogene Aktivität lebenspraktisch auch nicht *dynamisch* in die Zeit hineinstrecken, weil im Allgemeinen kein Mensch weder *allmählich* umzieht,

16 Minkowski: Die gelebte Zeit I.

17 Minkowski: Die gelebte Zeit II, S. 232ff.

18 Vgl. Minkowski: Die gelebte Zeit I, S. 88.

noch seine Investition von Aktivität nach Belieben in der Zeit verteilt. Die wohl meisten Umzüge werden auf ein relativ klar definiertes Zeitfenster hin vorbereitet und umgesetzt. Die Option der beliebigen zeitlichen Verteilung notwendiger logistischer Aktionen kommt gar nicht erst in Betracht. Mögliches Simultanwohnen an zwei Orten scheidet schon deshalb aus, weil es beträchtlicher, vor allem aber weitgehend nutzlos investierter Mittel bedürfte, zwei oder noch mehr Wohnungen nebeneinander aufrecht zu erhalten – sofern es sich dabei nicht um Standorte dauerhaften Wohnens an mehreren regulären (Erst- und Neben-)Wohnsitzen handelt.

Jede Phase in der relativ langen Zeit eines anzubahnenden und abzuschließenden Umzuges wirkt auf unterschiedlichste Aktivitäten ein und zurück, die mit ihm zu tun haben. Schon seine Erwartung legt sich atmosphärisch über die RaumZeit vor einem Wohnungswechsel. Die Erwartung begünstigt (indem etwas ja *noch nicht* ist) die gelebte Distanz, sowohl zur RaumZeit des *Noch-Hier,* als auch zu allem, was eindeutig in der Zukunft liegt, also in der Gegenwart noch gar nicht bewältigt werden kann. Zugleich muss aus einem gewissen Bereitschaftsmodus dennoch die Kraft zum engagierten Streben in die nahende Zukunft erwachsen. Weit vor einem aktuell drängenden Zwang zum praktischen Tun steht die Erwartung gleichsam zwischen *Noch* und *Noch-Nicht* in einer Spannung zwischen Aktivitätsbereitschaft und ausharrendem Warten. Das Verhältnis zur Erwartung wie zur Aktivität wird dabei affektiv gestimmt. »In der Aktivität streben wir auf die Zukunft hin, in der Erwartung hingegen leben wir die Zeit sozusagen in umgekehrter Richtung; wir sehen die Zukunft auf uns zukommen und warten, daß diese (vorausgesehene) Zukunft Gegenwart werde.«[19] Der sich schließlich spürbar nähernde Wohnungswechsel vermittelt eine Art nervöser Oszillation, in der die Erwartungen unruhig durcheinanderlaufen. Was *noch* nicht gegenwärtig ist, aber erwartet wird, strahlt *schon* in sich ankündigende Gegenwart aus. Das unsicher Erwartete legt sich wie ein dünner Nebel über alles, was man hat und kennt. Das Altvertraute bietet in seinem bevorstehenden Verschwinden aber keinen tragfähigen

19 Ebd., S. 93.

Rahmen mehr, der für die Zukunft eine emotionale Fassung anbieten könnte. In seinem sich andeutenden Verschwinden gerät tendenziell alles auf Abstand. Emotionale Sicherheit gibt es in der Zeit der Erwartung nur schwerlich. Und so lebt der sich im Erwarten Einrichtende im Vakuum einer brachen RaumZeit. Jede Situation des noch bevorstehenden aber doch schon in Vorbereitung befindlichen Umzuges zwingt auf einen Grat sich ineinander verschiebender Rück- und Vorschauen. Das Gewohnte des Eingewohnten zieht seine affektiven Spuren des *Noch*-Seins in die Vorstellungen bevorstehenden neuen und anderen Wohnens und Lebens. Darin schwelt (zumindest potentiell) schon der Konflikt zwischen Aus- und Einwohnung, denn aus dem Jetzt hallt anderes vor als aus der Erwartung zurück.

Die in der Erwartung eines Wohnungswechsels gelebte Zeit ist eine Zeit der Kompressionen, der Verwirrungen und Irritationen: *Kompression*, weil nichts in Ruhe und Gelassenheit geschehen kann, sondern zur gedrängten wie eiligen Handlung treibt. *Verwirrung*, weil aus der Dichte ihrer Überlagerungen die Dinge ihre Orte verlieren. So geht in schillernden Farben auf, was in Erlebnisbildern der Gewöhnung einst klar und geordnet erschien. *Irritation*, weil in der Folge von Kompression und Verwirrung die gewohnten Dimensionen der Orientierung (Hier und Jetzt, Dieses und Jenes) durcheinander geraten. Die Rhythmen der vor einem Wohnungswechsel gelebten Zeit disponieren die Stimmung des Aushaltens im fortdauernden Hier und Jetzt, aber ebenso im hoffenden Erwarten.

Die limitierte menschliche Lebensdauer[20] zwingt zu unfertigen Entscheidungen, die dem pragmatischen Zweck folgen, mit dem Leben fertig zu werden, so wie es eine aktuelle Situation verlangt. In besonderer Weise sind es solche des Umbruchs (wie die eines bevorstehenden Wohnungswechsels), die zu »unreifen« Entscheidungen

20 »Die perspektivische Verkürzung, in der uns die Dinge dieser Welt nicht nur erscheinen, sondern in der wir mit ihnen fertig zu werden haben, duldet einfach nicht ein Verhalten, das einem Gott erlaubt ist, der aus der Vogelperspektive der Deduktion auf alles gleichmäßig herabsieht.« (Plessner: Grenzen der Gemeinschaft, S. 54).

verführen, auf keiner in Gänze rationalen Abwägung beruhen und einem *Gefühl* für das intuitiv Richtige nachgeben. Im Wissen um die Fragilität solcher Taten stellt sich eine chronische bzw. anhaltende Unsicherheit ein, die stimmungsmäßig alles umfasst, was die Praxis des wohnenden Übergangs betrifft. Der atmosphärische Druck der Verunsicherung resultiert auch daraus, dass sich die Situationen des Aus- und des Einziehens nicht *getrennt* beherrschen lassen, denn beide Prozesse sind unaufhebbar ineinander verzahnt – in einem körperlich-allokativen wie leiblich-affizierenden Sinne. Wer aus einer Wohnung auszieht, muss nicht nur Räume leeren, sich darüber hinaus vielmehr auch selbst für das *emotionale* Verlassen einer vertrauten Welt bereitmachen. Es werden nicht nur Dinge weggeräumt, die man wie ein nicht mehr benötigtes Glas Wasser einfach ausschüttet. Es müssen auch Gefühle der Vertrautheit, der Gewöhnung und der noch nachwirkenden Beheimatung ausgeräumt werden. Dies verlangt die emotionale Investition von Distanz, nicht um eine Perspektive der Sachlichkeit einzunehmen, sondern um sich von einem behagenden Gefühl frei zu machen. Und dies in der Hoffnung, dass die einstweilen noch ausstehende wie unsichere Beheimatung an einem anderen Ort zu einer ähnlichen Zufriedenheit führen möge. Deshalb dauert ein Wohnungswechsel in seiner *mentalen* Beanspruchung auch meistens weit länger als das tatsächliche (rein allokative) Umziehen. Auf der Schwelle des Ortswechsels ist deshalb die Furcht zuhause. In ihr stellt sich ein Übel dar, dem schwer zu entrinnen ist. Dennoch ist in der Furcht das Gefühl (im Unterschied zur Angst) beherrscht.[21]

Ein Umzug geht stets mit Unsicherheiten einher, mit dem nie in Gänze Vorhersehbaren, dem Improvisierten und manchmal auch dem Riskanten. Das Unsichere macht ebenso den Kern von allem schwammig Bevorstehenden aus. Dies macht in seiner Diffusität zwar keine Angst, nährt aber doch ein Gefühl des offenen und schwer beherrschbaren Ausgesetzt-Seins. Abgeschwächt wird dies dadurch, dass es von der Gegenkraft der Hoffnung in Grenzen gehalten wird; das Gegenlager

21 Während der Furchtsame »ratlos still steht«, rennt der von Angst Getriebene panisch umher (vgl. auch »Furcht« in: HWdAg, Band 3, Sp. 218f.).

der Furcht ist die Hoffnung. Sie wird vom Gefühl des Heraus-Wollens aus der Erfahrung des *Noch-Nicht* getragen wie angetrieben. Wenn sich die tatsächlichen Erfolge eines Wohnungswechsels durch schleifende und sperrige Prozesse zumindest anfänglich noch als ungenügend darstellen müssen, so spannt die Hoffnung einen fragilen Bogen ins Erwünschte, so sehr auch dies noch in einem Halbdunkel der Unsicherheit liegen mag.[22] Wer umzieht, lebt infolge von Auflösung und gleichzeitiger Rekonstitution in der Spannung konkreter Hoffnungen und diffuser Befürchtungen.

5.3. Schwellen

Während sich die Vorbereitungen eines Wohnungswechsels über längere Zeit (in aller Regel mehrere Wochen) hinziehen, wird ein letztlich stattfindender Umzug (z.B. von einer Stadt zur anderen) üblicherweise an einem Tag abgewickelt. Auch bei größeren Entfernungen und transporttechnologisch anspruchsvollem Umzugsgut erstreckt sich die erforderliche Zeit auf kaum mehr als zwei Tage. In logistischer Hinsicht ist der Schwellencharakter eines Wohnungswechsels offensichtlich. Dieser stellt sich zunächst als Aufgabe der Zurücklegung einer Wegstrecke im tatsächlichen Raum. Der atmosphärische Schwellengang nimmt dagegen in der Dimension seiner emotionalen Herausforderung eine weit größere Zeitspanne in Anspruch. Die *mentale* Grenzüberwindung zwischen dem alten und neuen Ort des Wohnens braucht Zeit. Gefühle des »Noch« in den Räumen einer bald aufzugebenden Wohnung und des »Schon« im Gefühl sich anbahnender Beziehungen zu erst noch einzuwohnenden Räumen bauen sich zu einer atmosphärisch widersprüchlichen Gemengelage der Empfindungen auf. Auf der Schwelle auswohnender Entbindung und beginnender Einwohnung überlagern sich im raumzeitlichen Selbsterleben die Gefühlsfarben bergenden Zuhause-Seins konfliktiv und kontrastierend.

22 Zur Hoffnung in diesem Sinne vgl. vor allem Bloch, Das Prinzip Hoffnung sowie dazu Hoefer: Das Prinzip Hoffnung.

Die zum Einzug bereitstehende Wohnung präsentiert sich einstweilen in leeren Räumen, in denen noch das mindeste Wohnzeug fehlt. Eine noch nicht bezogene Wohnung zeigt sich atmosphärisch deshalb auch in einem gefühlsmäßigen Vakuum. Die Atmosphäre eines tatsächlichen Raumes der möglichen Platzierung von allem Möglichen steht in einer Spannung zu den Erwartungen einer in bestimmter Weise erwünschten und erhofften Wirklichkeit noch nicht angefangenen Wohnens. Der zum Zwecke der Umzugsvorbereitung wiederholt kurzzeitige Aufenthalt in den »neuen« Räumen nährt (ohne programmatischen Anspruch) das Spektrum der Erwartungen. Auf der Schwelle des anstehenden Übergangs macht die Imagination den noch ungewohnten wie unverstellten Raum als ein herumwirkliches architektonisches Gebilde antizipierbar. Prädimensionale Höhe, Weite, Tiefe und Offenheit der noch nicht bewohnten Räume präsentieren sich in herumwirklichen Gefühlsqualitäten, die es nach der »verstellenden« bzw. raumfüllenden Möblierung mit Gegenständen des Wohnens nicht mehr geben wird.

Im Wesenskern der Schwellensituation eines Wohnungswechsels »lebt« die affektive Komplementarität eines situativen *Noch* zum einen und *Schon* zum anderen. Die daraus erwachsende Spannung verdankt sich weniger einer gefühlsmäßigen Polarität konkurrierender Gefühle, als der wechselseitigen Beziehung zweier nebeneinander wirksamer atmosphärischer Felder. Diese sind in ihrer Ausrichtung durch die Doppelstruktur eines *Hin-zu* und *Weg-von* gekennzeichnet. In keinem Wohnungswechsel stellt sich das *Noch*-Wohnen in einer aufzugebenen Wohnung und das Noch-*nicht*- bzw. sich ankündigenden *Schon*-Wohnen in erst noch einwohnungsbedürftigen Räumen als ein *Entweder-Oder* dar. Die sich stellende Aufgabe eines Schwellenganges ist die eines Sowohl-als-Auch, das darin besteht, eine aufzugebende Wohnung zu räumen und eine andere zu beziehen. Auf dieser Schwelle stellt sich letztlich die Frage, ob jemand *noch* wohnt, wenn schon alle Gegenstände weggeräumt sind bzw. *schon* wohnt, wenn erst Weniges in den neuen Räumen einer Wohnung wieder an Ort und Stelle steht.

Die beiden Zeitadverbien »noch« und »schon » präzisieren im gegebenen Bedeutungszusammenhang ein Zeiterleben, in dem das

Gegenwärtige in eine affektiv bewertende Beziehung zu einer nahen Vergangenheit (noch) bzw. nahen Zukunft (schon) tritt.[23] »Noch« bezeichnet die Fortdauer von etwas (einer Handlung, eines Prozesses oder eines Zustandes). Das so Fortdauernde schwebt zwischen spürbarer und sinnlich vernehmbarer Gegenwart zum einen sowie einer noch unscharf sich abzeichnenden Zukunft zum anderen. In dieser Form der Anwesenheit wird, was *noch* währt, in einer nicht näher präzisierbaren Erlebnismitte spürbar, die von einem gegenwartsspezifischen Zeiterleben getragen wird, das William James mit der Metapher des Sattels ansprach. Darunter verstand er einen wahrnehmbaren (aber nicht messbaren) Zeitkorridor, in dem eine gewisse Erlebnismitte der Gegenwart mit einer atmosphärisch nachwirkenden Vergangenheit und einer sich *schon* zu spüren gebenden Zukunft verzahnt ist. In diesem sattelartigen Gegenwartsverständnis fußt neben dem Zeitadverb »noch« ebenso das Zeitadverb »schon«. Was *schon* ist, strebt zwischen Vergangenheit und Gegenwart nach einer erlebnismäßigen Bestimmung, die aber einstweilen unscharf bleibt.[24] Darin gibt ein überraschendes Moment (i.S. von »früher« als eigentlich erwartet[25]) den Ton an. »Schon« sagt damit – ebenso wie »noch« – nichts über Beziehungen reiner Lagezeit aus, sondern über das subjektive Zeiterleben, die *gelebte Zeit* oder die *modale Lagezeit*. Die (Sattel-)Zeit eines Umzuges wird in der Art und Weise, in der sie irritierend am gewohnten Erleben alltäglicher lebenszeitlicher Rhythmen zerrt, bewusst und damit denkwürdig.

Während das dahinlaufende Leben – von der Macht der Gewohnheiten in einem Strom des Selbstverständlichen gehalten – mehr am Wirklichen (im Gegenwärtigen) denn am Möglichen (im Zukünftigen) hängt, so ist dies in der schwellenartigen Zeit eines Umzugs anders. Der nicht nur zum mentalen, sondern auch zum praktischen Wohnungswechsel Bereite muss sich eine Fassung für sein zukünftiges Leben erst noch schaffen. Das *Mögliche* ist darin nur so lange lenkend und leitend,

23 Vgl. DWB, Band 13, Sp. 866ff.

24 Vgl. DWB, Band 15, Sp. 1460.

25 Vgl. ebd.

bis sich neue Ordnungen der Dinge, Situationen und Aussichten reetabliert haben und das erst probeweise Eingewohnte und Neue einverleibt ist. Mit dem sich abrundenden Einwohnen konstituiert sich auf der der Zukunft des Sattels zugeneigten Seite sukzessive eine neue Alltagswirklichkeit wohnend gelebten Lebens. Das Wohnen kann seine Lebenskraft sodann wieder stärker aus einem rekonstituierten Vermögen der Orientierung im Hier und Jetzt schöpfen, wenn es auch anfangs noch der mehr affektiven als kognitiven Anstrengung zukunftsbezogener Programme der Antizipation *möglichen* Seins bedarf.

Schwellensituationen werden in ihrem affektiven Erleben durch Irritationen und Störungen intensiviert. Solche prinzipiell desorientierenden Eindrücke sind auch das Produkt von Pendelbewegungen zwischen einer alten und einer neuen Wohnung. Aus diesem atmosphärischen Dazwischen generiert sich eine gewisse Hypersensibilität gegenüber wechselnden Orten eigenleiblichen Daseins. Dies liegt vor allem daran, dass sich die affektiven Beziehungen zum alten wie zum neuen Ort des Wohnens kontinuierlich mit dem Fortschritt der Vorbereitungen des Wohnungswechsels verändern. Dabei kommt es der Synchronisierung von Aus- und Einwohnung entgegen, wenn die Beziehungen zur aufzugebenden Wohnung brüchig und die zur neuen intensiver werden. Mit vorschreitender Zeit wird das vom Neuen Erhoffte emotional mächtiger, während sich die Bindungen zum Altvertrauten lockern und schließlich blasser und blasser werden. Indes haften die einverleibten Bindungen an einen gewohnten Ort je nachhaltiger am atmosphärischen Gefühl der Hingehörigkeit, desto länger sich das Leben wohnend an ihm entfaltet hat. Je intensiver eine gewohnte Gefühlswelt fortlebt, desto schmerzhafter, wenn nicht gar traumatisierend, wird die Ablösung und der Übergang ins neue Wohnen. Wer nach einem logistischen Umzug rein praktisch auch gut an seinem Zielort angekommen ist, mag den Wechsel im Ganzen doch als misslungen empfinden, wenn das Gewohnte nichts von seiner emotional bindenden Macht verliert und die Erinnerungsbilder des aufgegebenen Wohnens *gleichwertig* neben den Erwartungen gelungenen Wohnens am neuen Ort stehen. Noch größer wird die Disharmonie, wenn das Altvertraute am Ende das vom Neuen Erhoffte und Ersehnte immer noch überstrahlt.

Ebenso gibt es Eindrücke, die dem Prozess der Ablösung erleichternd entgegenkommen. Oft sind es marginale und zufällige Ereignisse irgendeines banalen Scheiterns im Milieu des noch fortdauernden Wohnens (noch »diesseits« des Umzuges), die sich als emotionale Katalysatoren der Entbindungsbeschleunigung anbieten. Es mag ein Wasserrohrbruch in der Straße sein, der ohne persönliches Verschulden überall hätte passieren können, der das Immer-so-weiter-Wohnen nun plötzlich aber mit einem Manko belastet. Nüchtern betrachtet, wäre das allerdings nicht mehr als ein alltägliches, eher kleines und mit technischen Mitteln leicht zu lösendes Problem. Unter der Bedingung eines irrationalen Konflikts (der schwerfallenden Entbindung von einer über Jahre gewachsenen Ortsbeziehung) kommt es jedoch nicht auf Kausalität und Plausibilität an, sondern auf die affektlogische Zurechenbarkeit eines Geschehens, hier zum (*noch*) gewohnten Wohnen. So wertet ein im Prinzip nicht im mindesten lebensbedeutsames Problem die Bindung an den Ort des aktuellen Wohnmilieus ab, obwohl das Problem doch gar nicht ortsspezifisch ist. Im Kontrast der zwischen Ein- und Auswohnung sich konflikthaft zuspitzenden Gefühle bewährt sich der Selbstbetrug. In der Vergiftung einer noch andauernden Ortsbindung erleichtert er die Einwohnung in eine *neue* Umgebung. Eine Störung, situative Dysfunktion oder ein allein *aktuelles* Problem können auf der emotionalen Schwelle zwischen zwei Welten stark genug werden, um den Rückblick ins vergangene Wohnen einzutrüben und die hoffnungsvolle Erwartungshaltung gegenüber der erwünschten Lebensqualität in neuen »Häuten« des Wohnens zu überhöhen.

Zuständliche wie aktuelle Situationen individuellen wie gemeinsamen Wohnens beinhalten immer die personale Einbindung in soziale Netze, insbesondere der Kommunikation. Damit ist nichts über die Qualität solcher Vernetzungen und Knoten gesagt und auch nichts über Sackgassen, in denen sich die eigene personale Präsenz in der Lebenswelt anderer resonanzlos verlieren kann. Mit jedem Wohnungswechsel lösen sich vor allem solche sozialen Knoten, die in Nachbarschaft und Region hineingeknüpft waren. Betroffen sind zunächst eher oberflächliche alltagsweltliche Beziehungen zu anderen Menschen. Wenn sie auch nicht gleich abbrechen, so leiern sie doch bald aus und werden schließlich brüchig. Am Zielort wohnenden Wanderns mangelt es zumindest so lange an neuen und vor allem vitalen Vernetzungen, wie der Prozess des Einwohnens noch schleppend und reibungsintensiv vor sich geht, solange man sich also nicht in neue bergende Netze gleichsam »hineinfallen« lassen kann. Aber hier und da – gebunden an Situationen flüchtiger Begegnung im neuen Wohnhaus und Wohnumfeld – bilden sich mitunter frisch geknüpfte und hoffnungsvoll erlebte Knoten im sozialen Zur-Welt-Kommen. Hoffnungsvoll sind die solchen Begegnungen anhaftenden Kontakte dann, wenn sie auf optionale Schnittstellen perspektivischer Gemeinsamkeiten aufmerksam machen. Es kommt dem Blick auf die noch nicht vertraute soziale und räumliche Welt neuen Wohnens entgegen, wenn sich zumindest vage Perspektiven der Neuanbindung ans Leben anderer ankündigen. Solche Eindrücke entfalten doppelte Wirkungen. Sie erleichtern das Auswohnen wie das Einwohnen, kommen damit der emotionalen Entbindung vom umzugsbedingt aufzugebenden alten Wohnort ebenso entgegen wie der Anbindung an einen neuen. Gutes (viel mehr als nur »schönes«) Wohnen verdankt sich ganz essentiell der Integration des eigenen Lebens in das anderer.

Noch-*Nicht*-Wohnen hebt sich vom *Noch*-Wohnen durch leere oder spärlich und unfertig möblierte Räume, fehlende oder erst dünne soziale Netze sowie auf sich warten lassende Vertrautheit ab. Wo sich Orte als *mögliche* Plätze für Dinge wie den behagenden Aufenthalt lediglich *unsicher* in Aussicht stellen, ist und bleibt alles in die Schwebe. Weitgehend leeren Räumen mangelt es an *platzierten* Dingen, an denen sich Fäden atmosphärischen Einwohnens entspinnen können. Umgekehrt sind es aber auch die ersten in einer konkreten Raumecke abgestellten Dinge, die das Vertrauen auf einen gelingenden Prozess einräumender Einwohnung stärken. Leere oder relativ leere Räume suggerieren in ihrer Unverstelltheit jene noch offene atmosphärische »Fülle«, die sich als Milieu des gelebten Raumes suggeriert und damit als optionales Feld für die Gestaltung neuer Bindungen jedweder Art, einschließlich der Lebbarkeit neuer Wege der Beheimatung anbietet.

5.4. Zuspitzungen

Am Ende der logistischen Vorbereitungen eines Umzuges spitzt sich dessen Schwellensituation noch einmal spürbar zu. Weil das Wohnen auf einem minimalistischen Niveau unverzichtbarer Lebensabläufe bis zum Abtransport allen Wohnzeugs aufrecht erhalten bleiben muss, wird erst im letzten Moment das absolut Unverzichtbare weggeräumt und verstaut. In der kulminierenden Umbruchsituation zeigt sich das Gesicht der (immer noch) eigenen Wohnung in höchst unwirtlichen Zügen. Wenn beim finalen Ausräumen nur noch im Sinne des Wortes Übriggebliebenes wie ein Rest Milch für den Kaffee im Kühlschrank sowie ein Glas Ingwermarmelade und ein Messer auf der Fensterbank zur Hand sind, versagt eine Wohnung ihre elementarsten Dienste. Geradezu funktional ist im Vergleich dazu die ganz planvoll herausgelegte Filtertüte für eine letzte mögliche Tasse gehetzten Frühstückkaffes – bevor der Umzugs-LKW kommt.

Eine gefühlsmäßig prekäre Situation stellt sich ein, wenn das Bewusstsein, in der Mitte der Gegenwart zu stehen, sich plötzliche der Einsicht gegenüber sieht, dass die Gegenwart nur noch ein scharfkantiger Grat ist. Auf ihm schwinden die Spielräume möglichen Tuns, und der Blick ins Offene verliert sich an den Imperativ, das Unausweichliche einfach widerstandslos geschehen zu lassen. Die Welt des Wohnens ist nun tatsächlich wie atmosphärisch auf höchst unangenehme Weise in einen Zustand der Auflösung eingetreten. Gewohnte Ordnungen sind verloren und der konstruktive Blick auf die bevorstehende Reorganisation des Wohnens an anderer Stelle bleibt einstweilen versperrt.

Wand- und Deckenleuchten sind fast sämtlich demontiert. Das »übriggebliebene« Licht ist fahl und notdürftig. Umso mehr macht der Mangel die Bedeutung künstlichen Lichts als atmosphärische Bedingung wohnenden Wohlbefindens deutlich. Wenn der in einer Zimmerecke behelfsmäßig aufgestellte Werkstattspot auch letzte Erledigungen am dunklen Abend vor dem Umzug garantiert, so bleibt der Raum doch eher finster, als dass ihm das spärliche Licht eine auch nur halbwegs akzeptable Aufenthaltsqualität verleihen würde. Der Sinn aus- wie einzugsbedingter Provisorien ist evident, und die Auflösung der Wohnung macht keineswegs überraschend aus ihr eine nur noch sachlich-nüchterne Umgebung. Dennoch lässt das vermeintliche Chaos eine beunruhigende, befremdende, irritierende, verunsichernde, wenn nicht gar dystopische Stimmung aufkommen. Im Prinzip herrschen in den für den Abtransport zusammengestellten Kisten jedoch äußerst bewusst arrangierte Zwischen- oder Übergangsordnungen und gerade *kein* Chaos. Die Aufmerksamkeit oszilliert zwischen einem pragmatischen Sinn für alles, was in dieser Situation gar nicht anders sein kann und einer dennoch immersiv spürbar werdenden Anästhesie. Aus entleerten Zimmern tönen asymmetrische Missklänge. Die Dinge sind schon längst aus jedem vertrauten Rhythmus vitalen Alltagslebens herausgerissen. Hier und jetzt ist aus geradezu intimen Zusammenhängen entwunden, was eigentlich dazu da ist, eine Wohnung in behagenden Vitalqualitäten zu umfrieden. In der Situation kurz vor einem praktisch anstehenden Umzug verliert jedoch nicht nur die Ordnung der Dinge ihre Form. Verloren gehen viel mehr noch existenzielle Gefühle des Zuhause-Seins, deren einst wohlgestimmter Takt sich beinahe ohne Rest in disharmonische Akkorde auflöst. Dinge und Gefühle können sich nicht mehr an vertrauten und gewohnten Orten unterbringen lassen. Den Wohnraum gibt es bald nur noch als totes Gehäuse. Die Orte, an denen sich die Fäden gewohnter Bewegung entspinnen konnten, sind nicht mehr da. Was Willy Hellpach einen »Akkord«[26] nannte, verwandelt sich mehr und mehr in ein Gemenge schriller Eindrücke.

Der Missklang trifft am eigenen Leib auf ein stimmungssensibles Resonanzmedium. Eine diffuse Macht sich zersetzender Atmosphären strahlt zentrifugale Kräfte aus, die von überall her reflektiert werden – von leergeräumten Fensterbänken, kippgefährdeten Türmen aus Bücherkisten, zusammengerückten Blumentöpfen und einem Eimer voller Putzmittel. Vielleicht verbringen deshalb manche Menschen den letzten Abend vor ihrem Umzug nicht mehr in ihrer eigenen Wohnung, sondern bei Freunden oder Verwandten. Die »Flucht« sediert in

26 Hellpach: Sinne und Seele, S. 61.

gewisser Weise das bittere Gefühl, das sich über einen Ort einst maximaler Behaglichkeit legt. Der Rückzugsraum par excellence beginnt zu verschwinden, das Refugium des täglichen Lebens geht in nichts auf, und anstelle all dessen breitet sich Ödnis, Leere und ein Gefühl des Abgestorbenen aus. Als Folge der Zersetzung vertrauter Ordnungen stellt sich schließlich eine Entfremdung vom *genius loci* ein: ein sich plötzlich bemerkbar machender Verlust und das nachwirkende Gefühl nicht mehr existierender Beheimatung in einer herumwirklichen Welt, die über lange Zeit (vielleicht über Dekaden) Kraft aus der Ruhe, Gelassenheit und Entspannung gespendet hat.

Gleichsam »im letzten Moment« des »Aufenthalts« (viel mehr ist vom Wohnen nicht geblieben) steigen Collagen der Erinnerung wie aus dem Nichts ins verlorene Hier-Sein auf. Die springenden Bilder lassen an alles Mögliche denken, was hier und dort in den sogenannten »eigenen vier Wänden« vor langer Zeit oder gerade eben erst geschehen ist. Solche ins Kraut schießenden Imaginationen vertragen sich als Gedanken- und Gefühls-»Ausflüge« in biographische Episoden nicht gut mit dem ohnehin schon abgedunkelten Erlebnisbild eines in die Auflösung versetzten Lebensgehäuses. Sie führen nur zur weiteren Verdunkelung. Am Ende der Zeit *dieses* Wohnens geht die Synchronisierung gegenwärtiger und biographisch längst vergangener Eindrücke verloren, und im Kurzschluss dekontextualisierter Eindrücke drängen sich Bilder zwei ganz verschiedener Endlichkeiten ins Bewusstsein – eines aktuellen Endes dieses Wohnens und einer *existenziellen* Endlichkeit von allem.

Ein jeder Wohnungswechsel strebt auf einen neuen Wohnanfang im weitergehenden Leben zu. Der setzt aber notwendigerweise ein Ende voraus, nämlich die Aufgabe einer nicht mehr gewollten oder aus irgendwelchen Gründen nicht mehr länger nutzbaren Wohnung. Ein solches Ende ist in seinem affektiven Erleben schon deshalb kein Schwamm, der alle möglichen existenziellen Ängste aufsaugt, weil dieses Ende mit einem ins Offene gehenden Neuanfang verbunden ist. Dennoch keimt im Zu-Ende-Gehen lange währenden Wohnens eine Psychodynamik des Abgründigen. In ihr treibt sich ein im existenziellen Sinne *universelles* Zu-Ende-Gehen ins nachdenkende Bewusstsein. Indirekt werden damit religiöse Gefühle berührt.

Die Religionen wurden in der Geschichte der Menschheit aus dem sozialpsychologisch drängenden Motiv ersonnen, individuell aufflackernde Bilder persönlicher Endlichkeit von abgründiger Angst in die Hoffnung umzuleiten.[27] Dank der suggestiven Macht liturgischer Rituale und phantastischer Geschichten ewigen Lebens setzt sich der Glaube an ein postmortales Leben schließlich an die Stelle existenzieller Angst. Göttliche Mythen schmücken imaginäre Weitehorizonte der Gläubigen verklärend und beruhigend aus. Aber die romantizistischen Narrative sind störanfällig; schon profane Erfahrungen *irgendeines* bevorstehenden Endes (weit diesseits existenzieller Endlich*keit*) können genügen, das schlechthinnige Trauma der Menschheit wieder wachzurufen und die Halluzinative der Religionen zu schwächen. Zugespitzte Situationen der Finalität, in denen »ein« Ende (wie das des Wohnens an *diesem* Ort) unverstellt zur Anschauung kommt, können das Profane transzendieren, existenzielle Fragen provozieren und erhoffte Zukunftsperspektiven eintrüben. Auch von der sich zuspitzenden Grat-Situation einer leegeräumten Wohnung, in der auf den Abtransport des Umzugsgutes gewartet werden muss, bahnt sich nur ein bedingt zuversichtlicher Blick ins Morgen; allzu fragile Ordnungen vermögen verdunkelte Stimmungen kaum aufzuhellen. Hoffnung auf ein gutes Leben will frei sein von lastenden, drückenden und quälenden Gefühlen, in denen Altes und Verbrauchtes wie ein schwerer, schmutziger Vorhang den Blick ins Frische und Leichte verdirbt.

Das vergangene, an einem Ort gelebte Leben gärt nach. Es hält das Hier-und-Jetzt in retrospektiven Gedanken fest und bremst die optimistische Schubkraft beim Abschütteln von Psycholasten der Vergangenheit. Es frisst sich ins aktuelle Befinden und fixiert das Ergehen. Zwar weiß man in der Situation unmittelbar vor einem Umzug, dass eher eintrübende als erleichternde Stimmungen nur Ausdruck einer »ganz verständlichen« Desorientierung sind. Deshalb kann man auch

27 Vgl. auch Feuerbach: Die Unsterblichkeitsfrage vom Standpunkt der Anthropologie.

schon am nächsten Morgen vom festen Griff des Faktischen im besten Sinne *rettend* ernüchtert werden. Unter der aktuellen Gefühlsmacht des Festsitzens auf einem imaginären Grat »zwischen« gegenwärtigen Phasen der gelebten Zeit lassen sich unwillkommene Gefühle jedoch nicht einfach vertreiben. Sie haften am beinahe schon verlassenen Ort, weil sie von der sinnlichen Gegenwart des Demontierten und für die Mobilisierung Bereitgestellten festgehalten werden. Ein zukunftsoffener Blick auf neue Perspektiven kommt von beengenden Gefühlen angesichts einer um sich greifenden Zersetzung einstweilen nur schwer los. Besserung steht am Ende aller Transportbewegungen zumindest in Aussicht: in der progressiven Regression – dem beginnenden Einräumen einer neuen Wohnung, womit zugleich die Arbeit des Einwohnens anfängt.

5.5. Erwartendes Warten

Indem das Wohnen in seiner Offenheit gegenüber einer unbestimmten Zukunft an ein absehbares oder sogar genau terminiertes Ende stößt, verändern sich die faktischen und wahrnehmungsbezogenen Voraussetzungen der an diesem Ort noch bevorstehenden Zeit. Die »gelebte« Zeit, deren Wesensmerkmal nach Eugène Minkowski das »*Werden*«[28] ist, verliert ihren Halt, weil der vertraute Horizont selbstverständlich dahinrinnender Alltäglichkeit verschwimmt. Das sich wohnend an einem Ort ereignende *Werden* strebt allein noch in eine limitierte Zukunft; es stößt an eine Grenze, die ihre Schatten ins Jetzt zurückwirft. Die absehbare Unterbrechung des Wohnens hat das aufkeimende Gefühl einer *nicht* mehr dahingleitenden Dauer zur Folge. Die Strömungszeit *gewohnten* Wohnens büßt ihre sanft sedierende Macht ein; ins Bewusstsein tritt die Gewissheit einer kontingentierten Zeit.

Wer einen Umzug vor sich hat, strebt zwar nicht auf ein Ziel zu wie ein Wettläufer auf die Ziellinie. Leitend ist eher ein halb diffus, halb konkret erwartendes Warten, vor dessen Horizont die Bilder des

28 Minkowski: Die gelebte Zeit I, S. 26f.

Wohnens zu verwackeln beginnen. Die Atmosphäre am Ort des *Noch*-Wohnens ist durch die bis zum Tag des geplanten Auszuges verbleibende Zeit eingeengt. Wer so wartet, ist auf etwas *Er*-wartetes gerichtet, in dem sich die Grenzen zwischen einem Gegenstand auf der Objektseite und dem eigenen Selbst verwischen. Erwartet wird nicht nur ein rein allokativer Wohnungswechsel, der Umzug von einem Ort des Lebens zu einem anderen, sondern vielleicht mehr noch ein anderes und neues Gefühl des *Lebens* in einer noch ungewohnten Gegend. Ein verändertes Selbst-Sein wird von der affektiven Einstellung zum bevorstehenden Wandel ganz wesentlich gestimmt. Einige Differenzierungen zu verschiedenen Erlebensformen, die Karlfried Graf von Dürckheim macht, können hier zu mehr Klarheit verhelfen.

Dürckheim unterscheidet zwischen ungerichteten und gerichteten Erlebnisformen. Unter den ungerichteten versteht er solche, in denen das Leben ohne herausragende affektive Berührung und Betroffenheit dahinläuft.[29] Es sind dies die in großer Selbstverständlichkeit wie in einem langweiligen Film vorüberlaufenden Eindrücke, in denen nichts die Aufmerksamkeit in besonderer Weise auf sich zieht. Den Inhalten der gerichteten Erlebensformen ist man dagegen »in Aufmerksamkeit zugewandt«[30]. Den Wechsel zwischen beiden Modi des Mitschwimmens im Lauf der Dinge sieht er durch ein erweckendes Moment ausgelöst: »Wo jedoch der ungerichtet Erlebende infolge irgendeiner plötzlichen und unerwarteten Veränderung innerhalb seines Gegenstandszusammenhanges »erschrickt«, findet er sich ebenso »plötzlich« auf ein bestimmtes Gegebenes gerichtet.«[31] Das tägliche Leben ist voll von *beiden* Erlebensformen. Lebensweltliche Selbstgewissheit vermittelt allein das Mitschwimmen und nicht das Aufschrecken. Gleichwohl nähren Schreck und Irritation die Sehnsucht nach der Normalität unauffällig dahingleitender Dauer. Aber das Plötzliche macht nicht nur den Wert beruhigten Lebens bewusst; es fokussiert auch die Aufmerksamkeit.

---

29 Vgl. Dürckheim: Erlebensformen, S. 273.

30 Ebd.

31 Ebd., S. 274.

Beide Haltungen sind für Dürckheim in ihrem Grundton überwiegend passiv; auch das gerichtete Erleben strebt ja nicht a priori schon aktiv und programmatisch einem Ziel zu. Deshalb unterscheidet er innerhalb der Formen gerichteten Erlebens zwischen einer zielstrebensfreien und einem zielstrebensbestimmten Form. In der zielstrebensfreien Haltung ist das Subjekt zwar einem Gegenstand zugewandt, akzeptiert das Erscheinende aber doch als etwas »Hinzunehmendes«[32]. Im Unterschied dazu wird in der zielstrebensbestimmten Haltung eine »Zuständlichkeitsveränderung« angestrebt; das Streben geht in »eine bewußte Richtung – ein Streben zu einem andern Jetzt hin.«[33] Dieses *Hin-zu* impliziert eine affektive Betroffenheit von dem, was ist und dem, was programmatisch sein *soll* und deshalb angestrebt wird. Daher sind solche Ziele oft auch nicht allein auf die Veränderung eines Gegenstandes beschränkt, schließen vielmehr eine Veränderung des Selbst-Seins ein. »Im zielstrebigen Erleben habe ich Gegebenes im Hinblick auf das Ziel und dieses (und damit das Gesamtgegebene) ungegenständlich in bezug auf mich.«[34]

Die einem Umzug unmittelbar vorausliegende Phase seiner Vorbereitung wird von Aktivitäten beherrscht, die beinahe selbstverständlich einer zielstrebensbestimmten Haltung folgen. Und tatsächlich versteht sich darin ein in gewisser Weise »aufgeregter« Aktivitätspegel zur Erledigung des Unvermeidlichen von selbst. Die Verdichtung solcher Aktivitäten allein darf jedoch nicht als sicheres Zeichen einer im engeren Sinne zielstrebensbestimmten Haltung gedeutet werden. Menschen, die sich weniger euphorisch oder planvoll und in lustvoller Absicht auf einen Umzug einstellen, sondern ihn (aus welchen Gründen auch immer) als etwas Unabwendbares hinnehmen, könnten somit auf den ersten Blick als Repräsentanten zielstrebensfreier Einstellungen angesehen werden. Gleichwohl sind sie schon durch eine ganze Reihe programmatischer Rahmungen ihrer Situation zu einer zielstrebensbestimmten Haltung gleichsam verurteilt, auch wenn sie

32 Ebd., S. 276.
33 Ebd., S. 304.
34 Ebd, S. 309.

dem absehbaren Geschehen im Ganzen eher in einem zielstrebensfreien Habitus gegenüberstehen. Mit anderen Worten: Das erwartende Warten wird in seinen Vitaltönen ganz wesentlich davon gestimmt, wie eine Person zu dem eingestellt ist, was sie erwartet.

Das Warten auf einen Umzug harrt nicht ins Leere; es hat *erwartenden* Charakter.[35] Heinz Schilling spricht dann von einem »Zielwarten«[36], wenn man *für* etwas Erwartetes wartet. Warten geht folglich dann auch in keiner Nichthaftigkeit der verbrachten Zeit auf. Das Leben vor einem Wohnungswechsel ist ja »innerhalb« dieses spezifischen Wartekorridors Programmen des Weiter-Wohnens unterworfen, muss also zugleich den sich fortan stellenden Ansprüchen des wohnenden Alltages genügen. Dieses Warten ereignet sich somit vor dem Horizont aller möglichen Handlungen, die mit dem Warten gar nichts zu tun haben. Das Warten auf einen Umzug hat deshalb auch einen anderen Gefühlston als das Warten auf ein verspätetes Flugzeug, bei dem die Wartedauer in einer gleichsam monochronen Zeit ausgehalten werden muss. Nur ausnahmsweise mischen sich ins Warten (»professioneller« Warter) alltägliche Tätigkeiten ein, soweit sie in die Situation des Wartens »mitgenommen« werden können (in der Wartezone der Airports z.B. die Erledigung vom E-Mail-Korrespondenz am Laptop[37]). Der atmosphärische Vitalton des Wartens auf einen Umzug rückt jedoch im Spiegel wechselnder Stimmungen immer wieder in die Mitte der Aufmerksamkeit. Ebenso schnell wird diese aber erneut von Ansprüchen auch wieder zurückgedrängt, die der überhörbaren Hintergrundmusik in die Performativität des Alltäglichen folgen.

Sobald das Erleben der sonderweltlichen Zwischenzeit zeitlich gestreckten Wartens von einem *konkreten* Erwarten affektiv überformt wird (z.B. des Eintreffens der Träger des Spediteurs), spitzt sich die gelebte Zeit im Bewusstsein zu. Die sich in einem dahinschleppenden Erlebnismodus versteifende *Zähigkeit* der Dauer wird nun in

---

35 Vgl. dazu Hasse: Die Aura des Einfachen, Kapitel 7.

36 Schilling: Welche Farbe hat die Zeit?, S. 288.

37 Vgl. auch Hasse: Die Aura des Einfachen, Kapitel 7.

Gefühlen angespannter Zeit *vor* und *für* etwas spürbar.[38] Die Macht des Zielstrebens steuert noch jede zielstrebensfreie Wartedisposition unter die Rationalität umzugsspezifischer Programme. Kurz vor dem unmittelbaren Beginn eines Wohnungswechsels rettet nur die explizit pragmatische Orientierung auf das bevorstehende Ziel über den Grat des meist turbulenten Ereignisses hinweg. Dessen Erleben ist auch dadurch bestimmt, dass kein Umzug ein Wert und Ziel an sich ist, vielmehr nur Mittel zum Zweck. Im Wort der *Er*-wartung klingt dieses affektive Moment einer spezifischen Involviertheit an. Jedes Warten rechnet an seinem ersehnten Ende mit dem Eintritt des (in noch so ambivalenten Gefühlen) Erwarteten sowie der Befreiung vom Warten.

Erwartendes Warten ist ambivalent. Es wird nämlich nicht nur etwas Bestimmtes erwartet, oft vielmehr zugleich Unerwartetes befürchtet und Anderes einfach nur ausgehalten. Da niemand im Allgemeinen in seiner alten *und* neuen Wohnung zugleich lebt, müssen die »alten« Räume nicht nur geräumt, sondern auch emotional verlassen und die »neuen« nicht nur eingeräumt, sondern gefühlsmäßig auch angenommen werden. Dabei ist aber das Verlassen – trotz allen Wartens – so gebremst wie das Einwohnen des Neuen; nichts geht leicht oder von selbst. Hier wie da mangelt es am euphorischen Vortrieb, denn schon praktische Erfordernisse dämpfen die (Vor-)Freude und erschweren die Befreiung vom Zurückgelassenen. Es ist dieses Dilemma anhaltenden Gebunden-Seins ans Alte wie widerständigen Hinübergehens ins Neue, das das Werden der gelebten Zeit verlangsamt und mit einem affektiv mäßigenden Gewicht am Boden des nur Möglichen hält – so sehr der Wandel des Wohnens auch gewünscht sein mag. Eine auf kaum merkliche Weise zerreißende Kraft spannt die von einem Umzug Betroffenen in einen Widerspruch: auf der einen Seite ist, was man verlassen *muss*, aber doch (eher wider Erwarten) auch nicht einfach verlassen *kann*. Auf der anderen Seite strebt man voller Erwartung einem Ziel zu, von dem man doch nicht sogleich auch in Gänze aufgenommen wird.

---

38 Vgl. ebd., S. 247.

6. Stolpernde Neuanfänge

Am Ziel der Wanderung, am Ziel allen Wartens, Organisierens, Projektierens und Hoffens angekommen, bleiben euphorische Gefühle neuen Zur-Welt-Kommens einstweilen aus. Auch die schnelle, wenn auch punktuell noch improvisierte Reorganisation einer neuen Ordnung der Dinge ändert daran nur wenig. Es gibt keinen *schnellen* Durchbruch des Lichts am »Ende des Tunnels«. Noch nicht einmal der frische Geruch des Neuen – im direkten wie im indirekten Sinne – hilft über diese Schwelle hinweg. Gekappte Wohnwurzeln leben anhaltend nach und zögern das Ansässig-Werden hinaus. Dabei sind es nicht nur die Dinge, die an noch irritierenden, jedenfalls ungewohnten Stellen einstweilen fremd erscheinen und sich der Beheimatung in den Weg stellen. Das – von Wenigem abgesehen – altvertraute Wohnzeug geht in seiner Platzierung an neue Stellen nicht ohne weiteres in behagenden Atmosphären wieder auf, denn diese brauchen Zeit des Werdens sowie der gewöhnenden Einverleibung.

Dem glatten, spannungsentladenden Umschlag von Gefühlen der Entbergung, des Verlustes, Fremd-Werdens und Aufbruchs in die frische Wärme eines auf noch unverbrauchte Weise beheimatenden Wohnens stellen sich diffus bleibende atmosphärische Defizite entgegen. Bevor ein neues räumliches Milieu wieder Gefühle der Behaglichkeit zu stiften vermag, muss es bekannt und vor allem selbstverständlich geworden sein. Es ist das Gesicht der noch distanziert erlebten Räume, das die leichtläufige und dynamisch fließende Beheimatung erschwert – wenn es hier auch keine dunklen Nebel gibt, die aus einem Sumpf biographischer Ereignisse der Vergangenheit aufsteigen. Zwar können deshalb auch keine assoziativen Fetzen »alter Geschichten«, Ereignisse und Widerfahrnisse wie bedrohliche Schwaden umherwehen und trübe, verunsichernde wie bedrückende Stimmungen wecken. Jedoch ist die eigenleibliche Bewegung auch noch lange nicht mit einem Gefühl hingehörigen Wohnens verwachsen. Die Fensterblicke ins weitgehend unbekannte Draußen sind noch fremd und im Sinne des Wortes *sensationell*. Was man aus der Bewegung nach vielen Schritten sich vortastender Annäherung schon kennt, festigt sich in einem Gefühl für nahe Orte. Solches Nähe-Erleben ist nicht Resultat motorischer *Fort*-bewegung; es bildet sich vielmehr über *habituelle* Beziehungen zu Orten und Gegenden, die zunächst vor allem in der Nähe der neuen Wohnung liegen.

Hingehörigkeit wächst mit dem Gefühl für das kommode Herum. Auch verdankt es sich intuitiven »Wissens« um Höhen, Breiten und Abstände zwischen Möbeln und Wänden sowie schließlich des Gespürs für den Bogen, in dem man – ohne anzustoßen – um einen Gegenstand im proxemischen Raum herum muss, und dem Gefühl für die richtige Körperhaltung beim Öffnen eines schwer erreichbaren Fensters. Der gesamte hodologische Raum bedarf der sich allmählich vortastenden Einverleibung. Dies zumindest so lange, wie es noch noch keine »Trails« gibt, wie sie das Rotwild in den weichen Waldboden tritt, auf dass die anfangs frischen Spuren bald zu einem Pfad ausgetreten sind und beinahe wie ein angelegter Weg benutzt werden können. Das gleichsam »blinde« Hin- und Hergehen in den noch ungewohnten eigenen vier Wänden muss durch Übung zugunsten verbesserter Verhaltenssicherheit überwunden werden. Regelmäßig benutzte Bewegungspfade werden aber nur langsam einverleibt. Solange die taktile Wiedererkennung von Ecken, Türklinken und Wandkanten noch zäh und unsicher vorankommt, steht die Fortsetzung intuitiven Übens bevor. Auch wenn das Umziehen in logistischer Hinsicht schon abgeschlossen ist, so dauert es in seinen mentalen Nachwirkungen doch noch eine Zeitlang an. So lange wird im proxemischen Raum – vor allem im Halbdunkel der Nacht – eine gewisse Unsicherheit herrschen, die erst mit der Zeit verschwinden kann. Eine letztendlich eingewohnte Wohnung verbindet sich dann eines Tages als atmosphärische Umhüllung mit dem wohnenden Subjekt. Einige Psychologen sprechen deshalb auch von der Wohnung als »dritter Haut«[1].

Dem ersehnten Ankommen in Atmosphären des Bequemen und Behaglichen kommen nicht zuletzt die in einem fast unbemerkten Hintergrund der Gefühle bemerkbar werdenden Anhaftungen am aufgegebenen Ort vorherigen Wohnens in die Quere. Fern von der zurückgelassenen Wohnung bringen sich die Sedimente des Gewohnten mal als bedrückende Stimmung zur Geltung, mal auch nur als affektneutrale Erinnerungen. Vor allem dann, wenn das verlassene Wohnmilieu über viele Jahre vertraut und heimisch geworden ist, meldet sich ab und an ein zehrender Impuls des Abschieds, der die vorbehaltlose Offenheit gegenüber dem Neuen beschwert. Wie uns Gefühle der Enge und der Weite in leiblicher Kommunikation mit Dingen, Menschen und Situationen zwischen polaren Atmosphären und Stimmungen oszillieren lassen, so macht der Umzug, wenn er an sein Ziel gelangt ist, die Qualitäten des aufgegebenen Wohnens und eine damit zurückgelassene Lebensform in kontrastierenden Farben bewusst.

Neue Ordnungen der Dinge sind nicht nur Ergebnis *motorischer* »Einräumung«. Beim Einräumen, allzumal des Wohnzeugs, kommt es nicht nur auf die Zuweisung funktional, sondern auch atmosphärisch »richtiger« und guter Plätze an. Otto Friedrich Bollnow sagt über das Einräumen, »daß ich jedem Ding im Raum oder in einem Behälter in bedachtem Abwägen die Stelle zuweise, an die es fortan gehören soll und an die ich es immer wieder zurücklegen will, wenn ich es zum Gebrauch von dort fortgenommen habe.«[2] Die geradezu massenhafte Platzierung von Dingen in neue Räume des Wohnens stellt erhöhte Anforderungen an das Gespür für den genius loci, denn nicht alles steht schon da am rechten Platz, wo nur genügend Stell-Platz ist. Die Dichte und Lage der neuen Plätze fordert von den Wohnenden daher auch weniger ein topographisches Orientierungswissen als das Vermögen, sich auf den Wegen leiblicher Kommunikation mit dem Neuen vertraut zu machen. Vertrautheit der Bewegungssicherheit

1 Funke: Die dritte Haut.

2 Bollnow: Mensch und Raum, S. 208.

bildet sich nicht durch das kognitive Merken und Erinnern-Können bereits verbrauchter Stellplätze. Es bedarf vielmehr der habituellen Verinnerlichung einer noch ungewohnten Raumordnung.[3] Die sich auf immergleichen Wegen wiederholende eigenleibliche Bewegung im Nahraum bahnt solche Vertrautheit an. Als behaglich wird endlich erlebt, was in »inniger Bekanntschaft mit etwas«[4] nicht aus einer Fremdwelt, sondern der Eigenwelt vorscheint. Dabei spielt die Dauer des Wohnens, in besonderer Weise die gelebte Zeit *mit* den Dingen, eine intensivierende Rolle. Solange sich die Einräumung des in Kisten und Kartons lagernden Zeugs dagegen auf unbekannte Zeit verzögert, bleibt auch die ins Behagliche übergehende Abrundung von Beheimatung gebremst.

6.1. Fortschreitendes Einwohnen

Gegenstand der Einwohnung ist neben der Wohnung im engeren Sinne die Stadt (oder das Dorf) als erweiterter Wohnraum. Fortschritte des Einwohnens verdanken sich eher performativer Spuren des Mit- und Drin-Seins im lebensweltlichen Raum des Wohnens als detaillierter Planungen und Entscheidungen zu dieser oder jener Handlung. So kommt es auch ganz wesentlich auf das sich zu Gewohnheiten verfestigende »Hin- und Hergehen« im urbanen (oder ruralen) Raum an und nicht nur auf das intentionale Anstreben definierter Ziele. Im Zurückkommen verankert sich das Flottieren in Umgebungen und Gegenden in Gefühlen lokal-örtlichen wie herum-räumlichen Zuhause-Seins. Für Hermann Schmitz konstituieren sich im Hin- und Hergehen zwischen Stätten der Erledigung gefühlsmäßige Brücken des Heimisch-Werdens im Raum außerhalb der Wohnung.[5]

---

3 Erwin Straus spricht diese doppelte erkenntnistheoretische Struktur als »das gnostische und das pathische Moment in der Wahrnehmung« an (Straus: Die Formen des Räumlichen, S. 150).

4 DWB, Band 25, Sp. 1966.

5 Vgl. auch Schmitz: Heimisch sein, S. 34.

Wo nur als *objektiv* bedeutungsvoll erlebt wird, was in der Welt außerhalb der Wohnung ist und geschieht, ist Um-welt noch nicht zur Mit-welt geworden. Es sind dann die den Dingen, Menschen und Situationen in einem perspektivisch übergreifenden Sinne anhaftenden Sachverhalte, die als eine Dimension des faktisch Existierenden wahrgenommen werden und uns zeigen wo wir sind. Was eindrücklich wird, berührt aber dann noch keine *persönlichen* Bedeutungsprofile, keine Gefühle, an denen sich vitale Beziehungen zur herumwirklichen Welt entspinnen. Erst in der Verzweigung der aufs Eigene hinweisenden Affekte vertieft und festigt sich das Gefühl der Zugehörigkeit zu einer Umgebung.

Ein Beispiel mag das verdeutlichen. Ein auf dem Wasser des Hafenbeckens der neuen Wohnstadt großflächig dahintreibender Ölteppich mag im sachlich-nüchternen Blick als eine Wasserverunreinigung oder eine Belastung der Gewässerökologie wahrgenommen werden. Der Sachverhalt bleibt so lange ein objektiver, wie der Ölfilm allein nüchterne, rationale und verstandesmäßige Aufmerksamkeit findet. Man könnte (emotionspsychologisch) auch von »warmen« und »kalten« Kognitionen sprechen, die ein affektiv mehr oder weniger ergreifendes emotionales Erleben initiieren.[6] Was uns nichts angeht, weil es nicht berührt, bleibt auf dem Niveau nüchtern-sachlicher wie kognitiv-kalter Reflexion und damit fern von persönlichen Bedeutungen und Bewertungen. Im Fokus der Neuen Phänomenologie unterscheidet Hermann Schmitz in diesem Sinne zwischen objektiven und subjektiven Sachverhalten: »Ein Sachverhalt ist *objektiv*, wenn jeder ihn aussagen kann, falls er nur genügend viel weiß und genügend gut (in irgend einer Sprache) sprechen kann. Ein Sachverhalt ist *subjektiv*, wenn ihn höchsten Einer, und zwar im eigenen Namen, aussagen kann [...]«[7].

In unterschiedlichen Graden emotionaler Situationsverwicklung spiegeln sich Facetten der allgemeinen Lebensgestimmtheit eines Individuums wider. Derselbe Ölteppich im Hafenbecken, der des

6 Vgl. Scheele: Emotionen als bedürfnisrelevante Bewertungszustände, S. 73.

7 Schmitz: Neue Grundlagen der Erkenntnistheorie, S. 59.

einen Aufmerksamkeit allein im Fokus generaliserbarer Aussagen trifft (»... das ist eine üble Sache für die Ökologie des Gewässers«), oder *in der Sache* sich engagierter einlassend (»... das ist Ausdruck einer üblen Unachtsamkeit, wenn nicht gar groben Fahrlässigkeit«), bleibt zwar immer noch ein »sachbezogenes« Thema, verbindet sich in der Wahrnehmung aber doch mal weniger, mal mehr mit ethisch-gefühlsmäßigen Regungen. In beiden Fällen wäre der Sachverhalt aber noch nicht über die Schwelle des persönlich Bedeutsamen hinweggeschwappt. Eine Sache wird erst dann als etwas Persönliches erlebt, wenn situativ erscheinende Wirklichkeit die Stimmung berührt und damit individuelle Gefühle trifft. Mit anderen Worten: Wen der im Hafenbecken dahintreibende Ölteppich *angeht*, weil er *persönlich* erregt, ist in affektiv ganz anderer Weise von seinem Dahintreiben affiziert als jemand, der zur Distanz und nüchternen Analyse noch fähig ist oder gar jemand, den das alles kalt lässt, weil »sowieso alles zu spät ist«.

Der Unterschied ist im Hinblick auf die Frage des Einwohnens bemerkenswert, weil er auf einen Prozess der emotionalen (und nicht nur praktisch-faktischen) An-eignung von Weltsegmenten aufmerksam macht. Wer in eine andere Stadt oder ländliche Gegend umzieht, trifft auf einen zunächst noch unbekannten Wohn- und Lebensraum und eine anfangs unüberschaubare Dichte und Verstricktheit von Dingen, Bauten, Straßen und komplex verwobenen sozialen Netzen. Erst durch die häufige Wiederholung eigenleiblich mehr *gegangener*[8] als gefahrener Wege wird Fremdes allmählich ins Eigene einbezogen. Die sich ausdehnende Eigenwelt nimmt immer mehr Segmente einer ehemals distanziert erlebten Fremdwelt in sich auf. So werden die Dinge, Orte und Situationen mit einem persönlichen Geflecht von Gefühlen und Bedeutungen überspannt.

Für das im Hafen der neuen Wohnstadt treibende Öl heißt dies, dass der Raum nach begonnener Einwohnung nun kein beliebiger mehr ist, keine Welt nur objektiver Sachverhalte. Viel mehr – wenn auch nur in ersten Anzeichen – wächst er, als dem erweiterten Wohnraum zuge-

8 Vgl. Bollnow: Mensch und Raum, Kapitel IV/1.

höriger städtischer Raum, in die Eigenwelt ein.[9] An jenem imaginären Punkt, an dem eine objektivierte Situationsbewertung in die affizierende *Begegnung* »kippt«, tritt neben die sachlogische Irritation (hier durch die Verschmutzung des Wassers) eine emotionale Erweckung.[10] In der aktuellen Situation des Wohnungswechsels gab es dafür kaum Sensorien. Die ganze Aufmerksamkeit war noch von logistischen und organisatorischen Zwängen gefangen. Mit persönlichen Bedeutungen war noch mehr der Ort des Aufbruchs belegt als der der Ankunft. Gelingende Einwohnung dreht diesen Maßstab – eher Schritt für Schritt

---

9 »Manch Bewohner einer Stadt, der von auswärts zugezogen ist, kann früher oder später sagen, er fühle sich in dieser Stadt zu Hause, er sei in ihr heimisch geworden« (Schmitz: Heimisch sein, S. 25). An anderer Stelle führt Schmitz aus, dass Stadt oder Dorf »selbst Wohnungen sein« können (Schmitz: System der Philosophie, Band III/Teil 4, S. 253), wobei es in der Konstitution beheimatender Atmosphären auf das Zustandekommen einer bergenden Umfriedung ankomme.

10 Irritation wird nach Johann Friedrich Blumenbach [752-1840], der die empirischen Anthropologie begründete, in einem psychologischen Sinne als Ergebnis einer erhöhten Reizbarkeit (Irritabilität) durch Einwirkungen aus der Außenwelt verstanden (vgl. Hoffmann/Laitko/Müller-Wille: Lexikon der bedeutenden Naturwissenschaftler, Band 1, S. 190ff.). Er betrachtete Irritabilität noch in einem physiologischen Sinne als Bildungskraft und Moment der Lebenskraft. Erst bei Kant wurden ›organische Kräfte‹ in einem weiteren Verständnis aufgefasst (vgl. Engels: Lebenskraft, in: HWPh, Band 5, Sp. 124), in ihrer Bedeutung aber erst vor dem Hintergrund eines weniger biologistischen Menschenbildes zugunsten eines produktiven und kreativen Verständnisses der Menschwerdung geöffnet. Momente der Irritation kommen, wie am gegebenen Beispiel, auch der Entfaltung kultureller Kräfte der Selbst-Bildung zugute. Vor allem das Irritiert-*Werden* gelangt als Prozessphase der eigenen Selbst-Bildung in den Blick. Irritationen haben einen produktiven Einfluss auf den Verlauf von Wegen der Selbstkonstitution situativ bedrohter Selbstgewissheit. Es genügt aber nicht, sie allein aus der pathischen Perspektive leiblichen Bewegt-*Werdens* zu betrachten; auch was zur Irritation führt bzw. sie auslöst, verdient Beachtung. Seine Reflexion gibt erst darüber Auskunft, in welcher spezifischen Weise eine Person zu ihrem Herum in Beziehung steht, wenn die selbstverständliche Ordnung der Dinge – zumindest vorübergehend – brüchig wird (vgl. auch Hasse: Irritation im Natur-Erleben).

als plötzlich – unter der affizierenden Macht eigenweltlich ergreifender Berührungen herum.

Gefühle der Hingehörigkeit drücken sich nicht nur in mehr oder weniger bewussten Ortsbeziehungen aus, sondern auch im leiblichen Rhythmus gehender Bewegungen. Für die rein motorische Bewegung haben die Vorgaben des Geländes, der Straßen, Tramschienen, Schranken, Bauten und Fließgewässer eine steuernde und lenkende Wirkung im mathematischen Raum. In der Art und Weise des Weggehens und Zurückkommens von und zu einer Wohnung konstituieren sich dagegen emotionale Beziehungen des Zuhause-Seins. Während beliebiges »Hin« und »Her« die Bewegung auf wechselnde Ziele orientiert, weist schon die Möglichkeit eines »Zurück« auf eine begonnene Beheimatung durch Aneignung und Ausdehnung eines Eigenraumes hin. Für das heimkehrende Zurückkommen ist das *gewohnheitsmäßige* So-Gehen von Bedeutung.[11] Was wir alltagssprachlich eine »Gewohnheit« nennen, erfasst den spezifischen Modus solch selbstverständlich gewordenen (Hin- und Her-)Gehens aber noch vage. Die auf eine genauere Unterscheidung abzielende Frage muss sich daher der Klärung der Erlebnisqualität des *Noch-nicht*-Gewohnten widmen.

Im *Noch-nicht*-Gewohnten ist eine beharrende Macht des Fremden bemerkenswert, zumindest jedoch des *wenig* Vertrauten. Wer in einer Stadt lebt, die noch nicht in Gänze zum eigenen Wohnraum geworden ist, muss sich psychologisch noch »entfernte« Orte erst erschließen und in die Eigenwelt einbeziehen. Einwohnen stellt sich damit von Beginn an als eine eher undeutlich bleibende Aufgabe. Solange das Verhältnis zu Gegenden, Menschen und Dingen noch mehr durch Eindrücke des Fremden geprägt ist, so lange beharrt auch eine Spannung, in der das herumwirkliche Erleben in gewisser Weise vom eigenen Selbst entfremdet bleibt. Spannung spiegelt sich im Gefühl leiblicher Enge wider: in erhöhter Aufmerksamkeit und Wachsamkeit und nicht im Gefühl leiblicher Weite der Gelassenheit. Behagliche Orte im *gewohnten* Herum werden als weit und einladend erlebt, abweisende Orte im ungewohnten und fremden Raum als eng und befremdend. In der Zeit

11 Vgl. auch Bollnow: Mensch und Raum, S. 97f.

sich vortastenden Einwohnens werden Veränderungen anfänglich noch brüchigen In-der-Welt-Seins deutlich spürbar. Wiederholt gegangene Strecken üben aber nicht nur das topographische Wissen und das Gespür für gute und schlechte Wege ein, reizvolle Umwege und nützliche Abkürzungen, sondern auch ästhetische Blicke, habituelle Bewegungsroutinen und sinnliche Beziehungen zum Wirklichen. Dabei wird das zunächst Fremde zunehmend vertraut und auf präreflexive Weise aus dem expliziten Orientierungswissen ins Gefühl für eine Gegend verschoben. Die Wege von der Wohnung in die Stadt, auf den Markt oder zum Bahnhof werden im Modus des Gehens einverleibt und das Milieu wird gewohnt. So leiert die Spannung gegenüber zunächst Unbekanntem, Noch-nicht-Erschlossenem und Neuem in einem ent-spannenden Sinne allmählich aus, auf dass sich das Erleben dessen, was Zug um Zug zu einem Immer-selben wird, abrundet. Die Gewöhnung ebnet den Graben zwischen Fremdem und Eigenem ein, die Aufmerksamkeit wird gelassener und Einwohnen beginnt sich mit Beheimatung zu verzahnen. Der Übergang vom Fremden zum Eigenen vermittelt sich nicht zuletzt über die eigenleiblich *gehende* (aber nicht mit einem Motorfahrzeug vorwärtskommende) Bewegung. In einer fremden Umwelt bewegt man sich (gehend wie dastehend) anders als in einer gewohnten. Der habituelle Tonus des *Voran* wechselt vom eher gnostischen Erfassen der Welt zu ihrem pathischen, gleichsam choreographischen Durchstreifen.

Was Erwin Straus über die Tanzbewegung sagte, lässt sich annäherungsweise auf die Bewegung im mehr oder weniger vertrauten Herumraum übertragen: »Beim Gehen bewegen wir uns *durch* den Raum, von einem Ort zum anderen, beim Tanzen bewegen wir uns *im* Raum.«[12] Wer sich in einer Gegend fort-bewegt, um schließlich wieder zur eigenen Wohnung zurückzukommen, folgt zum einen dem Takt rein motorischer *Fort*-bewegung, in seiner »Heimkehr« aber zugleich auch einem pathischen Rhythmus leiblicher *Bewegtheit*. In dieser Art des Ankommens im atmosphärisch umfriedeten Milieu verlieren sich die aus Fremdheits-Gefühlen der Enge erwachsenden Spannungen

12 Straus: Die Formen des Räumlichen, S. 164.

in solche behaglicher Weite. Nähe tritt an die Stelle dessen, was im noch fremden Raum der Stadt in Empfindungen der Distanziertheit erlebt wird. Der entspannte Weiteraum wird als gleichsam doppeltes Medium erlebt, das sich »außer uns befindet und mit uns zusammenfließt«[13]. Solches »Zusammenfließen« ist nicht nur Folge von Gewohnheit, sondern zugleich (wenn nicht mehr noch) Spiegel eines fortgeschrittenen Übergangs von Fremdem ins Eigene. Ins Eigene wachsen neben Sachverhalten (dass etwas so und nicht anders ist, wie die Klappbrücke im Hafen kein Steg ist) auch Programme ein (die Absicht, aus der heraus ein Weg gegangen wird) und schließlich Probleme, die sich eher aktuell als strukturell der Verwirklichung eines Programmes in den Weg stellen.[14] Wer mit einer Gegend vertraut ist, kennt nicht nur, was es darin gibt, sondern weiß auch, was passieren kann – und wie es weitergeht, wenn sich ein Hindernis in den Weg stellt.

6.2. Der erste Sonntag

Wochentage haben ihre eigenen Rhythmen, die sich gefühlsmäßig unter anderem über spezifische Bewegungsbilder in städtischen Umgebungen ausdrücken. Dieses atmosphärisch-raumzeitliche Befinden intensiviert sich an Sonntagen in einer so nachhaltig anders- wie eigenartigen Weise, dass man vom Habitus sonntäglicher Stimmungen sprechen darf. Die Tage, von denen hier die Rede ist, sind gleichsam radikal profanierte Sonntage[15], die keinem göttlichen oder rituellen Programm mehr dienen, sondern einzig der Intensivierung sogenannter »Freizeit«. Im Prozess des Einwohnens wird besonders der »erste« Sonntag nach einem Wohnungswechsel als eine Art Weiche erlebt, auf

13 Schmitz: Der unerschöpfliche Gegenstand, S. 280.

14 Vgl. Schmitz: Das Fremde ist das Gegenteil des Eigenen, S. 29.

15 Einst waren sie von astrologischer Bedeutung, sodann (je nach Regionalkultur und Macht der Kirche) dem Kirchenkalender unterworfen und zum anderen dem Brauchtum und dem Aberglauben gewidmet, vom Freudensonntag bis zum Herren- oder Hutzelsonntag (HWdAgl, Band 8, Sp. 88ff.).

der sich das Noch-Fremde der in ersten Schritten eingewohnten Stadt kontrastierend ins Nicht-Alltägliche übertreibt und Grenzen dessen bewusst macht, was schon in die neue Eigenwelt passt oder noch ins dauerhaft Fremde abgewiesen bleibt. Wo das Fremde beharrt, bleibt es aus der persönlichen Eigenwelt ausgesperrt.

Das Erleben eines Sonntags tangiert die affektiven Beziehungen zur neuen Wohnstadt in der Spannung von Gefühlen der Weite und der Enge – zwischen Genuss, Durchhalten und Aversion. Von den Anmutungen eines Sonntages geht vor allem deshalb eine so immersive Stimmungsmacht über das persönliche Befinden aus, weil sich dieser so nicht-alltägliche Wochentag als raumzeitliche Ekstase im Zyklus der Wochenzeit darstellt. Er gibt sich als außergewöhnliche, geradezu verinselte Situation innerhalb der dahingehenden Woche der Werktage zu spüren. Andrängende Atmosphären beschränken sich in der Reichweite ihrer Wirkung nicht auf das mitweltliche Milieu der Stadt, nicht auf die Zonen des Wirklichen, aus denen sie kommen, nicht auf die Szenerie, die sich vor den Fenstern der neuen Wohnung wie ein virtuelles Theater ausbreitet. Wie elektrische Stromwellen kennen Atmosphären keine sie blockierenden Grenzen; sobald sie spürbar sind, haben sie die Grenze der Sinne auch schon überschritten – unabhängig von einer möglichen stimmungsmäßigen Abwehr ihrer Immersion.

Im Unterschied dazu haben nicht einmal die krassesten Wechsel des Wetters (bei starkem Sturm in der Nähe des Meeres oder dichtem Schneetreiben im Gebirge) vergleichbare Einflüsse. Atmosphären der Natur stimmen das Wohnen (so beeindruckend sie auch sein mögen) in ganz und gar anderer Weise (und nicht mehr oder weniger) als gesellschaftliche Atmosphären. Letztere gehen nahe, weil sie als etwas zum Menschen Gehöriges dem Eigenen näher sind als ein reißender Sturm, ein grollendes Gewitter oder ein eisiger Regen. Eine sonntägliche Atmosphäre kontrastiert den werktäglichen Rhythmus des Urbanen im Spiegel der Gegensätze. Mit *visueller* Sichtbarkeit hat das atmosphärisch Vernehmbare nur bedingt zu tun, wird es doch nicht allein mit den Augen gesehen und den Ohren gehört, sondern in leiblicher Kommunikation mit allen Sinnen ganzheitlich erlebt. Sonntägliche Atmosphären reichern nicht nur das Spektrum all dessen an, worauf gefasst sein muss, wer sich eine Stadt zum Wohnraum nimmt. Ein Sonntag strahlt in seiner ganz eigenartigen Dynamik eine »Halb-Lebendigkeit« aus, die das radikal Andere dessen ist, was eine Stadt am Leben hält.

Ein Sonntag zeigt sich in Folge stereotyper Verhaltens- und Bewegungsmuster im öffentlichen und halböffentlichen Raum im habituellen Gesicht einer szenischen Übertreibung ins Leere, Fade und Verlangsamte. In sonntäglicher Ekstatik dehnt sich aus, was Werktagen fremd ist. Die Aktivitätskurven des gewerblichen wie gesellschaftlichen Alltagslebens bilden dagegen ein viel kleineres Vakuum für die Freisetzung von atmosphärischer Leere, Trägheit, Zähigkeit, Langeweile und Ödnis. Der Sonntag *ist* dieses Vakuum: »Was man des sonntags spinnt, geräth nicht«[16]. Das in seiner gesunden Lebendigkeit angehaltene Leben stimmt die aktuelle Wirklichkeit mit wochentagsspezifischen Gestaltverläufen[17]: zähen Bewegungsmustern, verlangsamten Rhythmen urbaner Ströme, bleierner Schwere schleppend dahinschreitender Spaziergänger, Lautgebilden und Gerüchen, deren Mischung ans Stillstehen erinnert und nicht an den frischen Fortgang virulenten Treibens.

Umgekehrt kann man auch sagen, dass Sonntagen Äußerungen charakteristischerweise *fehlen*, die das tagtägliche Leben in einer Stadt atmosphärisch bestimmen. Indem sie – ähnlich den Feiertagen – in

---

16 DWB, Band 16, Sp. 1718.

17 Der Begriff des »Gestaltverlaufs« kommt in der Neuen Phänomenologie von Hermann Schmitz vor. Er beschreibt seine Bedeutung im Rückgriff auf Ludwig Klages am Beispiel des »sich schlängelnden«, »sich krümmenden,« »steigenden«, »sich senkenden« Weges, der sich »windenden« Ranke und der »in die Tiefe stürzenden« Felskante (Schmitz: System der Philosophie, Band II/Teil 2, S. 37f.). Kein Weg schlängelt oder krümmt sich aber *tatsächlich*, wie sich kein Ranke sichtbar nachvollziehbar windet und keine Felskante jäh selbst in die Tiefe stürzt. Bei Gestaltverläufen geht es auch nie um realistische, objektiv beschreibbare Eigenschaften, sondern um Anmutungsqualitäten des Ausdrucks, die synästhetisch an eine leibliche Form gleichsam mitgehenden Wahrnehmens appellieren. An anderer Stelle illustriert Schmitz den Gestaltverlauf eines musikalischen Rhythmus': »Rhythmus kommt in eine gegliederte Schallfolge erst dadurch, daß diese eine Bewegung bestimmten Typs sinnfällig nahelegt, auch wenn gerade nichts sich wirklich so bewegt.« (Schmitz: Der unerschöpfliche Gegenstand, S. 141).

ihrer situativen Ausstrahlung im Sinne des Wortes *eigenartig* sind und über ihre nachhaltige Eindruckswirkung die persönliche Stimmung berühren oder gar umfärben, stellen sie das Einwohnen auf die Probe. Das Gesicht einer (gesellschaftlichen) Atmosphäre, die in ihrer quasifeierlichen Lethargie von geschäftigen, flinken wie schnellen Strömen geradezu wie leergesogen ist, färbt das Ergehen an einem solchen Tage. In die ohnehin schon komplexe Situation der Einwohnung mischt sich ein zeitliches Moment der Irritation und Verfremdung. Es zerrt an den Gefühlen und Bedeutungen, die die Bausteine emotionalen Sich-Einrichtens in einer Stadt transportieren. Das Erlebte wird insofern zu einem »Problem«, als die von ihren werktäglichen Erregungskurven abweichende Sonntagsstadt die Frage exponiert, ob die Welt im Wachschlaf überhaupt noch einen urbanen Charakter hat und in die persönliche Eigenwelt einbezogen werden kann – oder ob sie auf eine Inseln in der Zeit gleichsam ausgelagert ist und sich dem affektiven Anspruch, ins Eigene überzugehen, vielleicht auf Dauer widersetzt.

Ein sich damit generierender Problemgehalt strahlt ins noch flackernde Auswohnen zurück, gab es doch schon in der Welt des verlassenen, aufgegebenen bzw. zurückgelassenen Wohnens Sonntage, deren atmosphärischer Eigenart nur mit Mühe zu entkommen war. Der intuitive Vergleich des »Geschmacks« der Wochentage wird auf der Schwelle des Ein- und Auswohnens zum selbstreflexiven Brennglas – zwischen Rück- und Vorschau, Retention und Protention. Was auf der Schwelle zum Eigenen letztlich (bis auf weiteres) fremd bleibt oder immer fremder wird, ist keine Sache nüchterner Betrachtung und rationaler Bewertung, sondern Zeugnis des Ergriffen-Werdens von Situationen, die mit persönlichen Bedeutungen gesättigt sind. Sonntage bieten sich als sonderzeitliche Korridore für die Auslebung alltäglich bezwungener Gefühle an. Und so versteht es sich von selbst, dass sie vielen Menschen in ihren charakteristischen Atmosphären so willkommen sind, dass sie ihnen – in ihrer asymmetrischen Lage zu allen anderen Tagen der Woche – ein Zentrum wohnender Beheimatung werden können.

6.3. Finales Auswohnen

Auch ein bereits abgeschlossener Umzug erfordert mitunter eine letzte oder gar die mehrmalige Rückkehr in die schon aufgegebene Wohnung. Meistens sind es nur kleinere organisatorische Angelegenheiten, die an Ort und Stelle geregelt werden müssen, oder zurückgebliebene Gegenstände, die abzuholen sind. Solche Wege sind – ganz gleich ob sie kurze oder eher mittlere Strecken und Zeiten in Anspruch nehmen – keine einfachen Erledigungen wie der Gang zum Bäcker oder ins Meldeamt der neuen Kommune. Als *Begegnungen* sind sie eher mit affektiv ergreifenden Situationen zu vergleichen (s. auch 3.2). Gerade die Rückkehr in Räume langjährigen Wohnens ruft mehr diffuse Stimmungen als konkrete Erinnerungen wach, deren biographische Spuren in signifikanten Lebensereignissen und -geschichten wurzeln. Die sinnliche Berührung mit einem Ort, an dem eine Periode des Wohnens gerade erst zu Ende gegangen ist, kann höchst affizierend sein. Aus leergeräumten Zimmern sind die vertrauten Atmosphären des Wohnens jedoch auf andere Weise verschwunden als aus denen, die bereits nicht mehr so aussehen wie sie verlassen wurden, weil sie schon wieder von Nachmietern (oder neuen Eigentümern) bewohnt sind.

Räume, die in der Kontinuität des Wohnens zwischen Rückblick und Vorblick, also auf dem Boden einer Vergangenheit und vor dem Horizont einer Zukunft gelebt worden sind, können nach ihrem Verlassen nur noch retrospektivisch erfasst werden. Ihr aktuelles atmosphärisches Milieu (mögen die Räume *noch* leer oder *schon* wieder bewohnt sein) steht der Öffnung von Zukunftshorizonten mit subjektiv sinnstiftenden Lebensbedeutungen entgegen. Solche Rückkehrsituationen sind emotional so angreifend, weil eine *nicht mehr* bewohnte Wohnung einerseits der Vergangenheit angehört, andererseits tatsächlich jedoch geblieben ist was sie zuletzt war; dies mit dem wesentlichen Unterschied, dass sich über beide Raumsituationen »nicht genau das Gleiche zutreffend sagen«[18] lässt, weil sich die Beziehung zum Ort des vergangenen Wohnens als Folge des Auszugs von Grund auf verändert hat.

18 Ebd., S. 46.

Wo noch vor kurzer Zeit die tagtäglichen Bewegungen des eigenen Lebens ihren Ausgang genommen und ihren Ruhepunkt gefunden haben, breitet sich nun entweder Leere aus oder (für den Fall neuerlicher Bewohnung), die fremde Atmosphäre der Gegenwart anderer Menschen. Die bereits gewachsene Beziehung zum neuen Wohnort gerät so unter den Druck einer Spannung zu den atmosphärischen Schattengestalten einer schon nicht mehr bewohnten Wohnung. Vorgeschrittenes Einwohnen tritt in ein kontrastierendes Verhältnis zum noch unabgeschlossenen Auswohnen. Dies ist erst bewältigt und zu Ende gebracht, wenn die Gefühle vergangenen Wohnens in der Erinnerung archiviert sind.[19]

Erst recht, wenn Umbauarbeiten in der zurückgelassenen Wohnung im Gange sind, reiben sich Erinnerungsbilder und aktuelle Eindrücke aneinander. Das schon Demontierte und Niedergerissene sagt in der Beredtsamkeit eines atmosphärisch eindrucksmächtig anwesenden »Nicht-mehr« viel über das, was einmal war. Es macht die Eigenart der Eindruckssituation einer geräumten Wohnung aus, dass in ihr nun leere und sich wandelnde Räume durchschritten werden, die ohne eigenes Wohnzeug ganz unbekannte Erlebnisbilder hervorrufen. Was einst vertraut war, wird aus einem exotisierten Blickwinkel erlebt, nicht nur, weil die vertrauten Dinge fehlen und damit auch szenische Arrangements nicht mehr existieren, sondern weil die Räume *an sich* in ihrer architektonischen Raumwirkung die Wahrnehmung in ungewöhnlichen Eindrücken ansprechen. Geradezu auffällig werden nun Böden, Decken, Wände, Fenster und Türen. Zwar gehören diese und andere architektonischen Elementarien in der einen oder anderen Gestaltung zu jeder Wohnung, und so ist es auch weniger die architektonisch-bauliche Besonderheit einer Raumgestaltung, die die Aufmerksamkeit fesselt, als die unkalkulierbare Vielfalt der an ihr hängenden und plötzlich wachwerdenden Erinnerungen und Gefühle vergangenen Lebens. Wenn Walter Benjamin sagt, Bauten begleiten

19 Vgl. zur Funktion der Erinnerung und der Archivierung von Wissen auch Assmann: Erinnerungsräume.

die Menschheit[20], dann ist damit eine vielschichtige Wechselwirkungsbeziehung angesprochen, in der Menschen sich in Bauten ausdrücken, aber auch nach den räumlichen Strukturen von Bauten leben.

Leergeräumte Zimmer werfen die Frage auf, wie die architektonischen Medien einer Wohnung auf die Konstitution von Behaglichkeit einwirken. In eigenartiger Weise sprechen die *Wände* an – zum einen als räumliche Umhüllungen, in die man sich zurückziehen und gegenüber den Blicken anderer in Sicherheit wiegen kann. Welche Empfindungen ruft im Unterschied dazu der Blick auf eine »nackte Wand« wach, erst recht eine imaginäre, die als Folge laufender Umbauarbeiten nur noch in der Einbildung existiert! Wände sind Trennungen, Membrane, tragende wie isolierende Medien. Man heftet alles Mögliche daran, hängt Bilder an Nägel und Haken, stellt Schränke *mit dem Rücken zur Wand* oder macht sie durch die Beklebung mit Tapeten oder eine pointierte Einfärbung selbst zu ästhetischen Objekten. Schließlich sind sie Resonanzmedien. Sie geben – gefiltert durch ihre Masse – mitunter zu hören, was nicht für die Ohren diesseits der Wand bestimmt ist und stellen halbwegs gelingend sicher, dass sich der Raum *zwischen* mehreren Wänden als eine Innenwelt bewähren kann. So erfüllen sie als vertikale Trenn- und Isolationsschichten essenziell soziale Funktionen des Wohnens.

Wo eine Wand mit Türen und Fenstern durchbrochen ist, verbildlicht die »Perforation« die Ambivalenz einer jeden Wohnung zwischen Offenheit und Geschlossenheit. Wohnungen sind Gelenke in der sozialen Welt. Sie regulieren – meistens nach dem Willen ihrer Bewohner – den Wechselverkehr zwischen Drinnen und Draußen. Fenster erscheinen insbesondere im *leeren* Raum als Öffnungen, die für die Passage nicht gemacht sind. Sie dienen vornehmlich dem Blick nach draußen; der Blick ins Innere einer Wohnung berührt dagegen die Grenze sozial auffälligen Verhaltens. Die Tür leistet als ein Innen und Außen verknüpfendes Gelenk eine andere Sozialsynthese als das Fenster. Georg Simmel sagt, »die Tür spricht«[21] – in einem gestischen Sinne über das, was an

20 Vgl. Benjamin: Bauten begleiten die Menschheit.

21 Simmel: Brücke und Tür, S. 4.

ihrer Stelle passiert oder passieren könnte. Sie ist ein spezieller Ort habitueller Arten des alltäglichen oder dramatischen Weggehens und Wiederkommens, tagtäglichen Hindurchgehens, schnellen oder langsamen Hinein und wieder Hinaus, des Darin-Stehens und vieler anderer Gesten, die zum Fenster nicht passen. Sie ist eine Schnittstelle der Bewegungen. Simmel sagte über die Tür, sie markiere einen Grenzpunkt, »an dem der Mensch eigentlich dauernd steht oder stehen kann.«[22] In der noch nicht zu Ende gegangenen Situation des Wohnungswechsels repräsentiert sie diese Grenze selbst. Das Hinein- und Hinausgehen bedeutet nun den Wechsel zwischen einer alt gewordenen Welt des Wohnens und einer neuen, die die Zukunft geradezu repräsentiert.

Die kurzzeitige Rückkehr in eine aufgegebene Wohnung unterstützt die emotionale Distanzierungsarbeit des Auswohnens aber auch. Der gefühlsmäßige Rückzug aus einem nicht mehr vital belebten Milieu kommt der Ablösung ebenso entgegen wie der Einwohnung ins Neue, das frei ist von Regungen der Wehmut, des Zauderns und Festhängens an immer wieder auflodernden Gefühlen des Noch-Vertrauten. Wenn die alte Wohnung bereits wieder bewohnt ist, zieht die Lebensdynamik anderer Menschen einen Film des Anderen, Neuen wie Ungewohnten über noch warme Spuren umfriedender Wohngefühle. Unter dem Eindruck des Fremden wird der einst gelebte Raum zu einem nur noch »gekannten« Raum. Hinter dem komplexen Bild einer neuen Fremdwelt verschwindet eine Eigenwelt, die atmosphärisch zwar lange einen nachhaltigen Bestand hatte, nun aber an Dingen, Menschen und Situationen nicht mehr festgemacht werden kann. Das fremd Gewordene ruft nicht mehr ins Wohnen.

Fortschreitendes Einwohnen und zunehmende Distanz zum Ort des alten Wohnens beschleunigen das Auswohnen, das sich äußerst zäh zum Abschluss bringt. Erst schrittweise zeichnet sich ein neuer Ort als Mitte des Lebens ab. Von ihm aus fällt der Blick auf das, was aktuell *ist* und in naher Zukunft sein *soll*. Ein Wohnungswechsel berührt eine Person in ergreifenden Erregungskurven, die sich ohne definierbares Ende erst allmählich neutralisieren.

---

22 Ebd.

Literaturverzeichnis

Assmann, Aleida: Erinnerungsräume. Formen und Wandlungen des kulturellen Gedächtnisses, München: Beck 1999.

Barthes, Roland: Wie zusammen leben. Simulationen einiger alltäglicher Räume im Roman (hgg. von Éric Marty; übersetzt von Horst Brühmann), Frankfurt a.M.: Suhrkamp 2007.

Benjamin, Walter: Berliner Kindheit um 1900 (zuerst 1938), Frankfurt a.M.: Suhrkamp 1987, S. 43-45.

Benjamin, Walter: »Bauten begleiten die Menschheit« (zuerst 1955), in: Ders., Über Städte und Architekturen (hgg. von Detlev Schöttker), Berlin: DOM 2017, S. 187.

Bloch, Ernst: Das Prinzip Hoffnung (zuerst 1954), Frankfurt a.M.: Suhrkamp 1968.

Blumenberg, Hans: Theorie der Unbegrifflichkeit, Frankfurt a.M.: Suhrkamp 2007.

Böhme, Gernot: Atmosphäre. Essays zur neuen Ästhetik, Frankfurt a.M.: Suhrkamp 1995.

Böhme, Gernot: »Phänomenologie als Kritik«, in: Großheim, Michael (Hg.), Neue Phänomenologie zwischen Praxis und Theorie. Festschrift für Hermann Schmitz, Freiburg/München, Alber 2008, S. 21-36.

Bohrer, Karl Heinz: Plötzlichkeit, Frankfurt a.M.: Suhrkamp 1981.

Bollnow, Otto Friedrich: Neue Geborgenheit. Das Problem einer Überwindung des Existenzialismus, Stuttgart/Köln: Kohlhammer 1955.

Bollnow, Otto Friedrich: Mensch und Raum, Stuttgart: Kohlhammer 1963.

Bollnow, Otto Friedrich: Schriften. Studienausgabe in 12 Bänden (hgg. von Boelhauve, Ursula/Gudrun Kühne-Bertram/Hans-Ulrich Lessing/Frithjof Rodi), Band 4: Lebensphilosophie und Existenzphilosophie, Würzburg: Königshausen & Neumann 2009.

Cassirer, Ernst: Gesammelte Werke. Hamburger Ausgabe, Band 13: Philosophie der symbolischen Formen, Dritter Band, Phänomenologie der Erkenntnis, Darmstadt: Wissenschaftliche Buchgesellschaft 2002.

Dürckheim, Graf Karlfried von: Untersuchungen zum gelebten Raum (zuerst 1932; hgg. von Jürgen Hasse; mit Einführungen von Jürgen Hasse, Alban Janson, Hermann Schmitz und Klaudia Schultheis (= Natur – Raum – Gesellschaft, Band 4), Frankfurt a.M.: Institut für Didaktik der Geographie 2005.

Dürckheim, Karfried Graf von: Erlebensformen. Ansatz zu einer analytischen Situationspsychologie. Ein Beitrag zur Psychologie des Erlebens, in: Archiv für die gesamte Psychologie, XLVI. Band, hgg. von W. Wirth, Leipzig: Akademische Verlagsgesellschaft 1924, S. 262-350.

Eisenblätter, W.: »Erweckung«, Stichwort in: HWPh, Band 2, Basel/Stuttgart: Schwabe 1972, Sp. 732-733.

Elias, Norbert: Über die Einsamkeit der Sterbenden, Frankfurt a.M.: Suhrkamp 1982.

Elias, Norbert: Engagement und Distanzierung, Frankfurt a.M.: Suhrkamp 1983.

Engels, Eve-Marie: »Lebenskraft«, Stichwort in: HWPh, Band 5. Basel/Stuttgart; Schwabe 1980, Sp. 124.

Fenichel, Otto: »Die Identifizierung«, in: Ders., Aufsätze, Band 1, Gießen: Psychosozial-Verlag 1998, S. S. 90-109.

Feuerbach, Ludwig: Die Unsterblichkeitsfrage vom Standpunkt der Anthropologie (zuerst 1845), Leipzig: Alfred Kröner 1923.

Foucault, Michel: Archäologie des Wissens (zuerst 1969; übersetzt von Ulrich Köppen), Frankfurt a.M.: Suhrkamp 1973.

Foucault, Michel: Hermeneutik des Subjekts (zuerst 1981/82), Frankfurt a.M.: Suhrkamp 2004.

Freud, Sigmund: »Massenpsychologie und Ich-Analyse« (zuerst 1921), in: Ders., Kulturtheoretische Schriften, Frankfurt a.M.: S. Fischer 1974, S. 61-134.

Freud, Sigmund: »Zeitgemäßes über Krieg und Tod« (zuerst 1915), in: Ders., Kulturtheoretische Schriften, Frankfurt a.M.: S. Fischer 1974, S. 33-60.

Funke, Dieter: Die dritte Haut. Psychoanalyse des Wohnens, Gießen: Psychosozial Verlag 2006.

Gao, Jianping: »Die Schönheit einer Stadt. Gedanken aus ökologischer Perspektive«, in: Polylog 39 (2018), S. 53-72.

Garcés, Marina: Neue radikale Aufklärung (aus dem Katalanischen von Charlotte Frei), Wien/Berlin: Turia & Kant 2019.

Gloyna, Tanja: »Vertrauen«, Stichwort in: HWPh, Band 11, Basel: Schwabe 2001, Sp. 986-990.

Goffman, Erving: Asyle. Über die soziale Situation psychiatrischer Patienten und anderer Insassen, Frankfurt a.M.: Suhrkamp 1973.

Grassi, Ernsto: »Das Reale als Leidenschaft und die Erfahrung der Philosophie«, in: Uexküll, Thure von/Ernesto Grassi, Wirklichkeit als Geheimnis und Auftrag. Die Exaktheit der Naturwissenschaften und die philosophische Erfahrung, Bern: Francke 1945, S. 79-130.

Großheim, Michael: »Der Situationsbegriff in der Philosophie«, in, Schmoll, Dirk/Andreas Kuhlmann (Hg.): Symptom und Phänomen (= Neue Phänomenologie, Band 3), Freiburg/München: Alber 2005, S. 114-149.

Großheim, Michael: »Zu den Situationen selbst! Ein Vorschlag zur Reform der Phänomenologie«, in: Synthesis Philosophica, Vol. 334, (2018), S. 303-325.

Guardini, Romano: »Die Begegnung« (zuerst 1928), in: Guardini, Romano/Otto Friedrich Bollnow, Begegnung und Bildung, Würzburg: Matthias-Grünewald-Verlag 1956, S. 9-24.

Guardini, Romano: Der unvollständige Mensch und die Macht, Würzburg: Werkbund-Verlag 1956.

Guzzoni, Ute: Wohnen und Wandern, Düsseldorf: Parerga 1999.

Guzzoni, Ute: Unter anderem: die Dinge, Freiburg/München: Alber 2008.

Guzzoni, Ute: Von »Fall« zu »Fall«. Unterwegs in einer Sprachfamilie, Freiburg/München: Alber 2019.

Han, Byung-Chul: Duft der Zeit. Ein philosophischer Essay zur Kunst des Verweilens. Bielefeld: transcript 2009.

Hasse, Jürgen: Unbedachtes Wohnen. Lebensformen an verdeckten Rändern der Gesellschaft, Bielefeld: transcript 2009.

Hasse, Jürgen: Atmosphären der Stadt. Aufgespürte Räume, Berlin: Jovis 2012.

Hasse, Jürgen: Die Aura des Einfachen. Mikrologien räumlichen Erlebens, Band 1, Freiburg/München: Alber 2017.

Hasse, Jürgen: »Zur Atmosphäre einer imaginären Landschaft. Die »Toteninsel« von Arnold Böcklin«, in: Kuckuck. notizen zur alltagskultur, 2 (2011), S. 40-45.

Hasse, Jürgen: »Irritation im Natur-Erleben. Zur Option des Wach-Werdens auf dem Grat Erster und Zweiter Natur«, in: Gugutzer, Robert/Charlotte Uzarewicz/Thomas Latka/Michael Uzarewicz (Hg.), Irritation und Improvisation. Zum kreativen Umgang mit Unerwartetem (= Neue Phänomenologie, Band 29). Freiburg/München: Alber 2018, S. 261-285.

Hasse, Jürgen: »Was bedeutete es, zu wohnen? Essay«, in: Aus Politik und Zeitgeschichte, Heft 25-26 (2018), S. 4-8.

Hasse, Jürgen: »Heimat – ambivalente Gefühle«, in: Jürgen Hasse (Hg.), Das Eigene und das Fremde. Heimat in Zeiten der Mobilität (= Neue Phänomenologie, Band 30). Freiburg/München: Alber 2018, S. 39-67.

Hasse, Jürgen: »Das Denkwürdige im Infra-Gewöhnlichen. Zur Explikation von Eindrücken«, in: Synthesis Philosophica, Vol. 334, (2018), S. 328-342.

Hasse, Jürgen/Sara F. Levin: Betäubte Orte. Erkundungen im Verdeckten, Freiburg/München: Alber 2019.

Hasse, Jürgen: »Wohnen – eine existenzielle Herausforderung«, in: Bürger & Staat (hgg. von der Landeszentrale für Politische Bildung Baden-Württemberg), 2/3 (2019), S. 88-93.

Häußermann, Hartmut/Walter Siebel: Soziologie des Wohnens. Eine Einführung in Wandel und Ausdifferenzierung des Wohnens, Weinheim: Juventa 1996.

Heidegger, Martin: »Bauen Wohnen Denken« (zuerst 1951), in: Führ, Eduard (Hg.), Bauen und Wohnen. Martin Heideggers Grundlegung einer Phänomenologie der Architektur. Münster u.a.: Waxmann 2000, S. 31-49.

Heidegger, Martin: Die Grundprobleme der Phänomenologie (zuerst 1927), Frankfurt a.M.: Klostermann 1975.

Heidegger, Martin: Sein und Zeit (zuerst 1927), Tübingen: Max Niemeyer 1993.

Heidegger, Martin: Holzwege, Frankfurt a.M.: Klostermann 1950.

Heidegger, Martin: Was heißt denken? (zuerst 1951/52), Tübingen: Max Niemeyer 1997.

Heidegger, Martin: Gesamtausgabe, Band 65 (Vom Ereignis), Beiträge zur Philosophie, Frankfurt a.M.: Klostermann 1989.

Hellpach, Willy: Sinne und Seele. Zwölf Gänge in ihrem Grenzdickicht, Stuttgart: Ferdinand Enke 1946.

Henning, Ch. »Zeug«, Stichwort in: HWPh, Band 12, Basel: Schwabe 2004, Sp. 1316-1317.

Hoefer, Carl-Hellmut: »Das Prinzip Hoffnung«, in: Volpi, Franco/Julian Nida-Rümelin (Hg.), Lexikon der Philosophischen Werke, Stuttgart: Kröner 1988, S. 588-590.

Hoffmann, Dieter/Hubert Laitko/Steffan Müller-Wille (Hg .): Lexikon der bedeutenden Naturwissenschaftler, Band 1, München/Heidelberg: Elsevier 2003.

Husserl, Edmund: Die Idee der Phänomenologie (Vorlesung von 1907). Haag: Martinus Nijhoff 1958.

James, William: The Principles of Psychology, Vol. 1 (zuerst 1890), New York: Dover Publications 1950.

Jaspers, Karl: »Die Aufgabe der Philosophie in der Gegenwart« (zuerst 1953), in: Ders., Philosophie und Welt. Reden und Aufsätze. München: Piper 1958, S. 9-20.

Jaspers, Karl: Psychologie der Weltanschauungen (zuerst 1919), Berlin/Heidelberg/New York : Springer-Verlag 1971.

Joisten, Karen: »Heimisch in der Fremde – Fremdsein im Heimischen? Anmerkungen zur Lebensaufgabe, der zu werden, der man sein könnte«, in: Hasse, Jürgen (Hg.), Das Eigene und das Fremde. Heimat in Zeiten der Mobilität (= Neue Phänomenologie, Band 30). Freiburg/München: Alber 2019, S. 85 – 106.

Kluck, Steffen: »Zur-Welt-Kommen«, in: Hasse, Jürgen/Verena Schreiber (Hg.): Räume der Kindheit. Ein Glossar, Bielefeld: transcript 2019, S. 403-407.

Knodt, Reinhard: Der Atemkreis der Dinge. Einübung in die Philosophie der Korrespondenz, Freiburg/München: Alber 2018.

Lersch, Philipp: Aufbau der Person, München: Johann Ambrosius Barth 1954.

Link, Stefan: Wörterbuch der Antike, Stuttgart: Kröner 2002.

Minkowski, Eugène: Die gelebte Zeit. I. Über den zeitlichen Aspekt des Lebens (zuerst 1933, ins Deutsche übersetzt von Meinrad Perrez und Lucien Kayser), Salzburg: Otto Müller 1971.

Minkowski, Eugène: Die gelebte Zeit. II. Über den zeitlichen Aspekt psychopathologischer Phänomene (zuerst 1933, ins Deutsche übersetzt von Meinrad Perrez und Lucien Kayser), Salzburg: Otto Müller 1972.

Mumford, Lewis: Megapolis. Gesicht und Seele der Gross-Stadt (zuerst 1945; Deutsch von Veronica Ensslen), Wiesbaden: Bauverlag 1951.

N.N.: Höchstpreise weltweit: »Die teuersten Kunstwerke des Jahres 2005«, in: Frankfurter Allgemeine Zeitung vom 02.01.2006 (s. auch https://www.faz.net/aktuell/feuilleton/kunstmarkt/auktionen-2005-hoechstpreise-weltweit-die-teuersten-kunstwerke-des-jahres-2005-1306252.html vom 13.12.2019).

Plessner, Helmuth: Grenzen der Gemeinschaft. Eine Kritik des sozialen Radikalismus, Frankfurt a.M.: Suhrkamp 2001.

Rimpler, Rüdiger H.: Prozessualität und Performativität in Heideggers »Beiträgen zur Philosophie«, Würzburg: Ergon 2008.

Rosa, Hartmut: Resonanz. Eine Soziologie der Weltbeziehung, Berlin: Suhrkamp 2016.

Scheele, Brigitte: Emotionen als bedürfnisrelevante Bewertungszustände, Tübingen: Francke 1990.

Scheffel, Tobias: »Und dann und wann ein grüner 2C oder: Kleine Nachbemerkung zum ›Versuch, einen Platz in Paris zu erfassen‹«, in: Perec, Georges, Versuch, einen Platz in Paris zu erfassen (zuerst 1975), Konstanz: Libelle 2010.

Schilling, Heinz: Welche Farbe hat die Zeit? Recherchen zu einer Anthropologie des Wartens (= Schriftenreihe des Instituts für Kulturanthropologie und Europäische Ethnologie, Band 69), Frankfurt a.M.: Institut für Kulturanthropologie und Europäische Ethnologie 2002.

Schmitz, Hermann: System der Philosophie, 5 Bände in 10 Bänden, Bonn: Bouvier 1964 – 1980.

Schmitz, Hermann: System der Philosophie, Band II, Teil 2: Der Leib im Spiegel der Kunst, Bonn: Bouvier 1966.

Schmitz, Hermann: System der Philosophie, Band III: Der Raum, Teil 1: Der leibliche Raum (zuerst 1967), Bonn: Bouvier 1988.

Schmitz, Hermann: System der Philosophie, Band III: Der Raum, Teil 4: Das Göttliche und der Raum (zuerst 1977), Bonn: Bouvier 1995.

Schmitz, Hermann: System der Philosophie, Band III: Der Raum, Teil 5: Die Wahrnehmung (zuerst 1978), Bonn: Bouvier 1989.

Schmitz, Hermann: Neue Phänomenologie, Bonn: Bouvier 1980.

Schmitz, Hermann: Der unerschöpfliche Gegenstand, Bonn: Bouvier 1990.

Schmitz, Hermann: Neue Grundlagen der Erkenntnistheorie, Bonn: Bouvier 1994.

Schmitz, Hermann: Der Spielraum der Gegenwart, Bonn: Bouvier 1999.

Schmitz, Hermann: Was ist Neue Phänomenologie? (= LYNKEUS. Studien zur Neuen Phänomenologie, Band 8), Rostock: Ingo Koch 2003.

Schmitz, Hermann: Situationen und Konstellationen. Wider die Ideologie totaler Vernetzung (= Neue Phänomenologie, Band 1), Freiburg/München: Alber 2005.

Schmitz, Hermann: Kurze Einführung in die Neue Phänomenologie, Freiburg/München: Alber 2009.

Schmitz, Hermann: Phänomenologie der Zeit, Freiburg/München: Alber 2014.

Schmitz, Hermann: Wie der Mensch zur Welt kommt. Beiträge zur Geschichte der Selbstwerdung, Freiburg/München: Alber 2019.

Schmitz, Hermann: »Die sprachliche Verarbeitung der Welt«, in: Ders./Gabriele Marx/Andrea Moldzio, Begriffene Erfahrung. Beiträge zur antireduktionistischen Phänomenologie, Rostock: Ingo Koch 2002, S. 44-53.

Schmitz, Hermann: »Die Legitimierbarkeit von Macht«, in: Wendel, Hans Jürgen/Steffen Kluck (Hg.), Zur Legitimierbarkeit von Macht (= Neue Phänomenologie, Band 11), Freiburg/München: Alber 2005, S. 5-19.

Schmitz, Hermann: »Heimisch sein«, in: Hasse, Jürgen (Hg.), Die Stadt als Wohnraum (= Neue Phänomenologie, Band 12), Freiburg/München: Alber 2008, S. 25-39.

Schmitz, Hermann: »Das Fremde ist das Gegenteil des Eigenen«, in: Hasse, Jürgen (Hg.), Das Eigene und das Fremde. Heimat in Zeiten der Mobilität (= Neue Phänomenologie, Band 30), Freiburg/München: Alber 2018, S. 25-38.

Simmel, Georg: Brücke und Tür (zuerst 1909). Essays des Philosophen zur Geschichte, Religion, Kunst und Gesellschaft (hgg. von Michael Landmann), Stuttgart: K. F. Koehler 1957.

Sloterdijk, Peter: Du mußt dein Leben ändern, Frankfurt a.M.: Suhrkamp 2009.

Straus, Erwin: »Die Formen des Räumlichen. Ihre Bedeutung für die Motorik und die Wahrnehmung« (zuerst 1930), in: Ders., Psychologie der menschlichen Welt. Gesammelte Schriften, Berlin/Göttingen/Heidelberg: Springer-Verlag 1960, S. 141-178.

Tellenbach, Hubert: Geschmack und Atmosphäre. Medien menschlichen Elementarkontaktes, Salzburg: Otto Müller 1968.

Vetter, Helmuth: »Ding«. Stichwort in: Ders. (Hg.), Wörterbuch der phänomenologischen Begriffe, Hamburg: Meiner 2004, S. 115-117.

Vetter, Helmuth: Grundriss Heidegger. Ein Handbuch zu Leben und Werk, Hamburg:Meiner 2014.

Waldenfels, Bernhard: Bruchlinien der Erfahrung. Phänomenologie, Psychoanalyse, Phänomenotechnik, Frankfurt a.M.: Suhrkamp 2002.

Weber, Max: Wirtschaft und Gesellschaft. Grundriss der verstehenden Soziologie (zuerst 1922), Neu Isenburg: Zweitausendseins 2005.

Zur Lippe, Rudolf: Sinnenbewußtsein, Reinbek: Rowohlt 1987.

Zur Lippe, Rudolf: »Zeit-Ort im post-euklidischen Zeitalter« (zuerst 1997), in: Hasse, Jürgen/Robert Josef Kozljanič (Hg.), V. Jahrbuch für Lebensphilosophie, München: Albunea 2010, S. 109-120.

Abkürzungen

HWdAgl = Handwörterbuch des deutschen Aberglaubens, hgg. von Bächtold-Stäubli, Hanns, 10 Bände, Berlin und New York: de Gruyter 1987.

HWPh = Historisches Wörterbuch der Philosophie, hgg. von Joachim Ritter, Karlfried Gründer und Gottfried Gabriel, 13 Bände, Basel und Stuttgart: Schwabe (ab Band 7: Basel), 1971 bis 2007.

DWB = Deutsches Wörterbuch, hgg. von Jacob und Wilhelm Grimm, 33 Bände, München: dtv 1991.

Philosophie

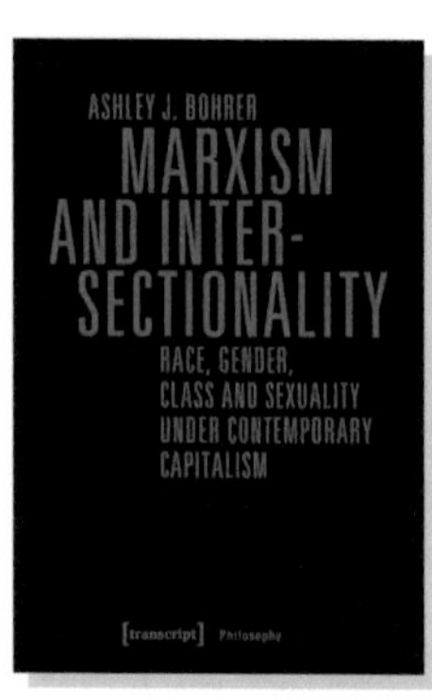

Ashley J. Bohrer
Marxism and Intersectionality
Race, Gender, Class and Sexuality under Contemporary Capitalism

2019, 280 p., pb.
29,99 € (DE), 978-3-8376-4160-8
E-Book: 26,99 € (DE), ISBN 978-3-8394-4160-2

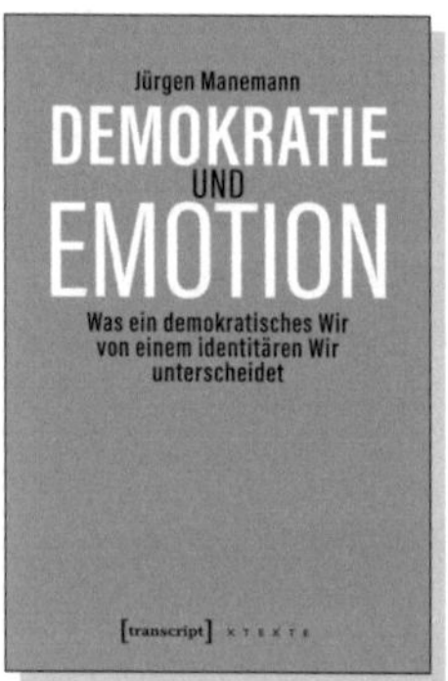

Jürgen Manemann
Demokratie und Emotion
Was ein demokratisches Wir von einem identitären Wir unterscheidet

2019, 126 S., kart.
17,99 € (DE), 978-3-8376-4979-6
E-Book: 15,99 € (DE), ISBN 978-3-8394-4979-0

Harald Lemke
Szenarien der Ernährungswende
Gastrosophische Essays zur Transformation unserer Esskultur

2018, 396 S., kart.
29,99 € (DE), 978-3-8376-4483-8
E-Book: 26,99 € (DE), ISBN 978-3-8394-4483-2
EPUB: 26,99 € (DE), ISBN 978-3-7328-4483-8

Leseproben, weitere Informationen und Bestellmöglichkeiten finden Sie unter www.transcript-verlag.de

Philosophie

Jürgen Manemann, Eike Brock
Philosophie des HipHop
Performen, was an der Zeit ist

2018, 218 S., kart.
19,99 € (DE), 978-3-8376-4152-3
E-Book: kostenlos erhältlich als Open-Access-Publikation, ISBN 978-3-8394-4152-7

Anke Haarmann
Artistic Research
Eine epistemologische Ästhetik

2019, 318 S., kart.
34,99 € (DE), 978-3-8376-4636-8
E-Book: 34,99 € (DE), ISBN 978-3-8394-4636-2
EPUB: 34,99 € (DE), ISBN 978-3-7328-4636-8

Hilkje Charlotte Hänel
What is Rape?
Social Theory and Conceptual Analysis

2018, 282 p., hardcover
99,99 € (DE), 978-3-8376-4434-0
E-Book: 99,99 € (DE), ISBN 978-3-8394-4434-4

Leseproben, weitere Informationen und Bestellmöglichkeiten finden Sie unter www.transcript-verlag.de